华中师范大学政治学一流学科建设成果文库

基层与地方治理系列教材
总主编 徐 勇 陈军亚

市域治理

MUNICIPAL GOVERNANCE

主 编 冷向明
副主编 谢胜华 王 戈

社会科学文献出版社
SOCIAL SCIENCES ACADEMIC PRESS (CHINA)

华中师范大学政治学一流学科
建设成果文库
总编委会

总编委会负责人　徐　勇　陈军亚

总编委会成员　（以姓氏笔画为序）：

丁　文　韦　红　文　杰　田先红
刘筱红　闫丽莉　江　畅　江立华
牟成文　冷向明　张大维　张立荣
张星久　陆汉文　陈军亚　郑　宁
袁方成　徐　勇　徐晓林　徐增阳
唐　鸣　符　平　雷振扬

前　言

2013年，党的十八届三中全会提出"国家治理体系和治理能力现代化"的重大命题。2019年，党的十九届四中全会审议通过《中共中央关于坚持和完善中国特色社会主义制度、推进国家治理体系和治理能力现代化若干重大问题的决定》，对国家治理体系和治理能力现代化进行了全面部署。2024年，党的二十届三中全会决定指出，进一步全面深化改革的总目标是继续完善和发展中国特色社会主义制度，推进国家治理体系和治理能力现代化。国家治理体系和治理能力现代化是中国式现代化的重大战略目标，需要集聚各方面力量努力实现。

国家治理体系和治理能力现代化是一个系统工程，它包括多个领域和多个层级。基层与地方治理是国家治理的重要组成部分。2021年，《中共中央 国务院关于加强基层治理体系和治理能力现代化建设的意见》指出，基层治理是国家治理的基石，统筹推进乡镇（街道）和城乡社区治理，是实现国家治理体系和治理能力现代化的基础工程。介于中央和基层之间的地方治理在国家治理体系中居于上下衔接的重要位置。为了更好地贯彻中央精神，让人们更好地理解中央精神，增强理论自觉和行动自觉，我们编写了"基层与地方治理系列教材"，包括《省域治理》《市域治理》《县域治理》《乡域治理》等。

华中师范大学的政治学学科在基层与地方治理研究方面起步较早。20世纪80年代，随着农村人民公社体制的废除，国家恢复设立乡政府，实行村民自治，我校的政治学学者便开始基层群众自治研究。90年代末，我校的政治学学者将"治理"引入政治学和农村研究领域。进入21世纪后，城市社区治理成为重要内容。之后，我校政治学的研究领域逐步由村

（社区）向乡镇（街道）、县（区）、市和省扩展，产出了大量研究成果。其中包括编写作为马克思主义理论研究和建设工程重点教材的《地方政府与政治》。

2017年，华中师范大学的政治学学科入选"双一流"建设学科名单。2022年，我校的政治学学科进入第二轮"双一流"建设学科名单，明确了"世界一流 中国特色 华师路径"的学科建设方向，形成"优势突破引领—交叉融合推进—整体发展提升"的总体思路，构建"一个引领、两大支撑、三大基础"的一流学科建设"雁阵布局"。其中，"国家治理体系中的基层与地方治理"确定为优势引领领域。这一领域的成果包括教材、数据库、年度报告等内容。"基层与地方治理系列教材"便是重点内容之一。

基层与地方治理是我们长期研究的领域。根据国家治理体系和治理能力现代化的总体要求编写教材，是一项全新的任务。在教材编写中，我们以中央精神为指引，紧密结合我国实际，积极探索，在主编和编写组的共同努力下，本系列教材得以完成。

本系列教材具有开拓性，尚有许多需要进一步完善之处，还请读者批评指正。

"基层与地方治理系列教材"总主编

徐 勇 陈军亚

2024年11月21日

目 录

绪 论 …………………………………………………………… 1

第一章 市域治理的历史演变 …………………………………… 18
 第一节 传统中国的市域治理 ………………………………… 18
 第二节 近代中国的市域治理 ………………………………… 23
 第三节 当代中国的市域治理 ………………………………… 26

第二章 市级治理机构 …………………………………………… 36
 第一节 市级党委的构成与职能 ……………………………… 36
 第二节 市级人大的构成与职能 ……………………………… 41
 第三节 市级人民政府的构成与职能 ………………………… 45
 第四节 市级政协的构成与职能 ……………………………… 49

第三章 市域治理关系 …………………………………………… 54
 第一节 市域治理的纵向关系 ………………………………… 55
 第二节 市域治理的横向关系 ………………………………… 67

第四章 市域治理体制 …………………………………………… 74
 第一节 市域人事体制 ………………………………………… 74
 第二节 市域财政体制 ………………………………………… 80
 第三节 市域监察体制 ………………………………………… 87

第五章　市域政治建设 ········· 95
第一节　市域政治建设内涵 ········· 95
第二节　市域党的领导 ········· 97
第三节　市域人民当家作主 ········· 107

第六章　市域经济建设 ········· 116
第一节　市域经济管理的内涵、特征与功能 ········· 116
第二节　市域公共经济治理 ········· 120
第三节　市域产业管理 ········· 128
第四节　市域发展软环境优化 ········· 131

第七章　市域社会建设 ········· 139
第一节　市域公共服务建设 ········· 139
第二节　市域社会组织建设 ········· 150
第三节　市域平安稳定建设 ········· 156
第四节　市域民生保障建设 ········· 161

第八章　市域文化建设 ········· 168
第一节　市域文化建设及其主要内容 ········· 168
第二节　走向市域文化治理的公共文化服务体系建设 ········· 173
第三节　市域文化产业发展 ········· 182

第九章　市域政治领导机制 ········· 191
第一节　党对市域治理的全面领导 ········· 191
第二节　市域政治领导的主要方式 ········· 196
第三节　市域政治领导的功能 ········· 207

第十章　市域行政运行机制 ········· 210
第一节　市域决策机制 ········· 210
第二节　市域执行机制 ········· 217

第三节　市域考核机制 …………………………………… 222
　　第四节　市域问责机制 …………………………………… 233

第十一章　市域依法治理机制 ……………………………… 240
　　第一节　市域依法治理的内涵 …………………………… 240
　　第二节　市域依法治理的方式 …………………………… 244
　　第三节　市域执法改革的实践 …………………………… 253

第十二章　市域监督监察机制 ……………………………… 263
　　第一节　市域监督监察的内涵与类型 …………………… 263
　　第二节　市域监督监察的制度 …………………………… 267
　　第三节　市域监督监察的方式 …………………………… 280

第十三章　市域治理现代化 ………………………………… 290
　　第一节　市域治理体系现代化 …………………………… 291
　　第二节　市域治理能力现代化 …………………………… 302

参考文献 ……………………………………………………… 311

后　　记 ……………………………………………………… 317

绪　论

市域治理是国家治理在市域范围的具体实施，是国家治理体系中承上启下的重要环节。党的十九届四中全会在推进国家治理体系和治理能力现代化的整体战略下作出了加快推进市域治理现代化建设的行动部署。党的十九届五中全会审议通过的《中共中央关于制定国民经济和社会发展第十四个五年规划和二〇三五年远景目标的建议》再次明确，"加强和创新市域社会治理，推进市域社会治理现代化"。随着我国经济社会的不断发展和城镇化水平的不断提升，各类要素开始向市域聚集，推进市域治理现代化的重要性更加凸显。

一　市域治理的概念界定

（一）市域

"市域"概念与"城市"概念紧密相关。

城市是社会分工和生产力发展的产物。我国古代文献中对城市最早的描述参见《管子·度地》中"内为之城，城外为之郭"，《墨子·七患》中"城者，所以自守也"，《周易·系辞》中"日中为市，致天下之民，聚天下之货，交易而退，各得其所"。《周礼·地官》记载："大市，日昃而市，百族为主；朝市，朝时而市，商贾为主；夕市，夕时而市，贩夫贩妇为主。"在古代文献中，"城"是指具有防守性质的军事要点，四周围有高墙，扼守交通要冲，代表城墙、国家，有防御之意；"市"指集市，有贸易、交易之意。"城""市"合一，就是人们聚居地和做买卖场所的统称。

1909年，清朝政府颁布《城镇乡地方自治章程》，设立"市"，组织议事会进行自治,这标志着中国近代意义上的"市"及城市管理组织的产生。① 但囿于时局,晚清政府没有实现城市改革的目标。辛亥革命后,1911年11月,江苏省临时省议会议决通过《江苏省暂行市乡制》,将城、镇统称为市,规定县治城厢地方为市;县下城镇村庄屯集各地方,人口满5万人者为市,不满5万人者为乡;"市有区域过广,其人口满10万人以上者,得就境内划分若干区"(这是中国最早的关于"市辖区"的法律界定)。② 自此之后,"市"的概念被纳入中国地方行政与治理话语系统。但一般不认为这标志着中国市制的正式诞生,因为在法律上,清廷的"城、镇"、江苏的"市"都只是自治团体,并未纳入国家的一级行政区划。1921年2月,《广州市暂行条例》正式实施,随后广州市政厅挂牌成立。广州成为我国近代行政区划建制意义上的第一个市,中国市制正式诞生。广州市及其他市的设立推动了中国城市类型的更新与发展,并改变了"城"与"市"简单组合的模式,经过不断调整产生了不同级别的"市"。

新中国成立之初并没有明确的设市标准,只是中央原则上规定人口在5万人以上的城镇准予设市。1986年后,随着地改市、市管县体制的确立,"市"成为地级行政区的主体。中国现行行政区划中,通常根据行政地位的不同,分为属省级行政区的直辖市、属地级行政区的地级市、属县级行政区的县级市。除此之外,也可以根据该市是否设区,将直辖市以外的市分为设区的市、不设区的市。截至2022年底,中国共计4个直辖市、293个地级市、394个县级市。③

在城乡规划领域,"市域"是一个被广泛使用的概念。根据1998年建设部发布的《城市规划基本术语标准》(GB/T 50280—98),"市域"(administrative region of a city)是指"城市行政管辖的全部地域"。"市域"是区域的一个具体层级,在市域之上有全国和省域及都市圈,与市域平行的还有(自治)州域、(自治)盟(旗)域,市域之下则有县域。在各层级上都可以形成城镇体系,即"在一定地域范围内具有不同规模

---

① 杨宏山编著《城市管理学》(第三版),中国人民大学出版社,2019,第72页。
② 《江苏暂行市乡制(1911)》,中国大百科全书网,https://www.zgbk.com/ecph/words?SiteID=1&ID=494655。
③ 国家统计局编《中国统计年鉴2023》,中国统计出版社,2023,第1页。

等级、职能分工明确、相互联系紧密、空间分布有序的城镇群体"。①

"市域"概念的提出，是为了在市管县体制改革的背景下，加强城市行政管辖的全部地域范围内的城镇体系规划工作，从而推动城乡协调发展。1982年至1983年，国家逐步确立市管县的新行政体制，要求地级市发挥中心城市的辐射带动作用，对所辖县实行全面领导，推动城乡协调发展。1984年，国务院颁布的《城市规划条例》要求，"直辖市和市的总体规划，应当把市的行政区域作为统一的整体，合理部署城镇体系"。1989年，全国人大颁布的《中华人民共和国城市规划法》要求，"城市人民政府负责组织编制城市规划。县级人民政府所在地镇的城市规划，由县级人民政府负责组织编制"。1991年，建设部颁布的《城市规划编制办法》提出，"设立城市应编制市域城镇体系规划，县（自治县、旗）人民政府所在地的镇应当编制县域城镇体系规划"。2005年，建设部颁布的修订版《城市规划编制办法》提出，"城市总体规划包括市域城镇体系规划和中心城区规划"，并列举了市域城镇体系规划应当包括的七个方面的内容。根据上述法律法规，众多城市编制了单独的城镇体系规划，或者至少在其总体规划中包含了市域城镇体系规划的内容。

2002年，时任福建省省长的习近平在对厦门工作的讲话中使用了"市域城镇体系"概念，要求全市"一盘棋"促进城乡发展。2018年，中央政法委在延安干部学院"新任地市级党委政法委书记培训示范班"开班式上首次正式提出"市域社会治理现代化"概念，系统阐述了以五个导向、四大体系、七大能力为核心内容的推进市域治理现代化的总体框架和方法路径。党的十九届四中全会通过的《中共中央关于坚持和完善中国特色社会主义制度　推进国家治理体系和治理能力现代化若干重大问题的决定》，强调要积极推进"市域社会治理现代化"。

学界关于"市域"概念虽然有争议但也形成一定共识，即"市域"不同于一般意义上的城市，主要指设区的城市或地级市及其下辖县乡地

---

① 宋贵伦、张汉、梁家祺：《推进市域社会治理现代化的主要问题和对策建议》，《社会治理》2022年第2期。

区。① 结合全国市域社会治理现代化工作会议的精神，本书的市域范围为设区的市，主要是地级市一级的行政区域范围。除此之外，在省域治理、市域治理、县域治理、乡域治理体系中，本书所指的市域治理，侧重于城市治理。

（二）治理

历史上，"治"字的本义，是水名。篆书的"治"字，是治水的象形，含有治水、整治、修治之义。"治理"符合水之性，通过顺着事物天然具备的文理而整治，顺应其本身的能量动势趋向进行正向性的疏导，随圆就方，直能就曲，从而引导事物顺应先天客观规律，实现归正。② 中国古代文献对治理的描述主要是管理、统治、政绩等意思。如《荀子·君道》，"明分职，序事业，材技官能，莫不治理，则公道达而私门塞矣，公义明而私事息矣"。《汉书·赵广汉传》，"壹切治理，威名流闻"。《孔子家语·贤君》，"吾欲使官府治理，为之奈何？"

治理概念的提出是新公共管理运动发展到20世纪90年代的一个标志性事件，有其深刻的时代内涵，侧重于对政府主导的公共管理方式和理念的反思，旨在强调政府与市场以及其他社会多元主体间关系的平等化、管理方式的开放化和互动的协调性等方面。治理这一概念提出以后，学界对治理进行了多层次的探讨，不断拓展和延伸治理理论的内涵和外延，例如对于元治理、网络治理、协同治理以及整体性治理等概念及其理论的阐述和建构。

中国学术界关注到国际话语中"governance"一词是在20世纪90年代中期。对于治理一词在中文语境中的概念界定，国内学界有过相关争议。部分学者认为应当将其翻译为"治道"，也有学者认为应当将其翻译为"治理"。③ 政治学界与公共管理学界在引入治理这一概念的同时，也探索拓展此概念在中国政治实践中的内涵。目前学界对"治理"主要有两种用法。一是在西方理论话语中，即在"governance"本义上使用，将

---

① 朱瑞、刘静：《我国市域社会治理发展的特征、挑战与路径》，《行政管理改革》2023年第10期。
② 熊春锦：《东方治理学》，中央编译出版社，2015，第109页。
③ 徐勇：《GOVERNANCE：治理的阐释》，《政治学研究》1997年第1期。

治理理解为一个上下互动的管理过程,主要通过多元主体合作、协商,确立伙伴关系,确立认同和共同的目标等方式实施对公共事务的管理,其实质在于建立在市场原则、公共利益和认同之上的合作。[①] 二是在中国"国家治理"话语体系中使用。2013年,党的十八届三中全会首次将全面深化改革的总目标确立为完善和发展中国特色社会主义制度,推进国家治理体系和治理能力现代化。国家治理体系和治理能力现代化,是一种全新的政治理念,表明中国共产党对社会政治发展规律有了新的认识,是马克思主义国家理论的重要创新。[②] 在中国传统政治思想中,"国家治理"通常是指统治者的"治国理政",其基本含义是统治者治理国家和处理政务。西方治理理论已经形成多个流派,尽管如此,立足于社会中心主义,主张去除或者弱化政府权威,取向于多中心社会自我治理,却是其基本政治主张和倾向。中国共产党人的"国家治理",既在本质上区别于中国传统统治者的治理国家,又在价值取向和政治主张上区别于西方的治理理论及其主张。可以说,"国家治理"这一概念的提出吸收了治理多元主体参与协商的理念,坚持了马克思主义国家理论,更多的是经验性、渐进式的内生演化的结果。[③] "国家治理"的基本含义就是在中国特色社会主义道路的既定方向上,在中国特色社会主义理论的话语语境和话语系统中,在中国特色社会主义制度的完善和发展的改革意义上,中国共产党领导人民科学、民主、依法和有效地治国理政,[④] 通过政府、市场、社会之间的分工协作,实现公共事务有效治理、公共利益全面增进的活动与过程。[⑤] 本书在中国"国家治理"话语体系中使用"治理"这一概念。

（三）市域治理

基于中国"国家治理"的话语体系,本书中"市域治理"是指中国

---

① 陈振明等:《公共管理学》(第二版),中国人民大学出版社,2017,第59页。
② 俞可平:《国家治理的中国特色和普遍趋势》,《公共管理评论》2019年第1期。
③ 彭莹莹、燕继荣:《从治理到国家治理:治理研究的中国化》,《治理研究》2018年第2期。
④ 王浦劬:《国家治理、政府治理和社会治理的含义及其相互关系》,《国家行政学院学报》2014年第3期。
⑤ 薛澜、张帆、武沐瑶:《国家治理体系与治理能力研究:回顾与前瞻》,《公共管理学报》2015年第3期。

共产党领导下政府、市场、社会多元主体在市域这一空间范围内，运用现代化的治理手段来解决社会、经济等问题以促进公共事务有效治理、公共利益全面增进的活动与过程。

市域治理是国家治理在市域范围内的具体实施，是国家治理的重要基石。市域治理既要贯彻落实好党中央关于国家治理的大政方针、制度安排、决策部署和省委省政府的任务要求，又要统筹谋划、周密部署本市域社会事务，在国家治理体系中具有承上启下的枢纽作用。市域治理的本质在于统筹城乡，以城市引领区域发展。市域层面具有较为完备的社会治理体系，具有解决社会治理中重大矛盾问题的资源和能力，是将风险隐患化解在萌芽、解决在基层的最直接、最有效力的治理层级，是推进基层治理现代化的前线指挥部。市域治理做得怎么样，事关顶层设计落实落地，事关市域经济繁荣发展与社会和谐稳定，事关党和国家长治久安，意义重大、影响深远。

二　市域治理的特点与原则

（一）市域治理的特点

1. 政治性

市域治理实质上也是一种国家治理活动，或者说它是国家治理活动的重要组成部分。市域治理最重要的主体是市域的国家政权机关。市域治理主要是在党的全面领导下，市域国家政权机关借助国家法律、法规和规章制度，运用国家政治权力体系以及运行系统，来实施对市域公共事务的管理以及为市域的未来可持续发展提供方向。市域治理在这一过程中，已经超出了对简单的市域各种具体技术性和中介性事务等的管理（如对市域各项基础设施的建设和管理，对市域公共服务设施的建设和管理，对市域环境事务的管理，对市域治安和公共秩序的管理，对市域财政、税收的管理；对市域其他如人口迁移、流动等社会公共事务以及如社会救济、慈善事业等公益事业的管理），还包括对诸如市域规划的制定和实施、对市域治理法规的制定和执行等一系列软性活动，体现着人民的利益和意志。从这种意义上来说，市域治理活动是一种国家政治活动，具有政治性。

2. 枢纽性

市域治理属于中观层级治理，承上启下的枢纽性是其核心属性，对上关乎国家治理、省域治理，对下关乎县域治理、乡域治理，是一种可以弥合宏观国家治理结构与微观基层治理行为的联结式枢纽。市域治理最大特点就是对上承担贯彻党中央决策部署的重要责任，对下指导基层一线工作。抓住市域这个关键环节，可以起到"一子落而满盘活"的效果。除此之外，不同于横向间的政府与社会互动关系，纵向上的市域层级关系结构属性更为突出。在市域治理体系中，市、区（县）、街道（乡镇）作用的发挥进一步完善了上下贯通的纵向治理架构，打通了市域治理的"神经末梢"，使市域治理能延伸到社会的每一个节点。

需要指出的是，市域治理不但要坚决贯彻党中央的大政方针，维护党中央的权威，而且要从本市域的实际情况出发，维护本市域居民的合法权益和利益。因此，市域政府在市域治理的过程中，要力求将国家的整体利益和本市的具体利益协调一致。在不违背中央大政方针的前提下，努力贴近本市域的实际，实施有利于本市发展的市域治理策略。

3. 综合性

市域是一个复杂的综合体，市域治理活动也是一种综合性很强的管理活动。市域政治、经济、文化各自具有不同的系统，在运行规律上表现出既自成体系，又相互制约、互相影响的特点，这些特点也使市域呈现集中、开放、多元、有机的特点，同时也决定了市域治理具有突出的复杂性和综合性。

从市域治理的客体或者内容来说，市域治理包括对市域公共事业和公共事务的管理，对各项市域经济活动的控制和对市域中居民精神生活的指导。从市域治理所面对的人员来说，其涉及居住于市域中的各行各业的人。不同利益群体的人居住在同一市域中，会产生各种各样的社会问题，市域治理的一个很大功能就是借助国家法律、法规和规章制度，平衡和调节各个不同利益群体之间的关系，使之和谐平安地在同一个地域范围内生活。与此同时，市域治理在时空表现上具有不同的综合性特征：在时间上，主要反映在市域的长期、中期与短期的规划和年度计划方面；在空间上，反映在市域各分系统的排列和布局方面。在市域管理方面，其内容广泛且丰富，包括市域政治建设、市域经济管理、市域社会管理、市域文化管理等。

4. 整体性

市域是一个由政治、经济、文化、科学、教育、环境、人口等各种要素组成的极为复杂的有机体。市域治理体系是一个大系统，内有诸多分系统，例如组织系统、职能系统、体制系统、环境系统等，每个分系统下面又有许多相互关联的子系统。组成市域治理系统的要素很多，如组织要素、人员要素、财政要素、制度要素、行为要素等，每一种要素的内部又包括许多次级要素。这些市域治理要素之间是相互依存、相互作用、彼此联系的，由此形成一个有机的组合系统。在市域治理过程中，各个环节之间又是相互制约的，围绕着同一个市域治理目标，发挥市域治理的整体效能。

与此同时，市域以及市域治理各个要素永远处于一种变动的过程之中，这给市域治理工作造成了一定的难度，使市域治理变得复杂。在市域治理的过程中，不仅要从整体上把握城市发展的复杂性，也要研究市域中的每个要素的变化对市域治理和市域发展所产生的影响，寻找其规律，进而采用合理的方式来整合城市的各个因素，更好地发挥其整体效能。

5. 开放性

市域是一个兼容并蓄、开放型的大系统，其人口的流动和社会资本的流动，迫使市域治理必须具备开放性，才能很好地发挥功能。市域是人口、自然资源、技术、文化、物流、信息、资金等要素的集散地，它们通过大规模的输出和输入，使城乡之间、城市与城市之间形成了一种活跃的合作关系。这种合作关系，使得市域治理只有增强其开放性，才能更具活力，获得更好的发展。

从市域主体的角度来看，除了国家政权组织之外，还有多元主体参与进来，如不同性质的企业、社会组织等。这些多元主体由于存在和活动于相对固定的空间场域内，因利益关系而参与到市域治理的诸多方面，各主体之间共同协作、共享资源，实现资源的有效整合和利用，从而促进市域整体发展。因此，市域治理体制中必须建立权责明确的、多元化的分工和协调机制，并在此基础上采取多元化的措施和方式，综合布局城市空间体系，建立完善的市域治理结构，形成运转高效的治理机制。

(二) 市域治理的原则

1. 以人为本原则

任何社会的主体都是人，市域作为一个社会也不例外。市域治理可持续发展也需要围绕以人为本的发展目标，实现有活力、低代价的经济增长，经济、社会、环境的整合性发展，以及人民生活质量的持续性提高。要在空间布局上满足人的活动要求，在生态环境上有益于人的生理健康要求，在人际关系上适应人的交往要求，在文化氛围上有助于陶冶情操的要求，在日常生活及出行上符合人的方便要求。

2. 综合效益原则

现代化市域是一个由经济系统、社会系统和环境系统等组成的复合系统，它同时进行着经济再生产、人口再生产和生态再生产，市域在这三种再生产中分别产生经济效益、社会效益和环境效益。综合效益指的是经济效益、环境效益和社会效益三者统一，相互促进、相互关联。市域的治理和发展都应该从其总体目标出发，对经济活动、环境条件（社会环境和自然环境）和社会活动进行全面的规划，使市域的社会效益、经济效益和环境效益得到协调发展。

3. 法治性原则

我国是一个法治国家，现代市域是一个复杂的综合体。市域的发展要求市域治理具有理性和一定的系统性，克服盲目性、随意性带来的种种问题，做到有法可依、有法必依，使市域治理走向规范化、制度化。

4. 因"市"制宜原则

不同的市域因为其城市性质、历史沿革、社会和自然环境的相异而承担着不同的功能，形成自己独有的特征，所以，在市域治理和建设过程中，就必须"区别对待"，要一切从实际出发，因地制宜，实事求是，不能凭空想象，盲目治理。

5. 系统治理原则

系统治理原则就是将系统的思想和方法作为研究、分析和处理市域治理问题的准则。这也是现代市域治理区别于传统市域管理的重要特点之一。市域是一个完整的系统，各子系统在市域政府的统一规划指导下，有序运行，合理发展。

6. 生态保护原则

我国市域治理历史上曾有一段时期，没有从生态平衡与保护的角度来考虑协调发展，任意使用水、地等自然资源，对环境污染问题重视不足，使得部分市域（尤其是市域中的城市）出现了能源紧张、水源不足、人口膨胀、环境污染等问题。党的十八大以来，以习近平同志为核心的党中央高度重视生态文明建设，重视生态环境保护，重视市域生态与经济的平衡、合理有效地利用资源，这些都是当前市域治理所应坚持的价值取向。

7. 开放原则

开放原则即在国家法律、法规的约束下，通过与外界的交流与合作来实现市域自身的良性运行、促进城市自身的可持续发展。这就要求市域治理应当面向其他市域，面向世界，开展多方位、多角度的外部合作交流。例如，国内城乡之间、地区之间、城市与城市之间的资金、技术、设备、人才等的交流和合作；对外的经济合作和交流，吸收外资，引进国外先进科学技术，学习和借鉴发达国家科学管理经验等。[①]

三 市域治理的地位

市域治理是国家治理在市域范围内的具体实施，是国家治理的重要基石；市域治理现代化是推进国家治理体系和治理能力现代化的重要组成部分。市域治理在整个国家治理中拥有十分重要的地位。

（一）市域治理与国家治理

市域治理与国家治理的关系呈现整体与局部、总体性与具体性的统一。从国家治理体系来看，市域治理的重要地位体现为市域是国家全面统筹发展的关键。市域作为比县域更高一级的行政层级，拥有更完备的行政权限和更强大的资源统筹能力及更大的选择治理模式的政策空间。

在国家治理中，市域治理具有独特优势。一是有治理空间优势。市域既不像省域那样大而泛且发展不平衡，也不像县域那样以农村为主，而是有城有乡，既包括城市街道社区，又包括乡镇农村。更重要的是，市域治理一改过去城乡分治的概念，体现了城乡治理融合体的理念和系统治理的

---

① 张本效主编《城市管理学》，中国农业大学出版社，2017，第4~11页。

理念。从市域空间范围视角统筹研究、综合解决城与乡及城乡接合部治理问题，能有效破解"条块"分割、政策碎片问题，取得事半功倍的效果。二是有治理主体优势。市域党组织、政府组织、经济组织、社会组织、公民等多元治理主体并存，比省域更好动员，比县域更全面，而且易于整合资源，有利于构建"党委领导、政府负责、民主协商、社会协同、公众参与、法治保障、科技支撑"的社会治理体系，有利于形成共建共治共享的基层社会治理新格局。三是有治理手段优势。城市资源相对丰富，市域治理可以更加有效地运用党建、行政、法律、经济、文化、道德、心理、科技、民规民约等一系列手段开展综合治理。四是有治理效能优势。不像省域那样范围太大，也不像县域那样范围太小，市域治理有集约优势，能够更加有效地立足当前、面向长远解决城市服务管理、社会和谐稳定等问题。

在国家治理现代化建设中，市域治理现代化有特别重要的作用。一是支柱作用。城市治理现代化是国家治理现代化的骨干工程。没有城市治理现代化，就没有国家治理现代化。二是枢纽作用。如前所述，市域治理对上承担贯彻党中央决策部署的重要责任，对下指导基层一线工作。抓住市域治理这个关键环节，可以起到"一子落而满盘活"的效果。三是平台作用。市域治理是国家治理的"主战区"、大舞台。在市域治理这个平台上，各级各类组织和社会公众可以大显身手，更好形成基层社会治理共同体，更好形成共商共建共治共享的社会治理新格局。四是牵引作用。市域治理具有以城带乡的引擎作用。市域作为城市和农村两种社会形态的结合体，是统筹推进城乡一体化的有效载体。把市域作为完整的治理单元，能够充分发挥城市的辐射带动作用，推进城乡一体化、基本公共服务均等化，让治理成果更多、更公平地惠及城乡居民。五是示范作用。市域具有以点带面的示范作用。与县域相比，市域治理对象更多样、治理问题更典型、治理体系更完备，需要加强顶层设计，对县域进行宏观指导。与省域相比，市域直面基层一线，直面社会治理各类问题，需要拿出微观层面的操作方案和具体解决办法。①

---

① 宋贵伦、梁家祺：《市域社会治理体系现代化建设的四个维度》，《社会治理》2023年第4期。

（二）市域治理与市域社会治理

市域社会治理是市域治理的重要组成部分。改革开放以来，我国经历了世界历史上规模最大、速度最快的城镇化进程。从1978年到2020年，城镇常住人口由1.7亿人增加到超过9亿人，城市数量由193个增加到684个，全国80%以上的经济总量产生于城市，60%以上的人口生活在城市。① 这意味着中国已经由一个农业社会转型为城市型社会。随着城市化的快速发展和人口在城市的大量集聚，社会结构、社会组织形式以及社会利益格局都发生了深刻变化，市域成为经济活跃、社会繁荣的热土，也成为利益博弈、矛盾纠纷发生的主要场域，是社会治理的主阵地。

大量研究表明，随着城市化的发展和人口在城市的大量集聚，传统的社会关系逐渐瓦解，社会凝聚力下降，社会失范、社会分散化、社会复杂化等挑战不可避免。同时，城市化快速发展中产生的"半城市化"现象会导致社会治安风险显著上升。特别在我国的社会治理中，由于市域面积广、治理水平差异大，在流动人口管理等方面容易形成社会治理的真空期、断裂带、空白点，市域社会治理面临着社会整合和风险防范的重大挑战。更加值得注意的是，市域社会风险具有高度的传导性、外溢性特征。市域是防止风险外溢、扩散、上行的重要关口，将重大矛盾风险化解在市域，可以防止单个风险演变为系统风险、局部风险演变为全局风险。

因此，市域社会治理具有鲜明的问题导向。市域社会治理现代化就是要把握市域社会的集聚性、异质性、流动性，以及社会风险的外溢性等特征，探索与城市产业、城市人口、城市生活方式、城市先进文化相适应的社会治理方式。为此，一方面市域社会治理迫切需要加强对市域人口流动、市域社会矛盾、市域社会心理变迁和重大突发公共安全事件的研究；另一方面也要加强对城市共同体、社区社会资本与公民参与，以及社会组织的发展研究，在市域社会治理中运用好秩序和活力的"辩证法"，以活

---

① 《第七次全国人口普查公报》，中国政府网，https://www.gov.cn/guoqing/2021-05/13/content_5606149.htm。

力建设支撑社会秩序，在社会分化中实现新的社会整合，形成社会的有机团结。①

（三）市域治理与基层治理

一般来说，治理层级越高，越侧重于体制机制与制度体系建设，治理层级越低，越侧重于具体公共事务的治理。我国市级政府的主要职责是承上启下、统筹地方协调发展，2015年3月15日，十二届全国人大三次会议对《中华人民共和国立法法》作出修改，规定所有设区的市均具有立法权，进一步强化了设区的市在辖区内的顶层设计、统筹兼顾能力。因此，从职责权限出发，市级党委政府在市域治理中的职责重心是制度建设，是在国家治理的制度框架下，构建上下贯通、统筹协调的市域治理体制机制。

在区域发展格局中，中心城市往往是重要的增长极，发挥着集聚高端创新要素、统筹共享公共资源等作用。然而，以县域行政区划为主，对区域经济社会发展进行分块管理，将对区域中心城市发展产生消极影响，使得中心城市对周边县域的引领和带动作用大为减弱。若要充分发挥中心城市对周边县域的引领、带动作用，则必须在市域范围内实现统筹。

与此同时，在市域公共事务治理中，还普遍存在不同部门、不同条线"九龙治水"、各自为政的情况，部门间横向协调困难，降低了社会治理的效率和效果。以社会矛盾纠纷调解处置为例，社会矛盾纠纷调解处置涉及信访、公安、检察、法院、司法，以及环保、住建、卫健、民政等诸多部门。在基层社会治理中，涉及相关部门30余个。不可否认，条线力量在社会治理的各自分管领域发挥了突出作用，但与此同时，强大的条线力量也带来了治理资源、政策、服务的碎片化，加大了基层工作的负担。为此，在市域层面的社会事务治理中必须构建横向协作的整体性政府。

因此，相对于基层治理而言，市域治理不仅仅是体现在统筹级别的提升，无论是从设区市的职责定位还是当前治理体制机制改革的现实问题来

---

① 郁建兴、吴结兵：《市域社会治理现代化的内涵、重心与路径》，《国家治理》2021年第21期。

看，市域治理都具有鲜明的制度导向。加快推进市域治理现代化，就是要形成市—区（县）—乡镇（街道）权责明晰、高效联动、上下贯通、运转灵活的治理体系，整合各层级、各部门力量，形成市域治理合力，在体制机制上解决困扰基层治理的"痛点"和"堵点"，赋能基层治理，提高基层治理成效。

四　市域治理的学习意义和方法

（一）市域治理的学习意义

1. 有助于理解市域治理现代化的"人民性"

首先，以人民为中心是市域治理的核心要义。中国共产党自成立之日起就牢固树立为人民谋幸福的初心使命，始终把"增进人民福祉、促进人的全面发展作为立党为公、执政为民的本质要求"。纾民困、解民忧是推进市域治理的出发点，也是推进市域治理现代化的根本目标。其次，满足人民对美好生活向往是市域治理现代化的终极目标。中国特色社会主义进入新时代，我国社会主要矛盾已经转化为人民日益增长的美好生活需要和不平衡不充分的发展之间的矛盾。当人民的需求从注重基本物质生活满足转向更加注重公平法治民主的人文环境、安全和谐的社会环境、绿色生态的居住环境等美好生活的期待时，市域作为融合市—县—乡—村的空间共同体，其治理必须进行相应的调整，以回应人民不断变化的现实需求，有效化解经济社会运行中的重大矛盾与热点问题。最后，通过充分发展生产力，建立公平合理的分配关系，实现全民富裕，是当前市域治理现代化的现实目标。长期以来，不平衡不充分问题的重要根源在于城乡二元的对立。市域治理也意味着通过城乡统筹与乡城融合，实现城乡要素平等交换和公共资源均衡配置上的重大突破，进而以城带乡，让广大农民平等参与改革发展进程，共同享受改革发展成果。

2. 有助于理解市域治理现代化的"时代性"

进入21世纪以来，随着全世界交流合作更加紧密频繁，风险也呈现多发、易发态势，并且伴随不确定性。从国内来看，随着城市化率的提高，大量社会问题、风险和矛盾向城市空间转移和集中，新风险、新问题也往往最先在市域汇聚和显现，并在此向上传导、向外溢出，这超出了传统县域层级能够把控的范围，与之相应，市域越来越成为防范化解矛盾和风险的关键层级。历史上"郡县治，天下安"的传统治理经验在新时代新问题新矛盾之下也遭遇到前所未有的挑战，市域治理现代化是对"风险社会""城市中国"到来的有效回应，可谓"市域治，天下安"。

3. 有助于理解市域治理现代化的"创新性"

首先是治理理念的创新，这主要体现在如下几个方面。一是城乡共进的融合理念。市域治理在空间维度上包括城区城市治理和乡村基层治理，市域治理现代化致力于城乡一体化治理，从过去的重城轻乡转向城乡统筹、城乡融合，最终实现市域范围内的普遍进步和繁荣发展。二是全周期治理理念。"全周期治理"的核心是通过源头预防，中期应对化解，后期复盘总结形成一个环环相扣、协同配合、权责清晰的闭环治理模式，摒弃过去市域"头痛医头，脚痛医脚"的城乡分裂的碎片化治理模式，构建动态、开放、系统的治理模式。三是协同治理理念。在新时代，面对城乡社会矛盾和社会风险的复杂性、未知性、多变性和不确定性，只有在党委统领、政府负责、社会协同下，建立一个连通政府、社区、街镇、市场、居民的协作治理网络，才能缓解社会矛盾，削弱社会风险，疏通利益冲突，实现市域协同治理的目标。

其次是治理手段的创新。以"互联网+"、大数据、人工智能、云计算为特征的数字时代的到来，为实现市域智能治理和精细化治理提供了必要而充分的技术前提。

最后是治理模式的创新。市域治理以解决具体问题为导向，贵在因地制宜，形成适合当地实际条件的治理模式。为此必须树立本土化的、符合地方实际的市域治理理念，形成独具特色的市域治理模式，有效推动市域治理向现代化方向健康发展、行稳致远。

4. 有助于理解市域治理现代化的"系统性"

首先，市域治理是承接中央与基层的"枢纽"。其对上执行党中央、省委省政府的相关决策部署，对下指导基层做好国家治理的基层实践，是统筹推进城乡治理一体化的有效载体。市域这个起着桥梁和纽带作用的中间层级不仅是国家治理现代化战略的"实施者"，也是落实基层治理工作的"组织者"，更是以城带乡、以点带面的"发动机"。其次，市域治理是破解"条块"分割困局的关键。与县域治理相比，市域拥有更大的治理权限和更丰富的治理资源，更有能力通过合理的制度和政策安排化解"条块"分割困局，有效解决治理中的重大矛盾问题。最后，市域治理现代化是对治理体系的传承与再造。市域治理既是一定的行政治理层级，又是一种空间体系。从纵向看，市域的形成都有较为悠久的文化和历史资源的积累，准确把握市域特性，是推进市域治理现代化的前提和基础。从横向看，市域治理现代化是一个要根据内外部环境的变化而不断适应和调整的策略性问题。以市域为单位来统筹推进区域性的新型城镇化，不仅有利于区域内部资源配置的优化，还有利于区域参与全国范围的整体性竞争以及对接外部资源。作为治理单元的市域，不单是一个时空概念，也代表着中国特色的治理体系为适应新时代经济社会发展需求而进行的综合调试，其中包含了对城乡关系、县域关系、府际关系以及央地关系等的调整。[①]

（二）市域治理的学习方法

综合应用必要的学习方法，可以更全面地学习和理解市域治理的规律，从而在实际工作中更有效地应用市域治理的原则和方法。

1. 理论学习法

充分了解市域治理相关理论，精准把握市域治理的真正内涵，理解市域治理的内在逻辑和行动机制。通过学习系统的、结构化的理论知识，了解最新的研究动态，掌握中国国家治理经验"理论叙事"规律。

2. 实践参与法

学习市域治理理论的更好的方法是与实践结合。要善于将理论与实践相结合，注重实际调查，"没有调查就没有发言权"[②]。可以研究具体的市域治理项目或实践，通过分析成功和失败的案例来了解治理的有效方法；参与或观察实际的市域治理实践，直观地理解其运作机制和挑战；加入与市域治理相关的机构或组织，通过实习或志愿服务来获取实践经验。

3. 比较研究法

市域治理理论是不断发展的，要通过横向国内外的比较研究，认识到

[①] 赵晨：《理解市域社会治理现代化的四个维度》，大河网，https://theory.dahe.cn/2022/02-24/971251.html。

[②] 《毛泽东文集》（第二卷），人民出版社，1993，第382页。

现存理论和经验的不足,学习和借鉴先进的理论和经验,避免固步自封;通过纵向的比较研究,认识到其发展走向和未来方向,让市域治理理论在历史的基础上焕发出现代化的生机。

4. 历史学习法

习近平总书记指出:"一个国家选择什么样的治理体系,是由这个国家的历史传承、文化传统、经济社会发展水平决定的,是由这个国家的人民决定的。我国今天的国家治理体系,是在我国历史传承、文化传统、经济社会发展的基础上长期发展、渐进改进、内生性演化的结果。"[①] 中国市域治理同样扎根于中国国家治理长期的历史传承和文化传统,因此,要透彻地把握当下中国市域治理的规律,必须深入学习和研究中国国家治理的历史。

---

① 《习近平谈治国理政》,外文出版社,2014,第105页。

第一章 市域治理的历史演变

城市从无到有,从简单到复杂,从低级到高级的发展历史,反映着人类社会的发展进程。刘易斯·芒福德(Lewis Murnford)揭示了这一规律性主题:人类文明每一轮更新换代,都密切联系着城市作为文明孵化器和载体的周期性兴衰更替历史。[①] 与此相对应,市域治理也是在人类文明的不同发展阶段中不断完善的。本章对中国市域治理的历史演变进行回顾,梳理市域治理的制度演进和理念演变,总结市域治理的发展和运行规律,旨在使读者对城市治理历史有更深湛的了解,从而具备一定的能力去审视当今市域治理的实践进展,探索市域治理的优化方案,丰富市域治理的理论体系。

第一节 传统中国的市域治理

城市的治理模式和主要功能在不同的历史条件下有所差异,中国的城市发展及其治理具有悠久的历史,在古代的不同阶段形成了各具特色的城市治理模式。

一 古代中国市域治理的由来

中国历史上最早的城市阶段,大致是指从原始社会末期至夏代前期,这一时期的城市是乡村式的城堡,在古代文献中多称作"城"或"城邑"等。这种城堡的产生,可以从历史传说和文献记载中得到印证。如《吕

---

① 〔美〕刘易斯·芒福德:《城市发展史——起源、演变与前景》,宋俊岭、宋一然译,上海三联书店,2018,第3页。

氏春秋·君守篇》记载"夏鲧作城";①《淮南子》中也有"昔者夏鲧作三仞之城"的记载;②《管子》亦作"夏人之王……鞣十七湛, 疏三江, 凿五湖, 道四泾之水, 以商九州之高, 以治九薮, 民乃知城郭门闾室屋之筑"。③根据文献记载和考古资料,乡村式城堡是城市产生的最初萌芽,其建造目的主要是储备防御、守城物资。

到先秦时期, "闾里制"的城市组织制度初步确立, 即把城里的居民, 按一定户数用高墙圈成方块状的"闾"或"坊", 坊门设置有"弹室"一类的机构, 配置"里正""坊正"等管理人员, 用来监控进出。

二 古代中国市域治理的嬗变

(一) 隋唐以前的"里坊制"

"里坊制"源于先秦的"闾里制", "里坊"是传统中国都城区划的最小单位, 属于古代城市的基层单位。秦汉至隋唐之际, 称之为"里"④或"坊"⑤, 后代流行以"里坊"统称。秦汉时期实行"里制", "里"广泛分布于城内和城外, 其形态具有封闭性, 有时还筑有垣墙, "里"的社会功能主要包括组织与协调生产、管理户籍与征派赋役、维护社会治安、教化民众等。⑥到魏晋南北朝时期, 出现了具有单独墙体、形状规整的院落, 即"坊", 形态不同于之前的"里"。虽然在城市空间规划上使用了"坊", 但在实际的行政管理中依然使用"里", 设官分职也依然用"里", 而且就名称而言, 当时"里"是有名称的, 而"坊"则没有正式的名称。⑦而后"里坊制"至隋唐时期达到鼎盛,⑧里坊管理开始有明确

---

① 吕不韦:《君守》, 载《吕氏春秋》, 陆玖译注, 中华书局, 2011, 第584页。
② 刘安:《淮南子》, 陈广忠译注, 中华书局, 2012。
③ 管仲:《轻重戊(第八十四)》, 载《管子》, 李山、轩新丽译注, 中华书局, 2019, 第1089页。
④ 杨衒之:《洛阳伽蓝记》, 尚荣译注, 中华书局, 2012, 第398页。
⑤ 刘昫等撰《职官志(卷四三)》, 载《旧唐书》, 中华书局, 1975, 第1825页。
⑥ 周长山:《汉代城市研究》, 人民出版社, 2001, 第157页。
⑦ 成一农:《里坊制及相关问题研究》,《中国史研究》2015年第3期。
⑧ 李合群:《论中国古代里坊制的崩溃——以唐长安与宋东京为例》,《社会科学》2007年第12期。

记载,"里开四门,门置里正二人,吏四人,门士八人"。①

(二) 唐朝时期的"坊市制"

到了盛唐时期,中国在城市形态、市民生活等方面均发生了历史性变革,"里坊制"也逐步演变为"坊市制",将住宅区(坊)和交易区(市)严格分开,并以法律和制度对交易时间和地点严加控制。坊市都有封闭的垣墙围合,有专人负责坊门和市门管理,实行严格的功能分区。坊是居住的基本组织单位,坊内不允许开设店铺进行商品买卖,市则是专门进行商品交易的场所,市内也严禁列肆贩卖的商人留宿。《晋令》规定,"坐垆肆者,皆不得宿肆上"。②

由于唐朝时期坊内工商业的发展,坊市的数量有所增加。一些商品经济比较发达的城市往往不止一市,如长安有东市和西市,洛阳有南市、北市和西市。市内的交易时间延长,在夜间从事生产经营活动也不受限制,夜禁限定在坊市以外的大街上,在坊市内行走不属犯夜,夜市逐渐兴起。居住功能也逐步向坊市内渗透,坊市出现了功能复合的趋势。③

(三) 宋代以后的"厢坊制"

到宋朝时期,"坊市制"逐渐发生改变。这是因为"坊市制"呈现出诸多弊端,如城市社会秩序混乱、恶性案件接连不断、火灾频发等问题。为了改变这种状况,宋代统治者在前代城市管理制度的基础上,推行了城市治安管理改革,设置了开放式的"厢坊制"。在"厢坊制"下,城市中新的行市与街市取代了旧有封闭式的"市",居住区和商业区交叉存在,并逐渐连成一片,大街小巷的交通体系也逐渐形成。居民众多的小巷不再相互隔离,而是直通大街。在"厢坊制"下,商业活动的范围突破了汉唐以来坊市制度的限制,店铺可以四处开放,大街小巷铺席林立,没有虚空之屋。

随着城市人口的增加以及城市地域的扩大,大中祥符元年(1008年),宋真宗将东京城外居住区划分八厢,并置厢吏管理。明道年间,鉴于京师居民增多,民事纠纷日繁,开封府职责过重,御史张奎曾奏请

---

① 杨衒之:《洛阳伽蓝记》,尚荣译注,中华书局,2012,第398页。
② 芦蕊:《论唐代市场制度中国家与市场的联结关系》,《河南社会科学》2011年第5期。
③ 杨宽:《中国古代都城制度史研究》,上海古籍出版社,1993,第228页。

"置内外左右厢受事判官"。① 至此,作为城市独立一级的治安管理机构——"厢"便相应出现了。厢的办事衙门,称厢公事所,设巡检使一员,为该厢官长。吏官有街子、都所由、行官、厢典等。厢官的设置大致以所辖坊数和户数的多寡而定。厢下还设有巡铺,是基层治安机构。另设军员、节级等官员,将厢与军巡铺连成一体,形成金字塔形的管理模式。② 厢官作为厢坊制的组成部分,主要职责如下:第一,估计居民物力多寡,以划分坊廓户等;第二,负责处理民事纠纷,但仅限于一般性诉讼,即"杖六十以下罪听决";第三,设法方便病人医治;第四,防止火灾,救火抢险;第五,督察盗贼,维持治安。总之,"厢坊制"的设立,是宋朝政府在"坊市制"崩溃的形势下对城市治安管理的重大变革。

（四）明清时期的"里甲制"

明代,"里甲制"兴起,洪武十四年,在编制兵役黄册的基础上组成"里甲",其成为明代庞大的封建国家机构的基层行政单位和基本役制组织。明代里甲建制是每里一百一十户,其中丁粮多者十户轮充里长,余百户均分十甲,每里十户,称"里首"或"甲户"。里甲的职责是"催征钱粮,勾摄公事",所谓"催征钱粮"指的是,每年由一名现年里长率一个现年甲,征收本里税粮田赋,指派杂役。所谓"勾摄公事"包括:第一,管理本里人丁事产;第二,清军勾匠,根究逃亡,拘捕罪犯;第三,到各级衙门轮流执役,"承符呼唤";第四,出办"上供物料"。上述各项职责,总称作"里甲正役",其中管理人丁事产和征赋派役是两项主要职责,"里甲"承当的诸项职责,尤其是管理人丁与指派徭役,体现了政治强制和超经济强制机能。③

该时期的"里甲制"有以下四个特征:第一,行政组织和徭役组织相统一;第二,以鱼鳞图册和赋役黄册为保证;第三,进一步扩大了服役范围;第四,实行连带赔纳制度。"里甲制"建立后,在一定程度上稳定了劳动人口,促进了社会安定,有利于生产的恢复。

---

① 徐松辑《宋会要辑稿·兵三》,刘琳、刁忠民、舒大刚等校点,上海古籍出版社,2014,第8659页。
② 杨瑞军:《略论宋代厢坊制度》,《山西师大学报》(社会科学版)2006年第6期。
③ 唐文基:《试论明代里甲制度》,《社会科学战线》1987年第4期。

三 古代中国市域治理的特点

古代中国市域治理理念和体制机制不断演化,总体上呈现"君权行政"、"礼仪法度"和"制度规范"的运行特点。

(一) 君权行政

在中国古代社会中,"君权行政"思想备受推崇。君王作为最高统治者,集权于一身,朝臣则依据君王制定的法律,对人民进行统治。《管子》有言,"故法者,天下之至道也,圣君之实用也……有生法,有守法,有法于法。夫生法者,君也;守法者,臣也;法于法者,民也"。[1] 古代社会的政治家们所依循的市域治理思想基于君权的思想体系,如吴兢的《贞观政要》就记载了唐太宗君臣管理的论述。因此,古代城市作为行政权力的载体,自是遵循"君权行政"思想。

(二) 礼仪法度

"礼仪法度"也是古代社会市域治理的重要理念。礼仪法度主要指礼制和法令,"夫礼,天之经也,地之义也,民之行也",[2] 统治者视"礼制""法度"为维系天地人伦、上下尊卑的宇宙秩序和社会秩序的准则,视法令为治民之本,并强调顺应时势而变革,"故礼仪法度者,应时而变者也",[3] 以达到长治久安的政治目的。

(三) 制度规范

"制度规范"在古代市域治理中占有十分显著的地位。古代统治者注重制度,认为要勤于考察研究,建立合乎时代的制度,同时要谨慎严密对待法令政策制定和各项政务。对市域治理而言,主要涉及关于市域治理的制度法令与相关政策。如前文所述,为了加强城市基层社会的管理,设立了民间管理机构,也实施了相应的管理制度。

---

[1] 管仲:《任法(第四十五)》,载《管子》,李山、轩新丽译注,中华书局,2019,第699页。

[2] 左丘明:《昭公二十五年》,载《左传》,郭丹、程小青、李彬源译注,中华书局,2016,第1967页。

[3] 庄周:《天运》,载《庄子》,方勇译注,中华书局,2015,第233页。

第二节　近代中国的市域治理

近代中国的社会剧变使得古代市域治理模式无法适应现实需要，从而开启了向近代市域治理模式转换的漫长历程。在西方市域治理思想的影响下，近代中国设立了适应城市社会、经济、市政建设等方面的专门管理机构。

一　近代中国市域治理的兴起

近代市域治理演变大致分为三个阶段，即租界内西方市域治理模式的进入、晚清新政时期的市域治理和民国时期的市域治理。

(一) 租界内西方市域治理模式的进入

租界内西方市域治理模式的进入时期指的是1843年英国在上海率先设立租界至1904年日本在安东（今丹东市）强征民地建立新市区。其间，西方列强先后在上海、厦门、天津等10座城市建立了25个专管租界，并在宁波、福州等地建立了32块类似租界的租借地、商埠区和居留地。随着这些外国租界的辟设，西方国家的市域治理模式逐渐被移植过来，租界区开始实行类似西方国家的城市管理模式，如上海公共租界的城市管理体制就是"英国体制"。这种新型市域治理模式，客观上推动了中国市域治理从传统到近代的转化，扩展了市域治理的内涵，开始将城市环境卫生、市容市貌、基础设施建设等事项纳入行政范围。租界内的城市管理变革可以看作我国市域治理全面转型的起步，开启了市域治理由传统向近代转变的进程。

(二) 晚清新政时期的市域治理

晚清新政时期指的是1895年《中日马关条约》签订到1911年辛亥革命。这一时期，受到租界市域治理模式的冲击，中国社会要求改革的呼声高涨。甲午战争后，清政府被迫与日本政府签订了《中日马关条约》，此后晚清政府开启了改革历程，史称"清末新政"。1909年，清政府制定并颁布了《城镇乡地方自治章程》，这是中国历史上第一次以法律形式对城镇区域和乡村区域进行划分，标志着中国近代意义上的"市"及城市管理组织的产生,① 市域治理的组织方式和管理模式也有所变化。

一是城市创设警政制度。光绪二十七年八月（1901年9月），清政府发布上谕，令各省将军督抚将原有绿营"精选若干营，分为常备、续备、巡警等军"，拉开了清末办警的正式序幕。二是地方自治运动兴起。《城镇乡地方自治章程》颁布，地方自治运动在全国范围内兴起，开辟了社会力量在城市管理中发挥作用的空间。但该时期的地方自治并非完全意义上的自治，城市自治机构依然受到国家行政力量的严格监督，自治仍在"官治"的统率之下。

（三）民国时期的市域治理

民国时期指的是1912年中华民国成立到1949年新中国成立。总体来说，民国时期的市域治理在以下方面有所推进。

第一，设立市政机构，明确市为一级行政单位。1921年，北洋政府颁布《市自治制》及其实施细则；1928年，南京国民政府颁布《特别市组织法》和《普通市法》；1930年，南京国民政府出台《市组织法》以替代《特别市组织法》及《普通市法》。这些法律法规，明确规定市是城市地区的行政单位，其陆续颁布标志着中国城市建制的形成。在此基础上，现代市政管理机构的设置逐渐完善，城市走向有序发展。

第二，出台法律法规，拓展市域治理范围，加大市域治理力度。相较于清末，这一时期的政府愈加认识到城市管理的必要性，因而在晚清政治统治与城市管理职能相分离的基础上逐渐加强了城市建设与管理。一方面，城市管理的法制化建设逐步走上正轨，出台了相关法律法规。另一方面，建立了较为健全的城市管理机构，扩大了城市管理范围，加大了对道路、桥梁、水电等城市基础设施的建设投入力度。

二 近代中国市域治理的特征

与古代中国市域治理相比，近代市域治理具有现代政治发展的特征，是中国市域治理历经千年后的进步。

---

① 杨宏山编著《城市管理学》（第三版），中国人民大学出版社，2019，第72页。

（一）治理样态混合化

近代中国遭遇"千年未有之大变局"，随着政治社会制度和国内国际环境的改变，市域治理的主体及对象逐步分散化、治理结构更加多元化、治理事务趋向复杂化。依托于西方市域治理理念的租界内市域治理模式、晚清新政时期建立的警政制度与民国时期的市政管理模式等多元城市治理样态混合并存，是近代中国半殖民地半封建社会性质在市域治理领域的鲜明表征。

（二）行政机构专业化

1911年，清朝时期的"城""镇"统一改称为"市"，辛亥革命后第一次提出了市制的概念；1921年，北洋政府颁布《市自治制》，这是中国第一部由中央政府颁布的关于设置市建制的正式文件；1928年，南京国民政府颁布《特别市组织法》和《普通市法》，分别规定了特别市和普通市的组织形式；1930年，南京国民政府颁布新的《市组织法》，将市分为行政院辖市和省辖市两类，二者均为自治单位；1943年，南京国民政府修改《市组织法》，简化了设市标准，"市以下设区，区之内编为保甲"。至此，我国市域治理的行政机构逐步专业化，建制市体系基本形成。

（三）民众组织社团化

1840年鸦片战争爆发后，围绕各时期的历史主题中国涌现了各种由民众组建的社团：清朝末期的反侵略性社团和反封建性社团，如洪秀全的拜上帝会、要求变法图强的强学会等；资产阶级革命时期的兴中会、光复会以及后来的同盟会等；新文化运动中的互助社、新民学会等；马克思主义进入中国后出现的共产主义小组、社会主义青年团以及工农群众团体等革命组织；新民主主义革命时期出现的各种工农群众社团、妇女社团、军事社团和社会公益社团，以及与之对抗的反革命社团等。[①] 在近代市域治理过程中，民众发挥越来越重要的作用，并且逐步形成较为规范的社会组织。

---

① 陈振明等：《公共管理学》（第二版），中国人民大学出版社，2017，第301~302页。

第三节　当代中国的市域治理

新中国的市域治理体制从 1949 年新中国成立迄今，大致经历了四个变革阶段，形式和特征呈现多样化。

一　当代中国市域治理的发展

（一）第一阶段（1949~1956 年）：市域治理体制的初步建立

新中国成立伊始，市域治理的旧政府机构面临重组，全国共设 132 个建制市，其中 12 个为直辖市[①]。1950 年 1 月，中央人民政府颁布的《市人民政府组织通则》规定市人民行使政权的机关为市人民代表大会（或市各界人民代表会议）和市人民政府。在市各界人民代表会议闭会期间，市人民政府即为市行使政权的机关。在军事管制时期，市各界人民代表会议是军管会和市人民政府传达政策、联系群众的协议机关，主要起咨询和建议作用。市人民政府是事实上的一级政权机关，兼备立法和行政职能。1954 年 9 月，第一届全国人民代表大会通过了《中华人民共和国宪法》和《中华人民共和国地方各级人民代表大会和地方各级人民委员会组织法》（简称《地方组织法》），对地方各级政权作了明确规定：市人民代表大会是城市的权力机关，市人民委员会即市人民政府，既是市人民代表大会的执行机关，又是市行政机关。1954 年 12 月，我国颁布了《城市街道办事处组织条例》和《城市居民委员会组织条例》，至此，市域治理体制初步建立。

（二）第二阶段（1956~1988 年）：市域治理体制的调整变动

这一时期市域治理体制的主要特点是行政管理部门数量不断调整，既有由少变多，也有由多变少。1961 年，中央决定调整市镇建制，缩小城市郊区地域范围，市领导县体制停止推行。1962 年，中央调整市镇建制标准，撤销了 10 万人以下的市建制。至 1965 年底，市由 1961 年的 208

[①] 陈潮、陈洪玲主编《中华人民共和国行政区划沿革地图集》，中国地图出版社，2003，序言第 1 页。

个减少到168个,直辖市仍保持两个,地级市由80个减为76个,县级市由126个减为90个。①"文革"期间,各城市政府机构的设置和名称虽有不同,但基本特点一致,都是以各大组为龙头,形成工、农、财、文教等几个大口,各大组党政合一,形成市革委会和各局、处之间的领导层次,原有的各局、处接受各大组的领导。党的十一届三中全会以后,中国进入了改革开放的历史新时期。1979年9月,全国人大常委会决定,将地方各级革命委员会改为地方各级人民政府。同年,市委和市政府机构开始分署办公。1982年12月,全国人大通过了新的《中华人民共和国宪法》和新的《地方组织法》(改称《中华人民共和国地方各级人民代表大会和地方各级人民政府组织法》),规定市和区设人民代表大会和人民政府。市和区人民代表大会是地方权力机关,市和区人民政府是地方行政机关,市和区人民政府实行首长负责制,市辖区、不设区的市的政府,经上一级政府批准,可以设立街道办事处作为其派出机关。

(三) 第三阶段 (1988~2018年):市域治理体制的逐步形成

第三阶段的市域治理体制渐次调整,体制逐步完善,可分为两个时期。

第一个时期是1988年到1993年,这一时期是城市建设的酝酿准备阶段和大规模城市建设的起步时期。城市经济的发展要求政府进一步转变城市管理职能。在这一时期,《中华人民共和国城市规划法》的实施,使城市的规划职能得以明确。简政放权改革,赋予区一级政府相应的权力,对市、区两级政府的职责权限和任务分工进行划定,并调整了城市管理的内部结构,将城市建设作为城市管理的重点。

第二个时期是1993年至2018年,这一时期中国市域治理体制得到较快发展。政府转变职能,深化城市管理机构改革,优化城市管理的内部结构,建立起规划、建设、管理的职能框架,试图逐步改变"轻规划、重建设、轻管理"的局面,逐步探索市、区、街道三级管理格局,形成了"两级政府、三级管理"体制,并颁布了大量的城市管理法规,使城市管

---

① 中华人民共和国民政部:《中华人民共和国县级以上行政区划沿革》(第一卷),测绘出版社,1986。

理有法可依。

（四）第四阶段（2018年至今）：市域社会治理现代化的探索

市域社会治理是国家治理的重要基石。党的十九届四中全会提出"构建基层社会治理新格局""加快推进市域社会治理现代化"的战略目标。加快推进市域社会治理现代化，直接关系到国家治理现代化顶层设计的落实落地，直接关系到市域社会的和谐稳定，直接关系到党和国家的长治久安。因此，积极探索新时代市域社会治理现代化的理论内涵与实践路径，是推进国家治理现代化实践中面临的重大现实课题。要推进市域社会治理体系现代化，就必须坚持"一建五治"，坚持党建引领，坚持自治、法治、德治、政治与智治并举。要推进市域社会治理能力现代化，就必须提升风险防控、舆论导控、群众工作、破解难题、资源整合、信息处理等六种能力。[①]

二　当代中国市域治理的形式

我国的市域治理体制呈现多种治理形式并存的局面，这种独特的治理体制是我国的创新，对市域治理起着积极的推进作用。

（一）城市群和大都市区

党的二十大报告指出，"以城市群、都市圈为依托构建大中小城市协调发展格局"。[②] 城市群是指以中心城市为核心向周围辐射构成的多个城市的集合体。城市群在经济上紧密联系，在功能上分工合作，在交通上联合一体，依托城市规划、基础设施和社会设施建设共同构成具有鲜明地域特色的空间网络。[③] 几个城市群或单个大的城市群可进一步构成国家层面的经济圈，对国家乃至世界经济发展产生重要影响。城市群具有组合性、网络化等特性，多个城市空间交互，其形成是经济发展和产业布局的客观结果，并已成为发达国家城市化的主体形态。

[①] 陈成文、陈静、陈建平：《市域社会治理现代化：理论建构与实践路径》，《江苏社会科学》2020年第1期。

[②] 习近平：《高举中国特色社会主义伟大旗帜　为全面建设社会主义现代化国家而团结奋斗——在中国共产党第二十次全国代表大会上的报告》，人民出版社，2022，第32页。

[③] 顾朝林：《城市群研究进展与展望》，《地理研究》2011年第5期。

随着城市群的进一步扩大，形成了一种新型的城市地域空间——大都市区。我国沿海和沿江地区的城市凭借多方面的地理优势和较好的经济基础，由北向南形成了几个大都市区：沈大都市区（以沈阳、大连为核心，构成沈阳—抚顺—本溪—辽阳—鞍山—营口—盘锦—瓦房店—大连块状城市连绵区）；京津唐都市区（以北京、天津为核心，以北京—天津—唐山—廊坊为内圈，以秦皇岛—承德—张家口—保定—沧州为外圈，构成内外圈相组合的块状都市区）；长江三角洲都市区（以上海、南京、杭州为核心，构成宁波—绍兴—杭州—嘉兴—湖州—上海—苏州—无锡—常州—南通—泰州—南京—镇江—扬州—马鞍山—芜湖—铜陵的巨型城市连绵区）；珠江三角洲都市区（以广州、深圳为核心，构成包括香港、澳门、东莞、佛山、中山、深圳、江门、肇庆、珠海等城市在内的块状都市区）。[1] 2019年2月18日，中共中央、国务院印发《粤港澳大湾区发展规划纲要》，以香港、澳门、广州、深圳四大中心城市作为区域发展的核心引擎，推进粤港澳大湾区建设。中国城市化进程的加速，会进一步促进原有城市规模的扩大，产生更多更大的大都市区，从而对我国现行的市域治理体制提出新的实践难题和理论命题。

（二）市街体制

市街体制是市政体制的组成部分内含市、市辖区与街道之间纵向的层级关系。市辖区是我国宪法规定的一种行政区域，市辖区政府是直辖市和地级市在市区的基层政府。街道是我国法律规定的一种行政管理区域，街道办事处则是市辖区和不设区的市政府的派出机关。

根据我国宪法和相关行政法规，设置市辖区的标准是：①直辖市设市辖区；②较大的市设市辖区，"较大的市"指地级市，包括省会城市和其他大部分的地级市；③人口在20万以上的市，如确有必要，可以设市辖区；④人口在20万以下的市，一般不应设市辖区，如有特殊情况，须经省级政府审批；⑤工矿基地，规模小，人口不多，在市的附近，而且经济上与市联系密切，可划为市辖区；⑥需要设市辖区的，也不应多设。上述

---

[1] 刘广珠等编著《城市管理学》，清华大学出版社，2014，第66页。

③至⑤条标准中的"市"均指地级市。① 直辖市政府关于设置市辖区的决定、地级市政府关于设置市辖区的决定经省级政府审批后，均报请国务院批准。②

同时，根据我国相关的行政法规，设置街道办事处的标准是：10万人口以上的市辖区和不设区的市应当设立街道办事处；5万人口以上10万人口以下的市辖区和不设区的市，如果工作确实需要，可以设立街道办事处；5万人口以下的市辖区和不设区的市一般不应设立街道办事处，如情况特殊，须经上级政府审批。③

（三）市管县（县级市）体制

1983年，国务院相继批复同意浙江、河南、河北等省份设置市管县，我国的市管县体制开始实施。市管县是当代中国城市行政建制之一，即由市管辖若干个县或自治县，将原来具有经济实力的省辖地级市与原地区行政公署合并或将县级市升格为地级市，进而实行市管县，以期达到经济相对发达的中心城市带动周围农村经济发展的目标，加快城乡一体化建设。市管县体制具体有三种形式：地市合并、划县入市和建市领县。

随着市管县体制在全国范围内的推行，其也逐渐浮现出弊端：第一，市管县体制导致市、县权责不匹配，造成财权、事权不匹配；④ 第二，市管县体制降低了省、县两级政府之间的信息传递和反馈速度，影响了行政效率；⑤ 第三，市管县体制造成城乡互动失效。⑥ 针对市管县体制的上述弊端，减少层级以实现扁平化管理成为行政区划改革的必然趋势，实行市县分治，即从行政建制角度，恢复市（地级市）、县的本来属性，它们之间不再具有行政隶属关系，而是各自管理本辖区范围内的事务。同时，依法明确省、市（地级市）、县的职责权限。⑦ 这对于有效维护基层群众利

---

① 刘广珠等编著《城市管理学》，清华大学出版社，2014，第66页。
② 刘广珠等编著《城市管理学》，清华大学出版社，2014，第66页。
③ 刘广珠等编著《城市管理学》，清华大学出版社，2014，第66页。
④ 孙学玉、伍开昌：《当代中国行政结构扁平化的战略构想——以市管县体制为例》，《中国行政管理》2004年第3期。
⑤ 王英津：《市管县体制的利弊分析及改革思路》，《理论学刊》2005年第2期。
⑥ 何显明：《市管县体制绩效及其变革路径选择的制度分析——兼论"复合行政"概念》，《中国行政管理》2004年第7期。
⑦ 薄贵利：《稳步推进省直管县体制》，《中国行政管理》2006年第9期。

益、降低行政成本、消除城市虚化泛化现象、促进城市合理布局、统筹城乡发展等都具有十分重要的现实意义。①

三 当代中国市域治理的特征

当代中国市域治理特征主要表现在以下几个方面。

(一) 中共市委的引领性

党的领导是全面的、系统的、整体的。② 党委总揽全局、协调各方的领导作用在市域治理中有着深刻的体现。中共市委是市域治理的领导核心，其引领性表现在：中共市委讨论决定城市治理中的重大问题；中共市委向市人民代表大会及其常委会推荐市政府、法院和检察院的领导干部候选人；③ 中共市委通过设在城市国家机构的党组织领导其日常工作；市长兼任中共市委副书记，从组织上保证贯彻中共市委的决定；中共市委的若干工作委员会分别对口领导或协调政府相关部门。

(二) 行政建制的双重性

我国的市既具有一般地域型行政建制的性质，又具有专门市镇型行政建制的性质。一般说来，市是设置在城市地区的专门类型的地方行政建制，不管辖大片的农村地区。而我国推行市领导县体制，特别是"整县改市"，使得市的行政区域不仅包括大片的农村地区，而且管辖人口中农业人口占比较高，改变了市是纯粹城市地区地方行政建制的性质，从而使市兼具一般地域型地方行政建制的性质。市政府不仅要对辖区内的城市地区实施专门管理，而且还要按地域对辖区进行一般管理。

(三) 法律地位的非自治性

《中华人民共和国宪法》和《地方组织法》规定，我国地方各级政府

---

① 孙学玉：《强县扩权与市管县体制改革的必要性分析》，《中国行政管理》2006年第5期。
② 习近平：《高举中国特色社会主义伟大旗帜 为全面建设社会主义现代化国家而团结奋斗——在中国共产党第二十次全国代表大会上的报告》，人民出版社，2022，第64页。
③ 《中共中央关于地方党委向地方国家机关推荐领导干部的若干规定（1990年1月12日）》，共产党员网，https://news.12371.cn/2015/03/12/ARTI1426127983007499.shtml；《党政领导干部选拔任用工作条例》，中国政府网，https://www.gov.cn/zhengce/2014-01/15/content_2640102.htm? eqid=dd5b7129000a6456000000005649285b4。

都是国务院统一领导下的国家行政机关。《中华人民共和国宪法》同时还规定，民族自治地方的自治机关，除行使《中华人民共和国宪法》规定的地方国家机关的职权外，还"依照宪法、民族区域自治法和其他法律规定的权限行使自治权"。这些规定表明，我国的市是享有一定自主权的地方行政单位。

（四）城市建制的等级性

我国建制市按行政地位分为直辖市、副省级市、地级市和县级市，不同级别的市享有的权力存在差异性。直辖市直接隶属于中央政府，行政地位相当于省和自治区一级，有权制定地方性法规。同时，为便于行政管理，市辖区、县级市政府经上一级政府批准可设立街道办事处作为其派出机关。

（五）市政职能的广泛性

在我国，市政管理的内容十分广泛复杂，它集工业、商业、农业、财税、金融、卫生、教育、科技、文化、体育、环保、城建、民政、公安、司法、行政于一体，具有很强的综合性。市政府不仅要管理城区的各行各业，而且还要管理郊县的农副业；不仅要管理常住的非农业人口，而且还要管理常住的农业人口和大量外来的流动人口；不仅要推动城市经济、社会、科技、文化、教育等的发展，而且还要发挥城市的辐射和集聚作用，带动郊县经济、社会各项事业的发展；不仅要解决城市发展带来的人口膨胀、能源短缺、污染严重、交通拥挤、住房紧张、就业困难等问题，而且还要做好农村保护耕地、科学种植、保护生态平衡、治污防污等工作。

四 当代中国市域治理的改革

中国市域治理已经步入新时代，积极探索新时代市域社会治理现代化的理论内涵与实践路径，是推进国家治理体系与治理能力现代化的一个亟待解决的重大现实课题，需要充分发挥市域社会治理在国家治理和基层治理中承上启下的优势。但是在农业社会、工业社会、信息社会三重跨越转型的当下，城市呈现出农业文明时代"熟人"社会、工业文明时代"陌生人"社会以及信息文明时代"网络人"社会多重复杂、交错交织的样态，① 市域治理现代化进程也面临着许多亟待解决的问题。如市域治理主体还不够多元、治理机制还不够完善、政府职能转变仍在探索、公共服务能力有待加强等。面对这一现状，当代中国市域治理的改革方向包括下放行政权力、精简党政机构、优化政府职能和建设人民城市等。

（一）下放行政权力

随着城市规模不断扩大，人们的需求越来越多样化，市域治理所面临的环境也在不断变化，这对现有的市域治理体制提出了新的挑战。中国城市化的转型要求建立城市经济发展与社会利益兼顾的新型市域治理体制，实现由政府、企业、社会组织等多元主体共同参与治理的综合管理模式。市政府应适当将行政权力下放，赋予承担大量公共事务管理职责的街道办事处更多自主权，并在人力、财力和物力等方面增强赋能，为街道办开展基层公共服务活动提供更好的保障，并在公共服务提供方面给予市政府下属部门更大程度上的自由，提高政府各部门为公民服务的质量和效率。除政府各部门外，也应当推动企业、第三部门、民众等社会主体共同参与市域治理，为其提供更多的机会和更大的空间，保证各主体共同参与市域治理的合法性、规范性与合理性，使其能够在市域治理参与方面有所作为，为居民解决"急愁难盼"问题，持续推动市域治理现代化进程。

（二）精简党政机构

党政机构改革是市域治理体制的重要组成部分，但目前党政机构重叠、职责交叉、权责脱节情况还比较突出。为此，新一轮党政机构改革应当突破以往藩篱，打造崭新的格局，体现新部署、新导向、新整合、新路径，② 推进职责相近的党政机关合并设立或合署办公，优化部门职责，将职责相近的机构整合，归类归口统一管理。按照大部制原则，把相同职责的机构整合起来，对市政机构设置进行战略规划，对同类职能机构进行裁减撤并，减少党政机构数量。同时，强化党政机构在公共安全、环境保护、食品药品监管、质量技术监督、教育、文化、体育、交通等方面的职

---

① 徐汉明：《市域社会治理现代化：内在逻辑与推进路径》，《理论探索》2020年第1期。
② 许耀桐：《中国政府机构改革40年来的发展》，《行政论坛》2018年第6期。

能，构建系统完备、科学规范、运行高效的党和政府机构职能体系。

（三）优化政府职能

随着我国市域治理体制改革的深入，需对我国城市政府职能进行重新界定。政府职能定位的一个重要问题是，必须正确处理好政府、市场与社会的关系。政府既不能越权、越位，也不能弃权、缺位，更不能滥权、错位。要符合社会主义市场经济发展规律的要求，把政府直接从事经济活动的范围限定在最必要、最合理的范围内。一方面，继续强化政府的宏观调控职能、计划指导职能、监督协调职能，使政府成为"游戏规则"的制定者、监管者，而不能既充当经济活动的干预者、仲裁者，又充当直接参与者。另一方面，政府职能应向"公共领域"——供给公共产品、建设公益事业、提供公共服务、加强公共保障以及提高就业水平倾斜。

城市政府的管理职能主要是"掌舵"而不是"划桨"，主要的工作是"穿针引线"整合社会的公共资源以满足社会公众所需。城市政府应是内生于社会之中并与之贯通的，应当成为"社会中的政府"。党的十九届四中全会指出："完善政府经济调节、市场监管、社会管理、公共服务、生态环境保护等职能，实行政府权责清单制度，厘清政府和市场、政府和社会关系。"[①] 转变政府职能的一项重要内容就是将城市政府职能与一般社会职能分开，培养社会自治组织，提高社会自治水平，将大部分社会事务交由社会组织管理，形成公共事务多元治理的模式。

（四）建设人民城市

我国城市政府肩负着治理城市和发展经济的重要使命，同时愈加重视人民群众的公共需求，努力增加公共产品的数量，提高公共服务的水平。2015年中央城市工作会议提出"坚持以人民为中心"的发展思想，坚持"人民城市为人民"。党的二十大报告指出，"坚持人民城市人民建、人民城市为人民，提高城市规划、建设、治理水平，加快转变超大特大城市发展方式，实施城市更新行动，加强城市基础设施建设，打造宜居、韧性、

[①] 《中共中央关于坚持和完善中国特色社会主义制度　推进国家治理体系和治理能力现代化若干重大问题的决定》，人民出版社，2019，第16页。

智慧城市"。① 在建设人民城市的过程中，应运用"人民算法"，其基本逻辑是"技术向善"，本质上是一种需求算法，即在城市治理过程中，运用算法技术识别、测算和预判不同群体的差异化需求，让人们的隐匿需求外显化、多元需求有机化、模糊需求精准化，依托技术实现智慧治理，这同时也是一个科学、专业、技术、民主、价值、情怀相结合的过程。②

此外，要充分利用现有资源，吸引社会资金，避免盲目投资和重复建设；坚持把加强基础设施建设、公益事业建设和公用事业建设同完善组织运行机制结合起来，同时处理好经济性公共服务与社会性公共服务的关系。政府应在"公民本位""社会本位"理念指导下，体现人文关怀，在整个社会民主秩序的框架下，通过法定程序，承担服务责任，从中国的国情出发，建立有中国特色的公共服务模式和公共服务体系，最大限度地维护和增进公共利益。

---

① 习近平：《高举中国特色社会主义伟大旗帜　为全面建设社会主义现代化国家而团结奋斗——在中国共产党第二十次全国代表大会上的报告》，人民出版社，2022，第32页。
② 何艳玲：《人民城市之路》，人民出版社，2022，第152~159页。

第二章　市级治理机构

在我国，市级治理的机构主要包括拥有正式决策和执行权力的政治性主体和不具有正式决策和执行权力的参与性主体。[①] 拥有正式决策和执行权力的政治性主体主要包括党的市级委员会、市级人民政府、市级人民代表大会和市级中国人民政治协商会议委员会，即通俗所讲的市域治理的"四套班子"。这些机构是市域治理和发展的关键驱动力，它们通过合作、协商和决策，共同推动市域朝着更加繁荣、宜居和可持续的方向发展。

第一节　市级党委的构成与职能

根据《中国共产党章程》，在中国共产党的组织体系中，市级党组织是党的地方组织，主要包括党的市级代表大会、市级委员会及其常务委员会和市级纪律检查委员会。其中，党的市级委员会和纪律检查委员会由党的市级代表大会选举产生；党的市级委员会常务委员会由党的市级委员会全体会议选举产生。党的市级委员会（以下简称"市级党委或市委"）在中国共产党的组织架构中起着重要作用，它是党在市域中领导和管理的核心，市级党委的领导，可以确保党的方针政策在市域得到切实贯彻，推动市域各项事业取得成功。

一　市级党委的组织体系

随着中国经济的发展和城市化进程的加快，城市已经成为全面建设社

[①] 杨宏山编著《城市管理学》（第三版），中国人民大学出版社，2019，第75页。

会主义现代化国家的主要战略阵地。① 为更好地加强党的领导，充分发挥党的优势，以及协调各项工作，中国共产党在不同历史阶段逐渐建立了市级党委体制。根据《中国共产党章程》，党的市级领导机关是党的市级代表大会和它所产生的委员会。党的下级组织必须坚决执行上级组织的决定。

（一）党的市级代表大会

党的市级代表大会和它所产生的委员会是党的市级领导机关。市级党委向党的市级代表大会负责并报告工作。党的市级代表大会由选举产生的党代表组成。党的市级代表大会代表的名额和选举办法，由市级党委决定，并报上一级党的委员会批准。党的市级代表大会的代表和委员会的产生，要体现选举人的意志。党的市级代表大会每五年举行一次，由市级党委召集；在特殊情况下，经上一级委员会批准，可以提前或延期举行。

党的市级代表大会的主要职责包括四项内容：听取和审查同级委员会的报告；审查同级纪律检查委员会的报告；讨论本地区范围内的重大问题并作出决议；选举同级党的委员会，选举同级党的纪律检查委员会。

党的市级代表大会的召开和运作，体现了党内民主集中制的原则，保障了党的工作有力进行和方针政策的贯彻落实。党的市级代表大会是党的基层组织中的一项重要制度安排，有助于凝聚共识、增强团结、促进党内政治生活的健康发展。

（二）市级党委及其常委会

市级党委，每届任期五年；市级党委的委员和候补委员必须有五年以上的党龄；市级党委的委员和候补委员的名额，分别由上一级委员会决定；市级党委委员出缺，由候补委员按照得票多少依次递补。市级党委全体会议，每年至少召开两次；在代表大会闭会期间，执行上级党组织的指示和同级党的代表大会的决议，领导本地区的工作，并定期向上级党的委员会报告工作。

市级党委全体会议，选举常务委员会和书记、副书记，并报上级党的

---

① 戴欢欢、陈荣卓：《联动治理：市域社会治理的逻辑与路径》，《社会科学家》2022年第10期。

委员会批准。市级党委常务委员会，在委员会全体会议闭会期间，行使委员会职权；在下届代表大会开会期间，继续主持经常工作，直到新的常务委员会产生为止。市级党委常务委员会定期向委员会全体会议报告工作，接受监督。

（三）党的市级纪律检查委员会

党的市级纪律检查委员会是党内监督专责机关，在同级党的委员会和上级纪律检查委员会的双重领导下开展工作。党的市级纪律检查委员会每届任期和市级党委相同。党的市级纪律检查委员会全体会议，选举常务委员会和书记、副书记，并由同级党的委员会通过，报上级党的委员会批准。

党的市级纪律检查委员会是党内监督专责机关，主要任务是：维护党的章程和其他党内法规，检查党的路线、方针、政策和决议的执行情况，协助党的委员会推进全面从严治党、加强党风建设和组织协调反腐败工作，推动完善党和国家监督体系。

党的市级纪律检查委员会的职责是监督、执纪、问责，要经常对党员进行遵守纪律的教育，作出关于维护党纪的决定；对党的组织和党员领导干部履行职责、行使权力进行监督，受理处置党员群众检举举报，开展谈话提醒、约谈函询；检查和处理党的组织和党员违反党的章程和其他党内法规的比较重要或复杂的案件，决定或取消对这些案件中的党员的处分；进行问责或提出责任追究的建议；受理党员的控告和申诉；保障党员的权利。

（四）市委各部门

市委各部门是为了有效管理、协调和推动城市工作，按照不同职能和领域划分的组织机构。这些部门工作内容涵盖了政治、经济、社会、文化等多个方面，旨在全面推动市级党委的各项工作。典型的市委部门包括：组织部门、宣传部门、统战部门以及市委办公厅等。

（1）组织部门。市委组织部门是负责党内组织建设的部门，职责包括制订党员发展计划，组织党员培训，进行党内人事任免工作，确保党员队伍的素质不断提高。市委组织部门是市域治理党建工作的中坚力量，通过科学合理的干部选拔任用、组织建设、党内生活组织等手段，确保党始终领导市域治理的各项工作,保障党的路线方针政策的贯彻落实,推动城市的稳定和发展。

(2)宣传部门。市委宣传部门负责党的宣传思想工作,主要职责是宣传党的方针政策、教育党员干部、维护党的形象。市委宣传部门在市域治理中充当着党的舆论阵地的守护者和引导者的角色,通过各种手段,将党的声音传递到各个角落,引领社会思潮,维护党在意识形态领域的主导地位,促进社会稳定和谐发展。

(3)统战部门。市委统战部门是负责统一战线工作的部门,主要职责是协调党与各界的关系,促进党与非党组织的合作与交流。统战部门负责联络和协调工作,保障统一战线各方的共同参与。市委统战部门在市域治理中发挥着促进社会和谐、推动团结合作、维护社会稳定的重要作用,是促进党和人民群众团结奋斗的重要力量,通过开展各项工作,使各个社会阶层共同参与社会治理,推动城市共建共治共享目标的实现。

(4)市委办公厅。市委办公厅是市委的行政机构,主要职责是协助市委领导机构履行职责,负责文件的收发和协调,安排市委全体会议和常委会会议,组织调研活动等。市委办公厅在市域治理中充当着协调者、传导者、监督者和执行者的角色,是市委工作的重要支持和保障机构。基于其综合性的职能,市委办公厅能够促进各部门间的协同合作,推动各项决策的落实,维护市域社会的和谐稳定。

市级党委的组织体系涵盖了领导机构、执行机构以及具体职能部门。这些部门共同协作,负责领导和组织市内党的工作,确保党的路线方针政策在市域得到贯彻落实。市级党委的构成体现了党的领导体制的科学性和严密性,为党在市域中的全面领导提供了有力的组织保障。在市级党委体制中,各部门之间密切协作,形成高效的工作机制。

二 市级党委的主要职能

市级党委是党在市一级的领导机关,发挥总揽全局、协调各方的领导核心作用,按照协调推进"四个全面"战略布局要求,对本地区经济建设、政治建设、文化建设、社会建设、生态文明建设实行全面领导,对本地区党的建设全面负责,把方向、管大局、作决策、保落实。《中国共产党地方委员会工作条例》规定，市级党委主要实行政治、思想和组织领导，把方向、管大局、作决策、保落实：对本地区重大问题作出决策；通过法定程序使党组织的主张成为地方性法规、地方政府规章或者其他政令；加强对本地区宣传思想文化工作的领导，牢牢掌握意识形态工作领导权、话语权；按照干部管理权限任免和管理干部，向市级国家机关、政协组织、人民团体、国有企事业单位等推荐重要干部；支持和保证人大、政府、政协、法院、检察院、人民团体等依法依章程独立负责、协调一致地开展工作，发挥这些组织中党组的领导作用，加强对本地区群团工作和统一战线工作的领导；动员、组织所属党组织和广大党员，团结带领群众实现党的目标任务。

市级党委在党代表大会闭会期间，执行上级党组织的指示和同级党代表大会的决议、决定，领导本地区的工作。市级党委应当通过召开全会的方式履行以下职责：制定贯彻执行党中央和上级党组织决策部署以及同级党代表大会决议、决定的重大措施；讨论和决定本地区经济社会发展战略、重大改革事项、重大民生保障等经济社会发展重大问题；讨论和决定本地区党的建设方面的重大问题，审议通过重要党内法规或者规范性文件；决定召开同级党代表大会或者党代表会议，并对提议事项先行审议、提出意见；听取和审议常委会工作报告或者专项工作报告；选举书记、副书记和常委会其他委员；通过同级党的纪律检查委员会全体会议选举产生的书记、副书记和常委会其他委员；决定递补党委委员；批准辞去或者决定免去党委委员、候补委员；决定改组或者解散下一级党组织；决定或者追认给予党委委员、候补委员撤销党内职务以上党纪处分；研究讨论本地区行政区划调整以及有关党政群机构设立、变更和撤销方案；对常委会提请决定的事项或者应当由全会决定的其他重要事项作出决策。

市级党委常委会在全会闭会期间行使党的地方委员会职权，主持经常工作。其主要职责是：召集全会，向全会报告工作并接受监督；对拟提交全会讨论和决定的事项先行审议、提出意见；组织实施上级党组织决策部署和全会决议、决定；向上级党组织请示报告工作，讨论和决定下级党组织请示报告的重要事项；对本地区经济社会发展和宣传思想文化工作、组织工作、纪律检查工作、群众工作、统一战线工作、政法工作等方面经常性工作中的重要问题作出决定；按照有关规定推荐、提名、任免干部，必要时对重要干部的任免可以征求党委委员意见；教育、管理、监督干部；研究决定党员干部纪律处分有关事项；对应当由常委会决定的其他重要事项作出决定。

第二节　市级人大的构成与职能

市级人民代表大会（以下简称"市级人大"）是中国地方人民代表大会制度的组成部分，是地方性的立法机关，代表市级行政区域内的人民意志行使立法权、监督权和重大事项决定权等，履行法定职责。作为市域最高权力机关，市级人民代表大会代表了市域人民的利益，具有立法和监督职能，可以推动市域的合法合规发展，保障市民权益，维护社会稳定。其决定和法规对于市域内的各项事务具有法律约束力，影响着城市的发展方向和治理效果。[1]

一　市级人大的组织体系

（一）市级人大

市级人大是市级国家权力机关。设区的市的人民代表大会代表由下一级的人民代表大会选举；不设区的市的人民代表大会代表由选民直接选举。市级人大代表名额和代表产生办法由选举法规定。市级人大代表任期，从每届本级人民代表大会举行第一次会议开始，到下届本级人民代表大会举行第一次会议为止。

市级人民代表大会每届任期五年。市级人民代表大会会议每年至少举行一次，市级人民代表大会会议由本级人民代表大会常务委员会召集；经过五分之一以上代表提议，可以临时召集本级人民代表大会会议。

（二）市级人大常委会

市级人民代表大会常务委员会是市级人民代表大会的常设机关，对市级人民代表大会负责并报告工作。设区的市的人民代表大会常务委员会由

---

[1] 《人民代表大会制度基础知识（摘编）》，《上海人大月刊》2022年第1期。

本级人民代表大会在代表中选举主任、副主任若干人、秘书长、委员若干人组成；不设区的市的人民代表大会常务委员会由本级人民代表大会在代表中选举主任、副主任若干人和委员若干人组成。

市级人民代表大会常务委员会每届任期同本级人民代表大会每届任期相同，它行使职权到下届本级人民代表大会选出新的常务委员会为止。常务委员会会议由主任召集，每两个月至少举行一次；常务委员会的决议，由常务委员会以全体组成人员的过半数通过。

设区的市的人民代表大会常务委员会在本级人民代表大会闭会期间，根据本市的具体情况和实际需要，在不同宪法、法律、行政法规和本省、自治区的地方性法规相抵触的前提下，可以制定地方性法规，报省、自治区的人民代表大会常务委员会批准后施行，并由省、自治区的人民代表大会常务委员会报全国人民代表大会常务委员会和国务院备案。

（三）市级人大专门委员会

市级人大专门委员会（以下简称"专委"）是市级人民代表大会的常设工作机构，由市级人民代表大会产生，受市级人民代表大会领导，对市级人民代表大会负责。在市级人民代表大会闭会期间，受市级人民代表大会常务委员会领导。

专委是按一定的专业分工设置的，实行委员制，由主任委员、副主任委员和委员若干人组成。专委组成人员必须是本级人大代表（大多数也是同级人大常委会组成人员），由大会主席团在代表中提名，由代表大会通过。只是在大会闭会期间，常委会才可以补充任命专委的个别成员。专委组成人员基本上是某方面的专业人才或具有专业经验的领导干部，有的是人大机关的人员，更多的则是人大机关以外的人员。

专委的主要职责是研究、审议和拟定有关议案，协助人大及其常委会开展有关立法、监督等工作，有权直接听取政府有关部门和"两院"的专项工作汇报，对有关问题进行调查研究，提出建议。也就是说，专委有一定的提议案权、审议权和监督权，工作具有相对独立性。

专委主要是通过召开会议的方式行使职权，坚持民主集中制原则，集体行使职权，决定重大事项。只有"应到人员的半数"参加才能举行会议，会议决定问题需要"过半数通过"。

专委工作的最大特点是专业化和经常化。由于专委的组成人员一般都是相关领域里的专家、学者和实际工作者，他们对有关问题比较熟悉，且人员较少，便于分门别类地研究、讨论问题，可以考虑得更深入些、更周到些。同时，专委不会因人民代表大会闭会而停止工作，可以协助人大及其常委会进行经常性工作。因此，人大专门委员会的工作，对人大及其常委会有效地行使立法、监督、决定、任免等各项职权，更好地履行国家权力机关的职能，起着不可替代的作用。

各地市级人大专委主要包括法制（政法）委员会、监察和司法委员会、财政经济委员会、教育科学文化卫生委员会、城乡建设与环境资源保护委员会、农业与农村委员会、民族宗教侨务外事委员会、社会建设委员会等。

（四）市级人大调查委员会

市级人大调查委员会是市级人大常委会设立的专门机构，主要职责是对特定问题或事件进行调查研究，以便更好地支持市级人大的立法、监督和决策工作。典型的调查事项包括市民关切的社会问题，如环境污染、食品安全等；政府部门或机构的工作情况，如政府项目的执行情况；突发事件或事故，如自然灾害、交通事故等。调查委员会应向本级人大常委会提出调查报告，由人大常委会根据报告作出相应的决策。调查委员会在市级人大体系中扮演着重要的角色，具有一定的独立性和权威性。

二 市级人大的职权及主要职能

（一）规范性职权

根据《中华人民共和国地方各级人民代表大会和地方各级人民政府组织法》的规定，市级人大行使以下职权：在本行政区域内，保证宪法、法律、行政法规和上级人民代表大会及其常务委员会决议的遵守和执行，保证国家计划和国家预算的执行；审查和批准本行政区域内的国民经济和社会发展规划纲要、计划和预算及其执行情况的报告，审查监督政府债务，监督本级人民政府对国有资产的管理；讨论、决定本行政区域内的政治、经济、教育、科学、文化、卫生、生态环境保护、自然资源、城乡建设、民政、社会保障、民族等工作的重大事项和项目；选举本级人民代表大会常务委员会的组成人员；选举市长、副市长，州长、副州长；选举本级监察委员会主任、人民法院院长和人民检察院检察长；选出的人民检察院检察长，须报经上一级人民检察院检察长提请该级人民代表大会常务委员会批准；选举上一级人民代表大会代表；听取和审议本级人民代表大会常务委员会的工作报告；听取和审议本级人民政府和人民法院、人民检察院的工作报告；改变或者撤销本级人民代表大会常务委员会的不适当的决议；撤销本级人民政府的不适当的决定和命令；保护社会主义的全民所有的财产和劳动群众集体所有的财产，保护公民私人所有的合法财产，维护社会秩序，保障公民的人身权利、民主权利和其他权利；保护各种经济组织的合法权益；铸牢中华民族共同体意识，促进各民族广泛交往交流交融，保障少数民族的合法权利和利益；保障宪法和法律赋予妇女的男女平等、同工同酬和婚姻自由等各项权利。

（二）职能概括

市级人大通过行使职权，保障法治、民主、平等，推动本地区的良好治理和全面发展。市级人大所拥有的职权决定其主要职能可以概括为如下几类。

1. 地方立法职能

制定、修改、废止本地区的法规、规章，①为本地的经济社会发展提供法律保障。具体而言，市级人大可以制定适应本地实际的地方性法规，这些法规是为了在本地区内细化国家法律法规，在特定情境下更好地规范市域内的事务。在市域治理中，可能会出现需要修改或废止的法规，市级人大有权对本地区的法规进行修改和废止，以适应社会变化和发展需求。在一些情况下，需要对法规进行解释以保证其正确执行，市级人大可以解释本地区的地方性法规，为执行提供指导。

2. 监督职能

监督市级人民政府的工作，审查和批准政府工作报告，确保政府的合法合规运行。市级人大对市级政府的工作报告进行审议，评估政府工作的

---

① 《中华人民共和国立法法》规定，省、自治区、直辖市和设区的市、自治州的人民政府，可以根据法律、行政法规和本省、自治区、直辖市的地方性法规，制定规章。与此同时，对规章的制定作出了严格的规定。

完成情况、存在的问题和改进方向。审查和批准市级政府的年度预算,监督财政收支情况,确保财政资金使用合法合规。监督市级政府的政策实施和法律执行情况,确保政策能够顺利推进并产生预期效果。市级人大的监督职能通过问责、提问、听证、调查等方式进行,以确保政府的工作符合法律法规、服务人民,有效地维护社会稳定和良好治理。

3. 重大事项决策职能

市级人大在自己的职权范围内可以通过和发布决议,讨论和决定有关重大事项,如城市发展规划、预算等,为市域治理提供决策支持。市级人大就政治体制改革、政治法规制定等重大政治问题进行决策,确保政治体系的健康运行。就市级政府提出的重大改革方案和重要政策进行审议和决定,为改革提供方向支持。市级人大通过决策职能,推动市域治理的顺利进行,为城市的发展和进步提供决策支持和方向引领。

4. 人事任免职能

根据法律规定,审查和批准市级政府主要领导人员的任免,这一职能在市域治理中起到重要作用,确保政府机构的高效运行和公职人员的素质水平。通过人事任免职能,确保政府机构的稳定运行和高效运转,提升公职人员的素质和能力,为市域治理选拔合格的人才。同时,这也是市级人大在行使权力时的一种制约和监督方式,保障公职人员的廉洁和忠诚履职。

第三节 市级人民政府的构成与职能

市级人民政府是中国地方政府体系中的重要组成部分,负责管理和领导特定市级行政区域的各项法定事务。市级人民政府是地方各级国家权力机关的执行机关,是市级国家行政机关。市级人民政府对本级人民代表大会负责并报告工作;在本级人民代表大会闭会期间,对本级人民代表大会常务委员会负责并报告工作;对上一级国家行政机关负责并报告工作。全国市级人民政府都是国务院统一领导下的国家行政机关,都服从国务院。

一　市级人民政府的组织体系

市级人民政府作为城市的国家行政机关，承担着组织和管理本市行政区划内行政事务的重要职责。其职能涵盖执行上级国家行政机关的决议和命令，对上一级国家行政机关负责并报告工作，接受上一级国家行政机关的领导和监督，同时服从最高国家行政机关即国务院的统一领导。这不仅保障了中央和上级行政机关对市级行政事务的统一领导，也有利于在因地制宜的原则下，发挥市人民政府的积极性和主动性。根据《中华人民共和国宪法》和《中华人民共和国地方各级人民代表大会和地方各级人民政府组织法》的规定，设区的市的人民政府分别由市长、副市长、秘书长、厅长、局长、委员会主任等组成。不设区的市和市辖区的人民政府分别由市长、副市长、区长、副区长、局长、科长等组成。

市级人民政府机构包括市级地方人民政府和其所属的工作部门。市级人民政府根据工作需要和优化协同高效以及精干的原则，设立必要的工作部门，负责特定领域的事务管理，如经济发展、城市规划、社会事务、环境保护、教育、卫生等。不同部门根据职责范围负责政策制定、实施和监督。各地市级人民政府机构设置不尽相同，但是多数机构大同小异，可以大致分为六类。

一是综合经济管理机构，诸如市发展和改革委员会、市经济和信息化局、市财政局等。

二是专业经济管理机构，包括市住房和城乡建设委员会、市交通委员会、市规划和自然资源委员会、市农业农村局、市水务局、市商务局等。

三是监督管理机构，如市市场监督管理局、市审计局等。

四是社会管理机构，包括市民政局、市卫生健康委员会、市退伍军人事务局、市教育局、市城管执法委员会、市文化和旅游局、市民族宗教事务委员会、市人力资源和社会保障局、市体育局、市文物局等。

五是安全司法机构，如市公安局、市国家安全局、市司法局等。

六是内务管理机构，涵盖办公厅（室）、机关事务管理局、档案局以及人事机构等。

在市级政府机构调整方面，各类部门或委员会的设立、增加、减少或者合并，都需按照规定的程序报请批准，并报请本级人民代表大会常务委员会备案。各部门、委员会分别设立局长、主任等，由市长提名，市人大常委会任命，在必要的时候可以设立副职。各工作部门受人民政府统一领导，并且依照法律或者行政法规的规定受上级人民政府主管部门或国务院主管部门的业务指导或者领导。

二　市级人民政府的职权及主要职能

（一）规范性职权

市级人民政府是地方政府体系的基本单位，负责贯彻国家政策和法律法规，将国家层面的决策落实到本地区。其在经济发展、社会事务、基础设施建设等领域制定和执行政策，推动市域的全面发展。[1] 根据《中华人民共和国地方各级人民代表大会和地方各级人民政府组织法》的规定，市级人民政府行使以下职权：执行本级人民代表大会及其常务委员会的决议，以及上级国家行政机关的决定和命令，规定行政措施，发布决定和命令；领导所属各工作部门和下级人民政府的工作；改变或者撤销所属各工作部门的不适当的命令、指示和下级人民政府的不适当的决定、命令；依照法律的规定任免、培训、考核和奖惩国家行政机关工作人员；编制和执行国民经济和社会发展规划纲要、计划和预算，管理本行政区域内的经济、教育、科学、文化、卫生、体育、城乡建设等事业和生态环境保护、自然资源、财政、民政、社会保障、公安、民族事务、司法行政、人口与计划生育等行政工作；保护社会主义的全民所有的财产和劳动群众集体所有的财产，保护公民私人所有的合法财产，维护社会秩序，保障公民的人身权利、民主权利和其他权利；履行国有资产管理职责；保护各种经济组织的合法权益；铸牢中华民族共同体意识，促进各民族广泛交往交流交融，保障少数民族的合法权利和利益，保障少数民族保持或者改革自己的风俗习惯的自由，帮助本行政区域内的民族自治地方依照宪法和法律实行区域自治，帮助各少数民族发展政治、经济和文化的建设事业；保障宪法和法律赋予妇女的男女平等、同工同酬和婚姻自由等各项权利；办理上级

---

[1] 竺乾威：《国家治理体系现代化与政府职能转变》，《求索》2023年第4期。

国家行政机关交办的其他事项。

(二) 职能概括

市级人民政府职能是指作为国家权力机关的执行机关，在依法对本市政治、经济和社会公共事务进行管理时应承担的职责和所具有的功能。市级人民政府所拥有的上述职权，决定其主要职能可以概括为如下几类。

1. 政治职能

市级人民政府作为地方国家行政机关，在市域治理中具有重要的政治职能。首先，执行党和国家的方针政策，贯彻落实党中央和上级政府的决策部署，保障国家政治稳定和法治建设。其次，通过协调各方利益，促进社会矛盾的调和，维护社会稳定，为市民提供良好的政治环境。此外，政治职能还包括保护公民合法权益，维护社会公平正义，推动社会主义核心价值观的传承和宣传，加强法治宣传教育，提升市民法治素质。总之，市级政府的政治职能不仅体现为行政管理，更体现为引领政治方向、协调利益、维护稳定，为市域治理的和谐、稳定和可持续发展提供重要保障。

2. 经济职能

首先，负责编制和执行本地区的经济发展规划、计划和预算，推动经济增长和产业升级，实现经济的稳定发展。其次，促进投资和创业，制定优惠政策，吸引外来投资，推动就业增加和企业发展。推动产业结构调整，推动新兴产业和高新技术产业的发展，提升经济竞争力。再次，进行市场监管，维护市场秩序，防范经济风险，保障市场公平竞争。此外，还进行财政管理，合理配置财政资源，支持基础设施建设、社会事业发展，提升民生保障水平。总之，市级政府的经济职能不仅包括推动地方经济的繁荣发展，更包括提升市民生活质量，推动市域治理的可持续发展。

3. 社会职能

首先，负责推动社会事务的发展，包括民生保障、社会福利、就业创业等领域。通过制定政策，提供社会保障和福利，改善市民生活条件，促进社会的公平与稳定；重视民族宗教事务，保障少数民族的权益，维护社会和谐。其次，承担着文化和教育事务管理职责，推动文化传承和创新，提升市民文化素质。促进教育公平，优化教育资源配置，提高教育质量。再次，负责卫生医疗、卫生防疫等事务，保障市民的身体健康；促进体育事业的发展，提升市民的体育锻炼意识。最后，政府还承担着社会治安管理和维护职责，保障市民的人身安全和财产安全，维护社会的稳定与安宁。总之，市级政府的社会职能涵盖了多个领域，旨在为市民提供更好的生活环境和服务，促进社会的和谐发展。

4. 文化职能

首先，负责推动文化事业的规划和发展，促进文化产业的发展，丰富市民的文化生活。通过支持文化项目和活动，传承和弘扬民族优秀传统文化，促进文化多样性和创新。其次，推动科技创新，鼓励科研机构和高校的合作，提升城市的科技水平和创新能力。再次，推动新闻传媒领域的发展，保障市民获取及传递信息的权利。最后，加强与其他城市的文化交流，促进文化交流与互鉴，扩大城市的国际影响力。总之，市级政府的文化职能涵盖了文化产业、科技、媒体等多个领域，旨在为市民提供更为丰富的文化体验，促进城市文化的繁荣与创新。

5. 环境职能

首先，负责制定并执行环境保护政策和法规，监督环境污染的防治，推动生态文明建设。政府督促企业和居民遵守环境法规，减少污染物排放，保护生态环境。其次，负责加强对生态环境保护和资源利用的监管，促进低碳经济发展，推动绿色能源的应用，推动可持续发展，实现经济与环境的协调。最后，促进环保科技创新，推动环境监测和治理技术的发展，提升环保工作的科学性和有效性。总之，市级政府的环境职能指向生态环境保护、推动绿色发展，为市民提供清洁的生活环境和可持续发展的未来。

第四节 市级政协的构成与职能

中国人民政治协商会议是中国人民爱国统一战线的组织，是中国共产党领导的多党合作和政治协商的重要机构，是我国政治生活中发扬社会主义民主、实践全过程人民民主的重要形式，是社会主义协商民主的重要渠道和专门协商机构，是国家治理体系的重要组成部分，是具有中国特色的制度安排。团结和民主是中国人民政治协商会议的两大主题。中国人民政治协商会议市级委员会（以下简称"市级政协"），是建立在市一级的地方人民政治协商会议。市级政协通过政治协商，推动各方面力量的团结合作，共同参与市域治理，为市域的发展和稳定提供智力支持。

一 市级政协的组织体系

市级政协依照《中国人民政治协商会议章程》进行工作，工作原则是坚持中国共产党领导、坚持人民政协性质定位、坚持大团结大联合、坚持发扬社会主义民主。自治州、设区的市、不设区的市，凡有条件的地方，均可设立中国人民政治协商会议各该地方的地方委员会。中国人民政治协商会议全国委员会由中国共产党、各民主党派、无党派人士、人民团体、各少数民族和各界的代表，香港特别行政区同胞、澳门特别行政区同胞、台湾同胞和归国侨胞的代表以及特别邀请的人士组成，设若干界别。市级政协的组成，根据当地情况，参照中国人民政治协商会议全国委员会的组成。

市级政协每届任期五年，设常务委员会主持会务，设主席、副主席若干人和秘书长。市级政协全体会议每年至少举行一次。每届市级政协的参加单位、委员名额和人选及界别设置，经上届市级政协主席会议审议同意后，由常务委员会协商决定。每届地方委员会任期内，如有必要增加或者变更参加单位、委员名额和决定人选，经本届政协主席会议审议同意后，由常务委员会协商决定。市级政协可以按照需要设副秘书长一人至数人，协助秘书长进行工作。市级政协工作机构的设置，按照市域实际情况和工作需要，由市级政协常务委员会决定。

市级政协全体会议行使下列职权：选举市级政协的主席、副主席、秘书长和常务委员，决定常务委员会组成人员的增加或者变更；听取和审议常务委员会的工作报告、提案工作情况报告和其他报告；讨论并通过有关的决议；参与对国家和地方事务的重要问题的讨论，提出建议和批评。

市级政协常务委员会由主席、副主席、秘书长和常务委员组成，其候选人由参加各该地方委员会的各党派、团体、各民族和各界人士协商提名，经全体会议选举产生。主席主持常务委员会的工作。副主席、秘书长协助主席工作。主席、副主席、秘书长组成主席会议，处理常务委员会的重要日常工作。主席会议受常务委员会的委托，主持下一届第一次全体会议预备会议。

市级政协常务委员会行使下列职权：召集并主持市级政协全体会议；每届第一次全体会议前召开全体委员参加的预备会议，选举第一次全体会议主席团，由主席团主持第一次全体会议；组织实现《中国人民政治协商会议章程》规定的任务和全国委员会所作的全国性的决议以及上级委员会所作的全地区性的决议；执行市级政协全体会议的决议；市级政协全体会议闭会期间，审议通过提交同级地方人民代表大会及其常务委员会或人民政府的重要建议案；协商决定市级政协委员；根据秘书长的提议，任免副秘书长；决定市级政协工作机构的设置和变动，并任免其领导成员。

二 市级政协的主要职能

市级政协是代表不同阶层、党派和领域的人士进行政治协商的平台，对于促进达成社会多元共识、提升决策质量、维护社会稳定、促进民主参与具有重要意义。会议通过充分讨论、建言献策，能够凝聚各方智慧，推动政府更好地制定政策、解决问题，形成社会合力，促进市域治理的协调与发展。[①]《中国人民政治协商会议章程》明确规定，中国人民政治协商会议全国委员会和地方委员会的主要职能是政治协商、民主监督和参政议政，要把加强思想政治引领、广泛凝聚共识贯穿于履职工作之中。

（一）政治协商

市级政协是中国特色社会主义政治制度的重要组成部分，具有重要的政治协商职能。政治协商是对地方的重要举措以及经济建设、政治建设、文化建设、社会建设、生态文明建设中的重要问题，在决策之前和决策实施之中进行协商。市级政协可根据中国共产党、人民代表大会常务委员会、人民政府、民主党派、人民团体的提议，举行各党派、团体的负责人和各族各界人士的代表参加的会议，进行协商，亦可建议上列单位将有

[①] 虞崇胜、张静：《人民政协性质和作用定位的历史演进》，《中央社会主义学院学报》2019年第6期。

关重要问题提交协商。作为市域治理的一部分，政治协商会议在以下几个方面发挥着重要作用。其一，通过建言献策，为市级政府的决策提供多元化的建议和意见，确保政策的全面性和科学性。其二，通过协商凝聚共识，不同政治派别、社会阶层和群体之间通过协商达成共识，推动社会的和谐稳定。同时，也能够通过协商，推动社会矛盾化解。其三，促进民主参与，为各党派、团体和个人提供政治参与的机会，增强其民主参与意识。其四，增强党与各民主党派的合作，推动党外力量在市域治理中的合作与参与。总之，市级政协的政治协商职能有助于推动政府决策的科学性、民主性和合法性，提升市域治理的稳定性和适应性，为社会和谐与进步提供重要支持。

（二）民主监督

市级政协作为我国政治体制的重要组成部分，具有重要的民主监督职能。民主监督是对国家宪法、法律和法规的实施，重大方针政策、重大改革举措、重要决策部署的贯彻执行情况，涉及人民群众切身利益的实际问题解决落实情况，国家机关及其工作人员的工作等，通过提出意见、批评、建议的方式进行的协商式监督。市级政协的民主监督职能体现在多个方面。其一，通过对市级人民政府工作报告进行审议，提出质询和意见，推动政府公开、透明地向社会汇报工作情况。其二，通过对重大事项的讨论和审议，促使政府决策更加慎重、科学，防范不当决策的发生。其三，针对社会热点问题和民生关切，主动发起专题协商，促使政府关注并及时解决相关问题。

值得强调的是，市级政协的民主监督并非对抗性的批评式的监督，而是积极参与式的监督。市级政协通过民主监督，使政府更好地了解民意，及时作出调整和改进，增强服务效能。总之，市级政协的民主监督职能有助于提升政府工作的公正性、透明性和效能，促进政府工作的创新和改进，实现市域治理的民主化、法治化和现代化。[①]

（三）参政议政

市级政协在市域治理中承担着重要的参政议政职能。参政议政是对政

---

① 杨统连：《关于人民政协民主监督的几点思考》，《中国政协理论研究》2021年第3期。

治、经济、文化、社会生活和生态环境等方面的重要问题以及人民群众普遍关心的问题，开展调查研究，反映社情民意，进行协商讨论，通过调研报告、提案、建议案或其他形式，向中国共产党和国家机关提出意见和建议。这是一种广泛民主的政治活动，旨在促进多元利益的平衡，提高政府决策的科学性以及社会治理的有效性。市级政协参政议政职能在市域治理中发挥着重要作用，主要表现在如下几方面。其一，协商会议通过广泛的代表团体和代表人士，收集不同社会群体的意见和建议，将各界的声音传达给政府，确保政策制定更加符合民意。其二，通过充分发挥各领域专家学者的智慧，在政策制定、重大决策等方面提供专业建议，促进决策的科学性和合理性。其三，通过对政府工作进行监督，通过质询和审议，确保政府依法行政，避免滥用权力。市级政协参政议政职能的核心是促进政府与各方的广泛合作与协商，构建政治共识，推动市域治理的顺利进行。它有助于建立政府与民众之间的沟通桥梁，提升政府决策的可行性和公信力，提高政府的民主治理水平。

第三章　市域治理关系

　　市域治理发挥着承上启下、统筹协调的作用，市域治理对象的多元性和治理任务的纷繁复杂迫切需要从市域层面加强顶层设计，规范市域治理行为，而这需要立足于理顺市域治理关系，准确把握作为市域治理核心主体的中国共产党的党组织与地级市人民政府以及其他不同层级人民政府、政府工作部门或机构之间形成的纵横交错的治理关系特点。

　　从组织结构来看，省级人民政府与地级市人民政府、地级市与所辖区县人民政府之间的关系很大程度上是一种"条条"与"块块"的关系。所谓"条条"是指不同层级人民政府之间上下贯通的工作部门或机构，包括国务院与各级地方人民政府的组成部门、直属特设机构、直属机构、办事机构、直属事业单位、部委管理的国家局等。"块块"指的是由不同工作部门组合而成，在党委领导下的各层级地方人民政府。"条条"关注上下级工作部门之间的政令贯通；"块块"则强调地方政府的相对独立性和完整性，以及所属工作部门之间的协调与配合。作为中国国家治理的重要架构，"条块"结合构成了理解地级市人民政府与上下级人民政府之间关系的基础。[①] 与此同时，党政体制也是理解中国政治的关键词，[②] 作为中国各项事业的领导核心，中国共产党的各级党组织与各级人民政府相依并存，通过不断健全和完善"上下贯通、执行有力"的严密组织体系，中国共产党以"嵌入""整合"等方式实现了对各级人民政府的集中统一领导。因此，不深入和准确理解作为市域治理横向关系的党政关系的特点

[①] 周振超、黄洪凯：《中国条块体制的内涵意蕴与独特功能》，《学术界》2023年第1期。
[②] 景跃进、陈明明、肖滨主编《当代中国政府与政治》，中国人民大学出版社，2016，第4页。

也难以准确把握和洞悉实践中的市域治理关系。

第一节 市域治理的纵向关系

从"条块"结合体制来看,地级市人民政府与所属的省级人民政府和辖区内的县级人民政府之间形成了以权责分配和协作配合为主体内容的市域治理纵向关系,其本质是国务院和地方人民政府之间关系的延伸。从整体上来看,地级市人民政府融入的纵向关系主要包括两种类型:一是不同层级人民政府之间的关系,即"块块"关系,如国务院与省级人民政府、省级人民政府与地级市人民政府、地级市人民政府与县级人民政府之间的关系;二是上级人民政府工作部门与下级人民政府或对口的政府工作部门之间的关系,即"条块"关系与"条条"关系。理顺这种纵向关系对于推动市域治理体系和治理能力现代化,以及市域的高质量发展具有重要意义。

一 纵向关系的一般表现形式

(一)领导与被领导关系

市域治理的领导与被领导关系建立在以命令服从关系为基础的科层制结构中,主要体现为上级人民政府拥有命令和指挥下级人民政府的权力,上级人民政府一般也可以通过对所属工作部门和下级人民政府的领导,来实现对下级人民政府工作部门的领导。在认为必要的时候,上级人民政府可以就某方面事务召开会议,直接发出指示和命令,当对下级人民政府工作部门的工作不满意时,有权命令其限期改进工作,甚至建议撤换其负责人。具体而言,地级市人民政府必须服从国务院和省级人民政府的领导,不得违背或拒绝执行它们的决定和命令,国务院和省级人民政府有权改变或撤销地级市人民政府的违法或不当决定。县级人民政府必须服从国务院、省级人民政府和地级市人民政府的领导,不得违背或拒绝执行它们的决定和命令,国务院、省级人民政府和地级市人民政府有权改变或撤销县级人民政府的违法或不当决定。

2018年3月第十三届全国人民代表大会第一次会议修正通过的《中

华人民共和国宪法》以及 2022 年 3 月第十三届全国人民代表大会第五次会议修正通过的《中华人民共和国地方各级人民代表大会和地方各级人民政府组织法》均对这种领导与被领导、命令与服从关系进行了明确规定：中华人民共和国国务院是最高国家行政机关，统一领导全国各级地方行政机关的工作，改变或者撤销地方各级国家行政机关的不适当的决定和命令；地方各级人民政府对本级人民代表大会和上一级国家行政机关负责并报告工作，全国地方各级人民政府都是国务院统一领导下的国家行政机关，都服从国务院。因此，地级市人民政府对省级人民政府负责并报告工作，并接受国务院的统一领导，地级市人民政府也是国务院和省级人民政府决策的执行者，主要负责细化、解释和执行其出台的各项政策和制度，同时也可以在与其政策和制度精神保持一致的条件下，因地制宜地颁布和实施适合本地治理的政策和制度。

一般而言，地级市人民政府通过地方性法规、地方政府规章等制度对本行政区域内的各种事项实行统一领导和决策，独立行使行政职权。从效力等级来看，根据 2015 年 3 月第十二届全国人民代表大会第三次会议修正通过的《中华人民共和国立法法》的规定，高层次行政规章的效力高于低层次行政规章，国务院有权改变或撤销不适当的地方政府规章，省级人民政府制定的行政规章的效力高于本行政区域内的地级市人民政府制定的地方政府规章的效力，省级人民政府有权改变或撤销地级市人民政府制定的不适当的行政规章。

（二）指导与被指导关系

为了有效履行纷繁复杂的政府职能，各级人民政府一般会在内部设置若干工作部门，分门别类地配置其职能，实行对口专业化管理，这些工作部门在纵向层级间上下贯通、左右对齐，形成了职责同构的结构特征，[①]具体表现为：每一级人民政府都管理相同的事务，每一项政府事务都由不同层级的政府工作部门共同管理。一般而言，地级市人民政府与省级人民政府工作部门在行政级别上是一样的，都是厅局级。差别在于，前者是一

---

① 朱光磊、张志红：《"职责同构"批判》，《北京大学学报》（哲学社会科学版）2005 年第 1 期。

级行政区政府，主管一个行政区域；后者是一级行政区政府的工作部门，主管一个系统和行业，二者没有行政隶属关系。《中华人民共和国地方各级人民代表大会和地方各级人民政府组织法》明确规定，"各工作部门受人民政府统一领导，并且依照法律或者行政法规的规定受上级人民政府主管部门的业务指导或者领导"。因此，基于行业或业务而形成的指导与被指导关系就成为上下级人民政府工作部门之间关系的基本特征。在这种关系中，省级人民政府的工作部门对地级市人民政府的工作部门一般享有业务上的指导权，但没有直接命令和指挥权。与此类似，地级市人民政府的工作部门对县级人民政府的工作部门一般享有业务上的指导权，但没有直接命令和指挥权，省级人民政府工作部门可以通过对地级市人民政府工作部门提供业务指导或领导来影响地级市人民政府的管理。

这种指导与被指导的关系主要体现为：国务院和省级人民政府工作部门在本部门工作权限内可以通过行政规章、通知、通报、实施办法以及召开会议等各种方式指导地级市及其以下人民政府工作部门的业务工作，可以纠正地级市及其以下人民政府工作部门在政策执行中的不当之处，对于不服从自己业务指导的地方政府及其工作部门，可以采取约谈、通报或处分等方式手段督促执行；地级市及其以下人民政府工作部门可以就工作中遇到的问题向上级人民政府工作部门请求给予指导和帮助；地级市及其以下人民政府工作部门对于其业务范围内发生的重大事项必须及时报告上级人民政府工作部门。

如果将"条条"之间的业务指导或领导关系与"条块"之间的统一领导关系相结合，那么厅局级的"条块"关系主要体现为两种类型。作为地级市人民政府的工作部门，如教育、民政等工作部门，以本级人民政府统一领导为主，以省级人民政府工作部门业务指导为辅。这些"条条"在工作中主要服从地方政府的领导，在人事安排和机构编制安排等方面，地级市人民政府发挥主导作用。作为地级市人民政府的工作部门，受本级人民政府统一领导，以及省级人民政府工作部门的业务领导，如审计、公安、统计等部门，工作部门必须对两个或更多上级工作部门负责并报告工作。其中，有些以地级市人民政府领导为主，如统计局；有些以上级工作部门领导为主，上级工作部门对下级工作部门领导拥有任免权或否决权，如审计局。在这种双重领导的"条块"关系中，省级人民政府工作部门与地级市人民政府没有隶属关系，双方都要接受省级人民政府的统一领导。因而省级人民政府工作部门在下达决策任务时需要考虑地级市人民政府的意见，地级市人民政府也要积极配合和支持省级人民政府工作部门等上级"条条"的工作，在行政区域范围内贯彻落实上级人民政府及其工作部门发布的政策文件。上级工作部门的政策设计与下级人民政府的创新经验相结合，共同推动国家治理的政策创新与扩散。进一步，县处级"条块"关系类型也与厅局级"条块"关系类型相似。

（三）协作配合关系

《中华人民共和国地方各级人民代表大会和地方各级人民政府组织法》第84条规定，"省、自治区、直辖市、自治州、县、自治县、市、市辖区的人民政府应当协助设立在本行政区域内不属于自己管理的国家机关、企业、事业单位进行工作，并且监督它们遵守和执行法律和政策"。这实际上意味着市域除了有接受双重领导的"条块"关系外，还有属于自上而下垂直管理的"条条"与"块块"的关系。所谓垂直管理的"条条"是指政府某个工作部门在下级政府设立人事权、财政权和业务权都属于部门的主管机构，机构不属于所在区域政府，而是有执法权的行政机关。[①] 这些单位的人员由上级人民政府工作部门直接任命，财、物以及业务也都由上级人民政府工作部门直接管理。实行垂直管理的"条条"机构，不列入地方人民政府的行政序列，其机构编制主要由上级机构编制部门和业务主管部门核定和管理。因此，就行政级别而言，地级市人民政府高于本层级的垂直管理部门及其派出机构，但是就职权范围而言，地级市人民政府不能插手垂直管理部门的工作业务，既没有直接领导权也没有业务指导权，只能提出建议、配合工作。党的十九届三中全会审议通过的《中共中央关于深化党和国家机构改革的决定》对理顺"条块"关系作出了明确的指示，"理顺和明确权责关系，属于中央事权、由中央负责的事项，中央设立垂直机构实行规范管理，健全垂直管理机构和地方协作配合

[①] 李瑞昌：《政府间网络治理：垂直管理部门与地方政府间关系研究》，复旦大学出版社，2012，第92页。

机制"。当前对于推动垂直管理部门与地方人民政府之间的协作配合的机制建设仍处于不断探索中，缺乏明确的制度规定，但是提升地方治理能力和治理绩效应该是强化二者协作配合关系的出发点。国务院直接垂直管理的工作部门包括海关总署、国家税务总局等，一般采用大区制，主要履行国务院的专有职能。

除了国务院在全国范围内实行的垂直管理以外，垂直管理的"条条"还分为全省范围内垂直管理的"条条"、全市范围内垂直管理的"条条"，以及全县范围内垂直管理的"条条"等类型。其中，全国范围内和全省范围内垂直管理的"条条"最为典型，[①] 省内垂直管理也被称为半垂直管理，大多采用与行政区域层级一致的层级结构，[②] 包括生态环境、自然资源管理等工作部门，省级以下地方人民政府工作部门实行以省级人民政府工作部门领导为主的垂直管理。例如，2016 年 9 月，中共中央办公厅、国务院办公厅印发的《关于省以下环保机构监测监察执法垂直管理制度改革试点工作的指导意见》就指出："市级环保局实行以省级环保厅（局）为主的双重管理，仍为市级政府工作部门。省级环保厅（局）党组负责提名市级环保局局长、副局长，会同市级党委组织部门进行考察，征求市级党委意见后，提交市级党委和政府按有关规定程序办理，其中局长提交市级人大任免；市级环保局党组书记、副书记、成员，征求市级党委意见后，由省级环保厅（局）党组审批任免，县级环保局调整为市级环保局的派出分局，由市级环保局直接管理，领导班子成员由市级环保局任免"。

需要强调的是，虽然垂直管理部门的人事权、财务权和业务权等都由所属工作部门直接掌控，但是垂直管理部门在行政区域内的日常办公运转和生活仍然离不开所在行政区政府的支持，这意味着垂直管理部门所具有的独立性仍然是相对的，地方人民政府在协作关系构建上可以采取"合作"或"对抗"的策略，二者因而形成了四种关系类型，包括谨慎相处

[①] 周振超：《当代中国政府"条块关系"研究》，天津人民出版社，2009，第 33 页。
[②] 李瑞昌：《政府间网络治理：垂直管理部门与地方政府间关系研究》，复旦大学出版社，2012，第 107 页。

型、完全分立型、合谋型和有限对抗型。①

（四）监督与被监督的关系

为了保持国家政令统一和政策目标的有效落实，国务院或上级人民政府都会采取不同形式对下级人民政府的施政行为加以监督和制约，"条块"结合体制本身就是一种纵向权力的监督制约机制，每一根"条条"都是中央手中约束地方的一根有力的绳索。② 国务院或省级人民政府工作部门可以采取约谈、考核、备案、审计以及对重点工作统一监管等形式作用于下级人民政府。2021年10月第十三届全国人民代表大会常务委员会第三十一次会议修正通过的《中华人民共和国审计法》明确规定，审计机关对本级各部门（含直属单位）和下级政府预算的执行情况和决算以及其他财政收支情况，进行审计监督。与此同时，《中华人民共和国地方各级人民代表大会和地方各级人民政府组织法》《中华人民共和国全国人民代表大会和地方各级人民代表大会代表法》等法律制度也赋予地级市人民政府通过各种方式对省级人民政府工作部门、垂直管理部门以及实行双重管理的工作部门展开监督的权力。

对于国务院和上级人民政府而言，可以基于层级节制和指挥统一的基本原则对下级人民政府展开行政、财政等方面的监督。《中华人民共和国地方各级人民代表大会和地方各级人民政府组织法》明确规定，上级人民政府可以撤销下级人民政府不适当的决定和命令。根据2018年12月第十三届全国人民代表大会常务委员会第七次会议修正通过的《中华人民共和国预算法》，各级人民政府监督下级人民政府的预算执行，下级人民政府应当定期向上一级人民政府报告预算执行情况。各级政府财政部门负责监督本级各部门及其所属各单位预算管理有关工作，有责任向本级人民政府和上一级人民政府财政部门报告预算执行情况。此外，2020年12月国务院第116次常务会议通过的《政府督查工作条例》还赋予上级人民政府对下一级人民政府及其所属部门开展督查，必要时可以对所辖各级人民政府及其所属部门开展督查的权限，督查内容包括党中央和国务院重大

---

① 李瑞昌：《政府间网络治理：垂直管理部门与地方政府间关系研究》，复旦大学出版社，2012，第140页。
② 朱光磊：《当代中国政府过程》（修订版），天津人民出版社，2002，第335页。

决策部署落实情况、上级和本级人民政府重要工作部署落实情况、督查对象法定职责履行情况等。

二 "地级市辖区"关系

市辖区的法律地位源于 1954 年，《中华人民共和国宪法》明确规定直辖市和较大的市分为区，随之颁布的《中华人民共和国地方各级人民代表大会和地方各级人民委员会组织法》规定市辖区设人民代表大会和人民委员会，这标志着市辖区建制正式成为城市地区的一级地方行政建制单位。1955 年，国务院颁布《关于设置市、镇建制的决定》，其中明确要求直辖市和省辖市的郊区规模不宜过大，控制市辖区的设置规模，人口在 20 万以上的市，如确有分设区的必要，可以设市辖区。1979 年 7 月第五届全国人民代表大会第二次会议通过的《中华人民共和国地方各级人民代表大会和地方各级人民政府组织法》明确规定市辖区应设置地方人大常委会，并赋予市辖区等同于县级政权机构的行政地位。大多数地级市设有市辖区，实行"两级政府，三级管理"，目前，我国仅有 4 个地级市没有设区，分别是东莞市、中山市、三沙市和嘉峪关市。

市辖区主要有五种类型：设置在主城区的市辖区，即"城区"，大多数市辖区属于这种类型；设置在城市近郊农村地区的市辖区，即"郊区"；设置在城乡接合部的市辖区，区内既有城区也有郊区；设置在城市管辖范围内，而主体城区被城市郊区隔开的市辖区；设置在城市管辖范围之外的城区的市辖区，即"飞地区"。[①] 1978 年至今，市辖区行政区划调整的模式包括：撤县（市）设区，即直辖市或地级市将所辖的县（市）改为市辖区；区县（市）合并，即把市辖区与周边县（市）合并进而设立新的市辖区；切块设区，即把城市化水平较高、经济发展速度较快的区域划出设立市辖区，包括首次设区型与从县域切块设区型；区界重组，即以市辖区为主体的行政区划调整，包括市辖区之间进行重组的内部重组型和市辖区与县域之间进行重组的外延拓展型。[②]

---

① 洪振华：《中国市辖区行政管理体制改革研究》，湖南人民出版社，2008，第 42~43 页。
② 吴金群、廖超超：《我国城市行政区划改革中的尺度重组与地域重构——基于 1978 年以来的数据》，《江苏社会科学》2019 年第 5 期。

市辖区虽然属于县级行政建制,但是市辖区与地级市都是"同城而治",是出于分担地级市的城市管理职能的需要而设置的,因而其在财政、土地利用和公共服务等方面只具有有限的独立性,不可能完全承担与其行政地位相对应的一般地方行政建制所拥有的行政职能。作为市的组成部分,区级财政也属于市财政的组成部分,没有独立的财政账户,不能直接与省级财政账户对接,市辖区的财权和事权失衡。与此同时,城市规划、建设用地面积等都由地级市的工作部门决定和统筹,市辖区的规划、公共政策等要与地级市人民政府保持统一。市辖区政府主要是在地级市市委、市政府的统筹下,管理城市和为社区提供社会化服务,很难真正成为纯粹意义上的县级政权单位,① 以至于有市辖区的党员干部认为现在的市和市辖区的关系就是"老子"和"儿子"的关系。②

从"条块"结合来看,地级市人民政府与市辖区人民政府之间的领导与被领导、指导与被指导等关系表现为:地级市党委按照"下管一级"的干部管理权限决定区委主要领导的人选,并向区人大推荐区政府的主要领导干部;通过召开市委常委会会议、市委书记办公会、市委全委会会议、党政联席会议以及县区主要领导干部会议等进行问题讨论、决策或部署全市重点工作等;市政府按照干部管理权限参与对区主要领导干部的选拔任用工作;通过召开市人民政府常务会议、市人民政府全体会议、市长办公会议、专题会议等布置工作,了解情况,必要时听取有关区区长的工作汇报;依法制定、颁布适用于全市范围的行政命令、指示、决定和规章等;领导和监督区政府的各项工作,有权撤销区人民政府不适当的命令、指示、决定;制定和实施针对区人民政府各项工作的考核方案等;市辖区直接受市政府领导,实行的是垂直管理与属地管理相结合的管理体制,市辖区政府工作部门的设置往往是模仿地级市政府的工作部门设置,一部分权力由省以上工作部门掌管,一部分由地级市人民政府工作部门所有,只有少部分由市辖区人民政府统一领导。因此,市级主管部门与市辖区的有些工作部门在工作中也是领导的成分大于指导的成

---

① 朱光磊、王雪丽:《市辖区体制改革初探》,《南开学报》(哲学社会科学版) 2013 年第 4 期。
② 王春:《市辖区的苦恼》,《廉政瞭望》2013 年第 2 期。

分，特别是许多工作部门成为分局之后，人事和经费由上级直接管理，市辖区政府对其的控制能力明显弱化。[1]

三 "地级市领导县"关系

地级市领导县体制是指由设区的市来领导县的行政区划体制，一般特指地级市人民政府在人事任免、经济发展和政策执行等方面对县级人民政府的直接领导。这种体制的形成经历了从方便城市经济发展与经济管理，到简化城乡双轨的行政管理体制而使之一体化两个阶段，是城乡经济一体化和行政一体化的两个过程同步进行的结果。[2]

1949年底，全国只有3个领导县的市，即苏南行署区的无锡市，领导无锡县；山东省的徐州市领导铜山县（1952年止）；甘肃省的兰州市领导皋兰县（1951年止）。20世纪50年代初，为了保证城市蔬菜和副食品供应，市领导县的数量有所增加，但并不稳定，一些县由市领导后，又很快改为市辖区或由地区管理的县，截至1957年底，实行市领导县体制的仅有旅大市领导的旅顺市、金县、长海县；本溪市领导的本溪县；杭州市领导的杭县。[3] 从1958年起，中央开始推行市领导县体制，国务院先后批准北京、天津、上海三市和辽宁省全部实行市领导县体制，并逐步在一些经济较发达地区试点并推广。1959年9月，第二届全国人民代表大会常务委员会第九次会议通过了《关于直辖市和较大的市可以领导县自治县的决定》，以法律形式肯定了市领导县体制的做法，形成了第一次市领导县改革的高潮。[4] 此后，城市经济发展陷入低谷，在随后采取的一系列整顿和调整措施中，1963年12月，中共中央、国务院发出《关于调整市镇建制、缩小城市郊区的指示》，要求撤销不够设市条件的市，市领导县的改革随之陷入低潮，绝大多数市领导的县又返回到由地区管理。1982年，在充分肯定辽宁省经济发达地区市管县体制改革经验基础上，中共中

---

[1] 朱光磊：《当代中国政府过程》（修订版），天津人民出版社，2002，第400页。
[2] 刁田丁主编《中国地方国家机构概要》，法律出版社，1989，第204~205页。
[3] 刘君德、范今朝：《中国市制的历史演变与当代改革》，东南大学出版社，2015，第188~189页。
[4] 浦善新、陈德彧、周艺：《中国行政区划概论》，知识出版社，1995，第400页。

央51号文件作出改革地区体制，实行市领导县体制的指示，决定在经济发达地区改革地区行政公署体制，实行地市合并、市领导县体制，合并后的城市政府既管城市又管农村，实行统一领导。同年年末，在江苏省展开地区体制改革的试点，1983年1月，国务院批准江苏省撤销原有的7个地区，地区所辖各县划归11个市领导。1983年2月，中共中央、国务院下发了《关于地市州党政机关机构改革若干问题的通知》，要求"积极试行地、市合并"，并将每个地区的编制压缩到300人，而市辖县的，每辖1县另增编制50人，从而在推动地市合并的同时掀起了市管县改革的新高潮。

针对市领导县在实施中出现的过热的情况，劳动人事部和民政部于1983年5月向国务院上报了《关于地市机构改革中的几个主要问题的请示报告》，建议适当放宽地区编制的限制，明确实行市领导县的中等城市的标准。1983年6月，中共中央办公厅、国务院办公厅发布了《关于地市州机构改革中应注意的几个问题的通知》，指出"市领导县体制目前在全国范围内仍处于试点阶段，不宜多搞，更不可单纯从安排干部出发，在条件不具备的地方匆忙推行，如果有的市带的农村太多，可以适当划出一部分"。该通知对市领导县热起到了一定的降温作用，但是并没有从根本上消减各地撤地设市的热情。民政部1986年2月正式向国务院上报了《关于调整设市标准和市领导县条件的报告》，1986年4月，国务院批转民政部《关于调整设市标准和市领导县条件的报告》，认为"市区非农业人口25万以上、年国民生产总值10亿元以上的中等城市（即设区的市），已成为该地区政治、经济和科学、文化中心，并对周围各县有较强的辐射力和吸引力，可实行市领导县的体制"。1999年1月，中共中央、国务院发布《关于地方机构改革的意见》，进一步加大了撤销"地区"，改设"地级市"的力度，提出"与地级市并存一地的地区，实行地市合并；与县级市并存一地的地区，所在市县达到设立地级市标准的，撤销地区建制，设立地级市，实行市领导县体制；其余地区建制也要逐步撤销，原地区所辖县改由附近地级市领导或省直辖，县级市由省委托地级市代管"。

改革开放以来，市领导县体制的设置方式大体上有五种基本类型：旧有延续，即改革之前就存在的市领导县；地市合并，即具有相当经济实力的地级市与地区行政公署合并，建立新的地级市，领导周围的县；老市带县，即从城市周围地区划入一定数量的县归改革开放前设立的老的地级市领导；新市带县，即将原属于地区行署领导的社会经济发展水平较高的市县，升格为地级市，然后将附近的县划归新设地级市管辖；地改市领县，即将原地区行署所在地升级为地级市，进而由其来领导一部分县。①

在市领导县体制下，"党管干部"和"下管一级"的原则赋予地级市党委和人民政府对县级人民政府主要领导干部的提名、任免和考核等权限，所属工作部门通过传达上级部门的政策文件、召开各种会议和行政审批等方式来实现对县级人民政府的党务、行政和经济社会事务等的归口领导和指导。在地级市人民政府确立的"市域统筹，协同发展"的政策框架下，县的发展被纳入地级市的发展规划，服从和配合市的发展需要。市领导县体制对推动城市化进程以及城乡区域经济发展发挥了一定的积极作用，促进了各类要素在城乡之间的流动，加强了城乡之间的经济联系。然而，处于领导地位的地级市组建的差异性使地级市对县级人民政府的领导也呈现出差异性，要么"得心应手"，要么"力不从心"。由实力比较雄厚的原有地级市领导县被形象地比喻为"大马拉车"，地级市人民政府可以在市域范围内统筹和规划资源分配，县域经济能够依托地级市的发展而发展。由原本经济欠发达的县级市或县合并、升格而来的地级市领导县则被比喻为"小马拉车"，地级市不仅对周边县域经济发展的辐射带动作用不明显，甚至还会利用行政管理优势通过截留中央和省对县的转移支付、专项补贴、税收返还以及审批权限等方式对县域进行盘剥，"块块"之间的利益冲突和竞争也愈发明显，从而导致"市刮县""市吃县"等与市领导县的初衷不符合的现象。② 在一项针对市管县体制影响辖县经济发展的调查中，有25%的辖县认为是弊大于利，有56%认为是利弊各半，51%的辖县认为市的经济实力太弱不足以形成对经济的带动效应。③

---

① 刘君德、范今朝：《中国市制的历史演变与当代改革》，东南大学出版社，2015，第208~209页。
② 湖北省经委课题组：《改革市管县体制的研究报告（连载二）——"市管县"体制的利弊分析》，《当代经济》2006年第5期（上）。
③ 周一星、胡大鹏：《市带县体制对辖县经济影响的问卷调查分析》，《经济地理》1992年第1期。

鉴于市领导县体制在实践中逐渐显现出的一些突出问题，为了推动县域经济发展，各地通过一系列政策创新举措来尽可能地消除市领导县产生的弊端。一是强县扩权。20世纪90年代中期以来，以经济强县为放权对象，浙江省分别在1992年、1997年、2002年、2006年在不同的范围进行了四轮的强县扩权改革，在暂不涉及行政区划和行政层级的情况下，将部分原归属于地级市的经济管理权和社会管理权直接赋予经济强县以推进县域经济的发展，完善行政管理体制，增强县级人民政府的自主发展能力，浙江省的政策创新得到了山东、湖北、四川、河南等众多省份的借鉴。二是扩权强县。2008年浙江全面推开扩权强县改革，凡是法律、法规、规章明确以外的省和设区市的管理权限，原则上都下放给县级人民政府，以进一步强化政府的社会管理和公共服务职能。随着原来由地级市人民政府承接的权力被下放到所辖的县级人民政府，市、县两级政府均由省级政府直接管理，县级政府实际上拥有与地级市人民政府相同的权力，二者转变为平行的合作竞争关系。浙江省的这项改革举措随后便被其他省份学习模仿。三是省直管县财政。省直管县财政是指在政府间收支划分、转移支付、资金往来、预决算、年终结算等方面，省财政与县财政直接联系。这种体制下，市财政对于县财政干预力度降低，县级政府的财力增强。2004年安徽省率先在全国实行省直管县财政改革，随后中共中央、国务院、全国人大等通过不同形式和渠道倡导积极推行省直管县财政体制以及探索省直接管理县的体制。其中，2008年《中共中央关于推进农村改革发展若干重大问题的决定》提出，"推进省直接管理县（市）财政体制改革，优先将农业大县纳入改革范围。有条件的地方可依法探索省直接管理县（市）的体制"。财政部在2009年颁发《关于推进省直接管理县财政改革的意见》，提出"2012年底前，力争全国除民族自治地区外全面推进省直接管理县财政改革"。2013年，《中共中央关于全面深化改革若干重大问题的决定》鼓励"有条件的地方探索推进省直接管理县（市）体制改革"。2022年，国务院办公厅印发《关于进一步推进省以下财政体制改革工作的指导意见》，强调要"推进省直管县财政改革"。这一系列政策表明，从整体上来看，省直管县体制改革至今都还处于探索阶段，尚未具备大规模推行的基础。[1]

第二节 市域治理的横向关系

作为国家治理体系的重要维度,市域治理的枢纽性和复杂性等特征意味着市域的高质量发展需要充分发挥地级市党组织的政治引领和顶层设计作用,党政关系因而成为市域公共权力运作的核心,也是构建党委领导、政府负责、民主协商、公众协同和科技支撑的市域治理体系的关键因素。

一 市域治理中党政关系的基本规范

从横向结构来看,党政关系贯穿在自上而下的"条块"结构中,在制度安排上体现为一种以党领政、党政结合的"党政体制"。[2] 因此,党政关系"既是对党和国家政权机关职能定位、权力属性的关系规定,也是对党政机关责任内容、责任边界的制度规范",[3] 是中国最基本的政治关系,[4] 其中的"党"是一个专有概念,即中国共产党,"政"在这里主要为狭义理解,即行使行政权的各级人民政府。《中华人民共和国宪法》明确规定"中国共产党领导是中国特色社会主义最本质的特征",《中国共产党章程》进一步指出"党政军民学,东西南北中,党是领导一切的",这些原则性规定为实践中的地级市党委对地级市人民政府的全面领导奠定了制度基础。

按照《中国共产党章程》,党的地级市代表大会由同级党的委员会召集,每五年举行一次,地级市委员会全体会议选举常务委员会和书记、副书记,并报上级党的委员会批准。依据《中国共产党地方委员会工作条

---

[1] 张可云、李晨:《新中国 70 年行政区划调整的历程、特征与展望》,《社会科学辑刊》2021 年第 1 期。
[2] 景跃进、陈明明、肖滨主编《当代中国政府与政治》,中国人民大学出版社,2016,第 6~8 页。
[3] 盛明科、蔡振华:《中国特色党政关系建构的制度逻辑》,《政治学研究》2021 年第 4 期。
[4] 朱光磊:《当代中国政府过程》(修订版),天津人民出版社,2002,第 60 页。

例》，党的地方委员会的常务委员会成员一般为9~11人，其中书记1人、副书记2人。党的地级市代表大会及其常务委员会是地级市各项工作的领导机关，党通过民主集中制来保证全党的团结统一和行动一致，明确要求党员个人服从党的组织，少数服从多数，下级组织服从上级组织，全党各个组织和全体党员服从党的全国代表大会和中央委员会。党的下级组织既要向上级组织请示和报告工作，又要独立负责地解决自己职责范围内的问题，《中国共产党重大事项请示报告条例》的第13条明确罗列了党组织应当向上级党组织请示的10类重大事项。党的地级市委员会的常务委员会需要定期向委员会全体会议报告工作，接受监督，在委员会全体会议闭会期间，行使委员会职权，执行上级党组织的指示和委员会全体会议的决定，对本地政治、经济和文化等公共事务的重要问题作出决策。

通过党的组织原则和组织体系，地级市党委成为市域治理的领导核心，系统地实现了对市域经济、政治、文化、社会和生态文明建设等方面的全面领导，负责决定地级市人民政府的总体工作方向和决策部署，地级市人民政府需要紧密围绕党委的决策部署开展工作。然而，党和政府在性质、功能、权力运作等方面仍然存在根本差异，这意味着党政体制需要建立相对清晰的分工关系，地级市党委不能越俎代庖、大包大揽，地级市人民政府在履行专业化的行政职能时，需要依据宪法和法律的规定，在加强和改善党的领导、坚持党的各项政策方针的前提下相对独立地行使行政权力，确保党的决策部署得到不折不扣落实，有条不紊地推动市域治理现代化的实现。

二　市域治理中党政关系的主要内容

党的二十大报告提出，"坚决维护党中央权威和集中统一领导，把党的领导落实到党和国家事业各领域各方面各环节"。党的全面领导是具体的，不是空洞的、抽象的，必须体现到治国理政的方方面面，体现到国家政权的机构、体制、制度等的设计、安排、运行之中。[①] 通过执政党组织

[①] 中共中央宣传部编《习近平新时代中国特色社会主义思想三十讲》，学习出版社，2018，第79页。

与其层级对应的政府体系必然融合而成的党政体制,[①] 地级市党委实现了对地级市人民政府的集中统一领导,进而使党的全面领导与政府组织绩效的实现得以统一。这种组织融入和功能整合主要表现在以下几方面。

(一)地级市党委负责推荐和管理重要的地级市人民政府干部

地级市党委的全面领导首先体现在"党管干部"上,所谓"管"就是把干部看作权力运作的主体,从执政党运用权力推动国家和社会发展的角度,对干部的使用、干部用权的全过程进行控制,保证执政党路线、纲领、方针、政策得到执行,保证党的执政目标得以实现。在这个意义上,"'党管干部'就是党领导干部工作",[②] 干部的管理、决定任免或推荐、提名,必须由各级党委(党组)按照干部管理权限负责。按照"党管干部"的原则和"下管一级"的分级管理方式,地级市党委依据《党政领导干部选拔任用工作条例》的规定,通过党委集体讨论决定的方式管理全市所有处级领导干部的任免、提拔、交流、考核等工作,党委组织部和政府公务员局的合并设立进一步强化了"党管干部"原则的落实,有助于党对干部录用、教育、管理等方面工作的全面领导。

(二)地级市党政主要领导成员交叉任职

交叉任职是指通过地级市人民代表大会的合法渠道将地方党委领导班子成员推荐、选举到地级市人民政府领导班子中去,以实现地级市党委与地级市政府领导班子成员的交叉任职,并通过地级市市长兼任地级市党委副书记的方式,从组织上保障地级市党委决定的贯彻落实。

(三)通过党组来实现对地级市人民政府及其工作部门的领导

地级市党委对地级市人民政府的领导作用主要是通过在地级市人民政府及其工作部门、派出机关设置党组来实现,这种领导方式被称为"嵌入式领导"。[③] 党组参与本部门具体政策的制定,尤其是讨论和决定本部门的重大问题,在本部门发挥领导作用。《中国共产党党组工作条例》规

---

① 王浦劬、汤彬:《当代中国治理的党政结构与功能机制分析》,《中国社会科学》2019年第9期。
② 王长江:《关于"党管干部"科学化的几点思考》,《中共中央党校学报》2006年第4期。
③ 刘杰:《党政关系的历史变迁与国家治理逻辑的变革》,《社会科学》2011年第12期。

定,党组是党在中央和地方国家机关、人民团体、经济组织、文化组织和其他非党组织的领导机关中设立的领导机构,在本单位发挥领导作用,是党对非党组织实施领导的重要组织形式,确保本单位全面贯彻党的基本理论、基本路线、基本方略,确保党始终成为中国特色社会主义事业的坚强领导核心。因此,党组是将"党的意志"转化为"国家意志"的组织形式,是确保党的理论和路线、方针、政策得到贯彻落实的重要途径。值得注意的是,《中国共产党党组工作条例》还提出满足一定条件的国家工作部门和单位经批准可以设立党组性质党委,并指出党组性质党委在本单位、本系统发挥领导作用。与国家工作部门有关的设立党组性质党委的条件包括:对下属单位实行集中统一领导的国家工作部门;根据中央授权对有关单位实行集中统一领导的国家工作部门;政治要求高、工作性质特殊、系统规模大的国家工作部门;对下级单位实行垂直管理的国家工作部门。按照《中国共产党党组工作条例》的规定,地方国家机关设立党组性质党委,一般应当同中央国家机关对应,因此,地级市人民政府的公安局、应急管理局、国资委以及税务局等可以设置党组性质党委。以党内法规的制度形式规定党组的设置,是党政关系进一步制度化的现实体现,其实质是加强党对政府的领导,规范政府的权力行为。

(四)通过"归口领导"实现对地级市人民政府工作的全面领导和协调

"口"是中国特有的政治名词,主要指政府工作的某些特定领域,与"条块"关系中的"条"有些类似,但在涵盖范围上比"条"要大,20世纪50年代,中共中央在建立干部分类管理制度的同时,作为配套措施,建立了对政府部门的归口领导体制,[1] 成为实现对政府工作全面领导的基本途径。"归口领导"实质是对政府官僚制的重组,将党政体制下的双重官僚组合成一个整体,它是中国政治中实际运行着的官僚体系。[2] 由于纵向层级结构具有高度的职责同构性,省级、地市级、县级也与中央层面的党政结构保持一致,由地方党委各个常委分工负责传统的大工作领域。地级市党委根据工作性质和需要将政府工作划分为组织、宣传、政法、文教、统战、

---

[1] 杨光斌:《中国政府与政治导论》,中国人民大学出版社,2003,第28~34页。
[2] 景跃进、陈明明、肖滨主编《当代中国政府与政治》,中国人民大学出版社,2016,第7页。

财经等若干口，对地级市人民政府的各项工作实行"归口领导"，试图通过建立宽口径的党组织来整合职责相近和业务相关的政府工作部门，并由地级市党委中的书记、副书记等通过在党的议事协调机构和职能部门任职，以及通过请示报告和召开会议等方式来实现对口负责和分口领导，从而克服单一的党组织政治领导在应对科层组织高度专业化分工过程中可能出现的不足。①2018年2月，《中共中央关于深化党和国家机构改革的决定》明确提出要让党的职能部门"加强归口协调职能，统筹本系统本领域工作"。2019年1月31日，中共中央印发《中国共产党重大事项请示报告条例》，首次通过党内法规的方式对接受归口管理的单位党组织请示汇报的相关情况进行了规定。②2019年7月，习近平总书记在深化党和国家机构改革总结会议上的讲话指出，"归口协调管理首先是政治领导，要把重点放在把方向、谋全局、抓大事上，调动被归口部门的积极性、主动性、创造性"。③

（五）通过党政合署办公和合并设立实现党政工作的协同高效

合署办公是指两个具有不同编制、职责的党政机构由于工作对象、工作性质相近或密切相关而在同一地点和处所办公，两个机构的人员、资源可在上级统一指挥下视工作需要而灵活调度，④两个机构可以以共同或各自的名义对外开展工作，内设一套综合管理机构。党政合并设立是指两个或两个以上的党政机构由于工作需要或职责相近而重新整合成一个具有独立法律人格的机构，⑤实践中的合并设立包括"一个机构、两块牌子"和"对外加挂与保留牌子"等形式。⑥《中国共产党工作机关条例（试行）》

---

① 刘鹏、李海林：《新时代党政关系的新发展：基于"六位一体"的新型党政统合关系》，《政治学研究》2023年第2期。
② 中共中央党校党章党规教研室编《十八大以来常用党内法规》，人民出版社，2019，第123页。
③ 中共中央党史和文献研究院编《十九大以来重要文献选编》（中），中央文献出版社，2021，第131页。
④ 许耀桐：《党和国家机构改革：若干重要概念术语解析》，《上海行政学院学报》2018年第5期。
⑤ 沈亚平、范文宇：《党政机关合并设立：实践价值、法律隐忧与完善路径》，《北京行政学院学报》2020年第4期。
⑥ 张克、刘馨岳：《党政机关合署办公或合并设立的组织设计与职能履行——基于2018年深化党和国家机构改革的实证分析》，《中国行政管理》2023年第3期。

明确规定,合并设立或者合署办公党政机关仍由党委主管。对内运作方式上,一般以党的机构名义向上请示报告工作,以党的机构名义协调有业务联系的党政机关。因此,党政合署办公和合并设立是强化党的全面领导、整合优化力量和资源、发挥综合效益的重要举措,有利于集中资源和力量,减少多头管理和职责分散交叉,提升机构职能运行效能。2018年3月,中共中央印发《深化党和国家机构改革方案》指出,在省市县对职能相近的党政机关探索合并设立或合署办公,市县要加大党政机关合并设立或合署办公力度。2018年10月,《山西省机构改革实施方案》除了规定省纪律检查委员会与省监察委员会合署办公之外,还规定了省委教育工作委员会与省教育厅合署办公,所辖地级市也随之实行市教育工作委员会与教育局合署办公。在此之前,山西省晋中市在2015年开始在全市统一战线领域推行"1+X"的合署办公模式,由统战部牵头协调,统筹部署各项工作。① 2018年福建省也在全省范围内实行党委信访局和政府信访局合署办公,以便更好发挥"信访工作联席会议"的作用。

(六)通过纪检监察派驻来保障行政权力的规范行使

强化对权力运行的全面监督,一体推进不敢腐、不能腐、不想腐机制是健全和完善党全面领导的有力举措,当前已经形成了包括党内监督、人大监督、民主监督以及行政监督等在内的横向到边、纵向到底的全覆盖权力监督体系。在各项监督制度中,党内监督是第一位的。为了规范和约束行政权力的行使,派驻机构监督成为党内监督的重要形式。《中国共产党章程》明确指出,"党的中央和地方纪律检查委员会向同级党和国家机关全面派驻党的纪律检查组"。1993年5月,中央纪委监察部下发《关于中央直属机关和中央国家机关纪检、监察机构设置的意见》,明确了"派驻纪检、监察机构实行中央纪委、监察部和所驻在部门党组、行政领导的双重领导,纪检、监察业务以中央纪委、监察部领导为主"的领导体制。为了更好地确保纪检监察工作的独立性,避免利益冲突,2004年4月,中央纪委、中央组织部、中央编办、监察部出台《关于对中央纪委监察

---

① 张汲、王永红、郭莉萍:《晋中:县级统战部门合署办公激活力》,《中国统一战线》2015年第11期。

部派驻机构实行统一管理的实施意见》，规定将派驻机构由中央纪委监察部与驻在部门双重领导改为由中央纪委监察部直接领导。2016年10月，中国共产党第十八届中央委员会第六次全体会议通过的《中国共产党党内监督条例》对纪委派驻纪检组的权力职责和工作规范作出明确规定，要求加强对被监督单位领导班子及其成员、其他领导干部的监督。2018年，根据国家监察体制改革的要求，中央和国家机关派驻机构名称统一改为中央纪律检查委员会国家监察委员会派驻纪检监察组。2022年6月，《纪检监察机关派驻机构工作规则》正式发布，该规则以党内法规的形式首次明确要求派驻机构依规依纪依法履行监督执纪问责和监督调查处置职责，并强调派驻机构参加或者列席驻在单位领导班子会议等重要会议，了解学习贯彻党中央决策部署以及上级党组织决定情况和班子成员的意见态度、"三重一大"决策制度执行情况，按照规定向派出机关报告。纪检监察机关派驻机构工作制度的完善为地级市纪委监委向同级党和国家机关派驻纪检监察机构提供了指导，李希在二十届中央纪委二次全会上指出，深化地方派驻机构改革，推进省市县三级派驻机构设置和人员配备等工作，扩大省级纪委监委向省管高校和国有企业派驻纪检监察组试点。① 在制度的鼓励下，有些地级市开始探索"归口派驻"模式，对业务相近、相关或者系统规模小、监督对象少的部门，分系统或分片区归口设置派驻机构，每个派驻机构负责监督若干单位，以便实现派驻监督资源的全覆盖。②

---

① 李希：《深入学习贯彻党的二十大精神　在新征程上坚定不移推进全面从严治党——在中国共产党第二十届中央纪律检查委员会第二次全体会议上的工作报告》，《人民日报》2023年2月24日。
② 王尘子：《地方派驻纪检监察机构履行政治监督的长效机制》，《新视野》2022年第3期。

第四章 市域治理体制

第一节 市域人事体制

市域人事是市政府得以建立和运转的前提，科学的人事行政体制能够为市域治理提供有力的人力资源保障。在推进市域治理现代化的背景下，市政府迫切需要构建行之有效的、能够适应城市社会经济发展的人事行政体制。

一 市域人事体制概述

（一）市域人事体制的含义

管理学意义上的"人事"，指人们在工作过程中形成的有关人与人、人与组织、人与事或工作之间的关系。人事管理的核心就是对关系的调整，指通过组织、协调、控制等手段谋求人与事以及人与人之间的相互适应，以充分发挥人的潜能，进而实现组织目标的管理活动。

人事行政，又称公共人事，指政府为达成职能、推行工作，通过一定的人事机关及相应的法规、制度、方法和手段等开展的管理活动，包括对国家工作人员进行选拔、任用、培训、奖惩、考核、调配等。[1] 人事行政将人事管理的范围限于政府体系内，是对其任用的工作人员的管理。

市域人事是市政府围绕总体目标及各机关、部门的特定目的和功能，在遵循人的发展规律、城市发展要求的基础上，依法进行人事管理的过

---

[1] 张国庆主编《公共行政学》（第三版），北京大学出版社，2007，第193页。

程。市域人事体制并非指人事行政本身，而是指市政府对市域人事的组织，包括机构设置、职能划分、运行模式，以及人事管理作出的系统化、规范化的制度规定。

（二）市域人事体制的功能

市域人事兼具实现体制内与外治理目标的双重功能。体制内人事管理，实现市政府体系内"人""事"之间的协调，达到人尽其才，才尽其用。体制外市域治理，通过科学的人事管理提高市域治理的有效性，保证城市的可持续发展，推进市域治理体系和治理能力现代化。

市域人事体制的重要性在于为城市发展提供稳定、高效，且具备竞争力的行政队伍，为市域决策及实施提供坚实的支撑，具体如下。

一是提供科学、公正的人才选拔机制，为政府及其工作部门匹配适宜的人才，从而提升行政决策质量、服务水平与办事能力，推动市域社会经济的持续发展。

二是根据市域发展的需要，合理设置工作岗位，制定行政规则，提升政府工作效率，优化资源配置，从而避免职能重置与人员冗余，实现政府精简高效。

三是建立公平、有效的激励机制，为政府的工作人员提供良好的工作环境和广阔的发展空间，从而激励进取精神、激发工作热情，为市域发展注入活力。

四是通过开展各类职业培训和学习活动，提升政府行政人员的专业素质和能力水平，不断适应城市现代化发展的需求。

二 市域干部的选拔与管理

（一）市域干部的选拔

市域干部选拔指根据有关法律法规规定，遵照一定的标准、程序和方法，招录合适的人员担任市域政府机关的公职人员。其中，非领导职务公务员与党政领导干部的选拔具有不同程序和方式。

一是对非领导职务公务员的任用选拔，主要实施考任制和聘任制的方式。考任制，指根据《中华人民共和国公务员法》规定，对担任一级主任科员以下及其他相当职级层次的公务员，采取公开考试、严格考察、平等竞争、择优录取的办法。公务员招考应当发布公告，明确招考职位、名额、资格条件等。招录机关根据考试成绩确定考察人选并综合考试成绩、考察情况和体检结果，确定拟录用人员名单，并予以公示。对试用期满合格的新任公务员，予以任职。聘任制，指市域各机关单位可根据工作的需要，对专业性较强的职位和辅助性职位实施聘任方式。聘任制公务员可以参照公务员考试录用的程序进行公开招聘，也可从符合条件的人员中直接选聘。

二是对党政领导干部的选拔，需要经过分析研判和动议—民主推荐—考察—讨论决定—任职的程序。市域领导干部主要指市级党委、人大常委会、政府、政协、纪委监委、法院、检察院及其工作部门领导成员或机关内设机构担任领导职务的人员等。在分析研判和动议阶段，可根据工作需要和实际情况，在必要时采取公开选拔、竞争上岗的人选产生方式。

(二) 市域干部的流动

市域干部流动是实现优秀干部培养、选拔、更替的重要人事管理制度。通过干部流动，有效、平稳、循序地安排党政干部"进场"和"退场"，实现选贤任能。① 具体而言，市域干部流动主要有以下三类。

一是干部交流。干部交流是调换任职的流动方式，具体包括转任、调任、挂职锻炼三种方式。转任指公务员在公务员队伍内部不同职位之间的交流或者交流到参照公务员法管理的机关（单位）工作人员职位。其中，市（地）级以上公务员可以通过公开遴选的方式转任至上级机关内设机构。调任指市域国有企业、高等院校和科研院所以及其他不参照公务员法管理的事业单位中从事公务的人员，调入机关担任领导职务或者四级调研员以上及其他相当层次的职级。挂职锻炼指市域政府机关采取挂职方式选派公务员承担重大工程、重大项目、重点任务或者其他专项工作。公务员在挂职期间，不改变与原机关的人事关系。

二是干部职务升降。公务员职务能上能下，是市域干部的纵向流动调整机制。晋升主要包括三种方式：一是年资晋升，即按工作年限晋升；二

---

① 季乃礼、张金城：《中国党政干部的双轨流动与转换机制》，《北京行政学院学报》2022年第2期。

是考试晋升，根据考试成绩决定晋升；三是功绩晋升，根据工作成绩决定晋升。公务员职务遵循逐级晋升原则，但对特别优秀或工作特殊需要的，可按规定破格或越级晋升。公务员在年度考核中被确定为不称职的，按照规定程序降低一个职务或者职级层次任职。

三是退休、辞职与辞退，是市域干部的退出流动机制，使干部能进能出，推进干部队伍的结构化调整。退休指达到国家规定的退休年龄或者完全丧失工作能力的公务员退出工作岗位，并享受国家规定的养老金和其他待遇。辞职指公务员依照法律法规的规定，申请终止与任免机关的任用关系。其中包含两类情况：一是担任领导职务的领导干部因工作变动或个人原因辞去现任领导职务；二是公务员或领导干部完全解除其公职身份。辞退是指机关依照法律法规规定，解除与公务员的任用关系。其中，对因公致残而丧失劳动能力、患病或负伤正在医疗期内，以及在孕假、产假、哺乳期内的女性公务员不得辞退。

（三）市域干部的考核与激励

1. 市域干部的考核

干部考核，指按照管理权限，对市域公务员的政治素质、履职能力、工作成效、作风表现等所进行的了解、核实和评价。考核应当按照管理权限，全面考核公务员和领导干部的德、能、勤、绩、廉，重点考核政治素质和工作实绩。考核主要分为平时考核、专项考核和定期考核等方式。

平时考核是对公务员日常工作和一贯表现进行的经常性考核。专项考核是对公务员完成重要专项工作，承担急难险重任务和关键时刻的政治表现、工作态度、担当精神、作用发挥、实际成效等情况所进行的针对性考核。定期考核主要采取年度考核的方式，是对干部一个自然年度内总体表现进行的综合性考核。对党政领导干部的考核还包括任期考核，指对实行任期制的领导干部在一届任期内的总体表现所进行的全方位考核。

同时，国家对党政领导班子、领导干部和非领导成员的公务员考核分别进行了具体规定。

2. 市域干部的激励

激励，指通过一定的手段和方法，激发干部的内在工作动力，并对其行为选择起到引导和制约作用。市域干部激励措施主要包括奖励与惩罚、职务与职级晋升、发放工资与福利等。

一是奖励与惩罚。奖励,指按照法律、法规等相关规定,对政治素质过硬,工作表现突出,有显著成绩和贡献,或有其他突出事迹的公务员,或公务员集体予以奖励。奖励主要采取定期奖励与及时奖励相结合,精神奖励与物质奖励相结合,以精神奖励为主的原则。对公务员的奖励包括嘉奖、记三等功、记二等功、记一等功、授予称号等。同时,对违反党规党纪、国家法律法规的领导干部和公务员给予党内处分和行政处分。

二是职务与职级升降。职级升降兼具物质激励与精神激励的作用。公务员的职务、职级与其权力、地位、待遇水平相挂钩,从而实现调动公务员工作积极性的目的。根据考核结果,公务员在规定任职资格年限内的年度考核结果均为称职以上则予以职务晋升。科员以上职务的公务员,在定期考核中被确定为不称职的,应予以降职。

三是发放工资与福利。工资是国家以货币的形式支付给公务员的劳动报酬。福利是国家和机关根据公务员的普遍和特殊需要,给予公务员在工资之外的经济和生活照顾。工资与福利为政府成员提供了稳定的生活保障,从而使其安心地为城市政府与市域发展服务。

三 市域人事体制的创新发展

(一)市域人事体制创新的必要性

人事行政体制是市域治理体制的重要组成部分,其好坏关系到市域治理水平和城市的可持续发展。当前,对市域人事行政体制创新的强调,主要具有以下考量。

一是回应城市治理现代化发展的要求。长期以来,我国城市化率保持高位增长,城市人口的激增与城市地域空间扩大催生出各种管理问题,"城市让生活更美好"成为城市管理的目标追求。党的二十大报告强调,"坚持人民城市人民建、人民城市为人民",并明确要求"加快推进市域社会治理现代化,提高市域社会治理能力"。这一重大战略部署内含构建适应市域发展新形势的人事行政体制。

二是深化行政体制改革的需要。党中央、国务院历来高度重视行政体制改革,以适应经济体制改革和社会全面发展的需要。深化市域行政体制改革要求市域建立与之相匹配的科学、规范、灵活的人事体制。

三是提升市域竞争力的需要。市域社会的发展，离不开由高素质人才组成的行政队伍。在当前激烈的人才竞争背景下，各城市要吸引人才、留住人才，且挖掘人才潜力，推进市域发展，需要建立与自身城市定位相适的、具有竞争力的人事行政体制。

（二）市域人事体制的创新方向

过去，人事行政侧重管理人，通过一定的手段和方法实现对政府成员的管理、控制和使用。当前，社会发展形势快速的变化、市域治理复杂性的日益提升、城市居民对美好生活的追求，驱动市域人事体制要积极寻求创新。

一是以提升学习能力为要求。能力是城市政府的核心竞争力。在城市治理的复杂性不断提升、城市治理手段与方法日益多元化的背景下，市域人事管理必须建立科学有效的能力提升机制，倡导学习、应对挑战、促进能力提升。

二是以人才职业发展为导向。组织成员愿意为组织投入、奉献，不仅是为获取较高的和稳定的薪酬福利，更重要的是组织能为成员的发展创造条件。现代公共部门人力资源管理将组织成员视为组织的财富和活水之源，市域人事管理需要引入公务员职业发展管理这一理念，为政府成员提供不断成长及挖掘个人最大潜力和建立成功职业渠道的机会。[①]

三是以居民满意度为标准。服务居民，向居民提供高质量的公共产品和公共服务，回应居民多样化的需求，提升城市居民的获得感、幸福感、安全感，是当今城市政府追求的目标，亦是衡量市域人事行政水平的重要标准。构建以居民满意度为标准的市域人事管理机制，要求将居民满意这一指标纳入市域人事行政管理体系中，建立以居民满意度为导向的考核体系，耕深公务员以民为本的服务理念。

[①] 孙柏瑛、祁凡骅编著《公共部门人力资源开发与管理》（第四版），中国人民大学出版社，2016，第182~183页。

第二节 市域财政体制

一 市域财政的概述

(一) 市域财政的定义

财政是生产力发展到一定阶段的产物,是在国家的基础上产生和发展起来的,是社会再生产过程中为满足社会共同需要而形成的社会集中化的分配关系,其职能就是满足社会的共同需要。在我国,财政分为中央财政和地方财政,而市域财政是将财政界定于市域范围内,属于地方财政范畴,指的是市域政府利用价值形式对其管辖范围内的一部分社会产品和国民收入进行分配和再分配,以满足社会公共需求、实现公共管理职能的一项管理活动。[①] 这一定义包含以下三层含义。

第一,市域政府是市域财政的主体。财政是政府的"理财之政",涉及国家或社会范围内社会产品集中分配的广泛问题,从本质上区别于行政机关、企事业单位等的内部财务管理。而市域政府作为国家的重要组成部分,在市域财政管理中居于主导地位,其凭借国家赋予的权限,在市域范围内利用价值形式进行资源的分配,实现社会经济的健康有效运行。

第二,市域财政的目的是保障市域社会公共需求。作为市域社会公共权力的代理人和执行者,市域政府需要从市域社会产品中占有一部分资金来满足市域社会公共需求,这既是国家正常运行的根本保证,也是社会健康发展的必然要求。

第三,市域财政职能作用的发挥需借助一系列财政方式和手段。在充分发挥货币特殊职能的基础上,根据市域的具体实际情况,综合运用多种财政方式和手段,如预算、税收、补贴和转移支付等,实现社会产品价值的公平和高效分配。

(二) 市域财政的职能和重要性

财政职能是财政在社会经济生活中所具有的职责与功能。国家财政职

[①] 王德起、谭善勇编著《城市管理学》,中国建筑工业出版社,2009,第 126 页。

能主要包括资源配置职能、收入分配职能、经济稳定职能和监督管理职能。而近些年来,随着我国城市的发展壮大,城市经济总量在不断增长,包括地级市、省会城市、计划单列市等在内的市域财政状况对全省乃至全国经济稳定产生了显著的影响。因此,市域财政职能也不再局限于传统的资源配置职能,而是在其发展过程中逐渐具备国家财政的其他职能,具有的新的内容。[1]

一是资源分配职能,该职能是指市域政府通过财政政策实施和财政分配活动,引导市域内资源的流向,促进资源结构的调整和选择,使得资源合理地配置于市域经济的各个环节,实现资源的充分有效利用,进而实现经济社会效益最大化。市域财政的资源配置职能是市域经济顺利运行的基础。

二是收入分配职能,该职能是指市域财政部门通过税收和财政支出的形式,对个人收入的市场分配结果进行调整,缩小收入差距,协调利益关系,进而推动实现社会公平公正。一般而言,中央财政在收入分配上占据着更主要的地位,但市域政府更了解市域内的公共需求和居民的福利状况,因此,市域政府收入分配职能行使的效果往往更好。[2]

三是经济稳定职能,该职能是指市域政府通过财政支出规模、财政支出结构的调整,配合中央政府财政逆经济风向而动的财政政策,促进实现充分就业、经济增长、物价稳定等社会发展目标。

除了以上三大职能外,市域财政还具有中观调控、组织财政收入、经济监督等职能。总之,市域财政职能的确定有利于市域财政总体框架的建立,有利于推动财政分配过程的完善与优化,进而实现市域治理的发展目标。

(三) 市域财政与国家财政之间的关系

市域财政是国家财政的重要组成部分,市域财政与国家财政之间是相互关联、相互促进的关系。一方面,市域财政是国家财政的关键环节,市域涵盖城市多、范围广,市域经济总量不断增长,占国家经济总量的比重日益增大,在内外部环境不断变化的情形下,市域财政状况会对国家财政产生深远的影响,无论是经济稳定还是社会安定,都离不开市域财政的积

---

[1] 王晶编著《城市财政管理》,经济科学出版社,2002,第48页。
[2] 杜莉编著《城市财政学》,复旦大学出版社,2006,第71页。

极参与；另一方面，国家财政是市域财政的坚实保障，市域财政在整个国民经济运行中的作用日益显著，但在风险抵抗、稳定平衡、持续发展等方面依旧离不开国家财政的支撑，只有国家财政提供强大支撑，市域财政才能健康发展。

二 市域财政预算

（一）市域财政预算的概念和作用

市域财政预算，是指由市域政府编制的、经立法机构审议批准的，市域政府在每个预算年度内的财政收入、支出和平衡计划。[①] 此概念包含三层含义。一是市域财政预算是由市域政府编制的，按照市域生产力水平和经济形势发展的需要，从市域整体利益出发进行统筹安排。二是市域财政预算是具有法律效力和法律地位的计划文件，一经确定必须严格执行，不得随意更改。三是市域财政预算反映了市域政府活动的范围、方向和政策，人们可以通过预算收支活动提高行为的预测性，并对政府活动进行监督。因此，市域财政预算具有预测性、法律性、集中性、综合性、民主性和年度性等特征。[②]

市域财政预算是国家预算体系中的基本环节，也是重要环节。因为它不仅在国家预算收入的征收和支出的分配上起着关键性作用，还担负着发展市域经济建设事业，保证市域行政管理支出，贯彻执行党和国家的民族政策，建设和发展城市、集镇等重要任务。因此，完善市域财政预算管理制度建设，加快市域财政预算管理体制改革，是推动经济持续健康发展、社会安定团结的必然要求。

（二）市域财政预算的编制与执行

预算编制是一项复杂而又细致的具体工作，既要安排好各种比例关系，又要进行大量的数据测算工作。市域财政预算编制是由市域政府按照及时性、平衡性、真实性、合理性原则，根据本年度预算执行情况，结合政治经济发展实际，对下一年度财政收支进行预算编制。

---

① 彭和平、侯书森编著《城市管理学》，高等教育出版社，2009，第125页。
② 胡乐亭主编《财政学》，经济科学出版社，2004，第387页。

在正式编制之前，需要全面分析本年度预算执行情况，同时拟定下年度预算收支指标，并修订预算科目和预算表格。在收到省级人民政府或省财政厅下达的编制下一年度预算草案的指示和要求后，各市财政部门负责部署编制预算草案的具体事项，规定报表格式、编报方式，并安排财政收支计划。市级各部门应根据部署要求，结合本部门具体情况，提出编制本部门预算草案的要求，具体编制所属单位预算草案。在所属各单位提交预算草案后，市级各部门应进行审核并汇总编制本部门的预算草案，于规定时间内报市财政部门审核。市财政部门在汇编本级政府预算草案之后，提交市人民代表大会常务委员会进行审核，并将初审结果提交本级人民代表大会讨论。经市人民代表大会审查批准后便具有法律效力，正式成为当年市级政府预算。

预算编制仅仅是预算工作的开始，要将预算由可能变成现实，则需要组织大量工作，将收支任务具体落实，即预算执行。市域财政预算执行由各市政府组织，由各市政府财政部门具体负责，包括预算收入的执行和预算支出的执行。预算收入由财政部门组织征收，由财政机关、税务机关、海关、中国人民银行等机关负责具体征收和管理；预算支出则是在国家统一领导、统一计划下，由各支出机关具体负责执行。预算执行在整个预算管理中处于核心地位，直接关系到国家方针政策的贯彻执行以及国民经济和社会发展计划的全面实现。

（三）市域财政预算的决算与监督

预算决算是对预算执行的总结，也是整个预算工作的终结，集中体现了政府在财政上的经济活动。根据我国宪法和国家预算管理体制的具体规定，凡是编制预算的地区、部门、单位都要编制决算。因此，市域财政预算决算是由各市级预算及其所属县预算汇总而成的总预算，能够全面系统地反映市域预算收支指标的实际执行情况，为下一年度预算编制提供基础。

为保证预算符合国家政策实施要求，符合经济社会发展规划指标，符合社会公平公正理念，需要对包括预算编制、预算执行和预算决算在内的整个预算过程进行监督管理。目前，财政预算的监督主体主要是本级人民代表大会及其常务委员会、财政部门和审计部门。本级人民代表大会及其常务委员会主要负责对预算方案进行审批,对预算执行、预算决算过程进行监督检查;财政部门主要是监督检查本级各部门的预算编制、执行,向本级政府和上一级财政部门报告情况;审计部门负责审计决算草案,报本级政府审定。

三 市域财政收入与支出

(一) 市域财政收入

市域财政收入亦称市域政府收入,是市域政府为履行其职能,保证公共支出需要,依据公共权力,[1] 依法从分散在各个微观经济主体的社会产品价值中集中起来的一部分货币收入或实物收入。市域财政收入是市域财政分配的基本前提,是调节市域经济的重要手段,是实现政府管理职能的根本保障。

市域财政收入来源主要有税收收入、公共性收费收入、转移性收入、财产和经营收入、债务收入等。[2] 税收收入是市域财政最基本、最稳定的来源,在城市发展的几十年间里,税收始终发挥着不可替代的重要作用。公共性收费收入是政府向公民提供特定服务或实施特定管理所收取的费用,遵循"谁受益,谁付费"的原则。目前,公共性收费收入正在成为市域政府的重要收入来源,在有的市甚至是主要收入来源。转移性收入是上级政府为平衡地区发展,而对下级政府提供的财政补助资金。财产和经营收入是地方国有资产的产权收入和国有资产的经营收入,如土地出让收入、海域使用费收入、国企上缴利润收入、国企产权转让收入等,随着社会主义市场经济体制的健全完善,财产和经营收入占市域财政收入比重将逐步下降。债务收入也是城市财政收入的来源之一,它是政府凭借自身信用,依法向企业或个人有偿借贷而形成的收入。

(二) 市域财政支出

市域财政支出亦称市域政府支出,市域政府为履行其职能,对所掌握的财政资金进行有计划安排、供应和管理,使市域资源得到合理配置,从

---

[1] 杨宏山编著《城市管理学》(第三版),中国人民大学出版社,2019,第114页。
[2] 钟晓敏主编《地方财政学》(第二版),中国人民大学出版社,2006,第183页。

而实现公共利益最大化。市域财政支出是市域财政分配的第二个阶段,直接反映了市域政府财政资金的规模、结构、流向和用途,间接规定了市域政府活动的范围和方向。市域政府通过财政支出,为政府活动提供财力保障,维持国家机器的正常运转,实现政府管理职能;通过财政支出,调节资源配置,弥补市场不足,促进经济持续、协调、健康发展;通过财政支出,推动国家宏观经济稳定向前,保证社会长治久安。

随着市域治理体系和治理能力现代化的推进,市域政府职能不断扩大,市域财政支出的项目也越来越多,大体可分为如下几类。

一是基础设施支出。基础设施支出是指用于市域基础设施等方面的建设和维护费用。完善的市域基础设施和公共服务是扩大市域规模、拉动人口集中,进而提升集聚效益的最重要的物质基础,特别是当产业和人口集中达到一定程度时,市域能否实现可持续发展,在很大程度上取决于市域发展所要求的基础设施和公共服务的供给状况。[①] 因而,充足的基础设施支出是市域经济发展和市域走向现代化的重要保证。

二是科学技术支出。科学技术支出是指财政支出中用于科技活动的经费。科学技术始终是一个城市持续发展的原动力。只有保证充足的科学技术支出,加强科技项目建设,才能使城市在竞争洪流中保持优势地位。

三是教育支出。教育支出是指用于投资教育、培养人才的财政支出部分。教育是经济增长的重要源泉,是国家发展壮大的重要支柱。城市是各类教育的集中地,市域财政必然成为教育支出的主要力量。

四是社会福利和社会保障支出。社会福利和社会保障支出是指用于维持或提高居民基本福利和基本社会保障水平的财政支出部分。市域财政必须通过其强大的收入再分配功能,向弱势群体提供救济,维持市域社会的公平和稳定。

(三)市域财政收入与支出的平衡与调控

市域财政收入和市域财政支出都是市域财政活动的重要内容,担负着实现市域政府职能的重大使命,因此,在整个经济活动中必须遵循一定的原则。一是收支平衡的原则,无论是"量入为出"还是"量出为入",都

[①] 王德起、谭善勇编著《城市管理学》,中国建筑工业出版社,2009,第128页。

必须保证财政支出总量不能超过财政收入总量,这个基本平衡是一个动态的平衡,即一个较长的时期内保持平衡。二是开源节流的原则,在收支平衡基础上,坚持开源节流的原则,拓展收入来源渠道,减少不必要的支出,"把钱花在点子上"。三是讲求效益的原则,尤其是在安排财政支出的过程中,坚持精打细算,用较少的投入获取最大的产出。

四 市域财政管理

(一) 市域财政管理的重要性

市域财政管理作为制定和执行市域财政政策及法规,规范市域财政关系及运行的行为,贯穿于市域财政工作的全过程,渗透到市域经济的方方面面,影响甚至决定着财政活动的整体效应和最终成效,是整个国民经济管理活动的重要组成部分。城市众多,各市市情不同,意味着市域财政管理将是一项复杂的经济管理活动,不仅要在纵向上与国家经济体制、经济政策相适应,还要在横向上考虑具体实际。因此,市域财政管理的好坏将直接制约和影响市域经济的平稳运行,关系到整个宏观经济的协调发展。

(二) 市域财政管理的未来建设

加强和完善市域财政管理,既是推进宏观经济管理的根本要求,也是推进市域治理现代化的必然选择。

第一,加强市域财政监管与风险防范。加强市域财政监管与风险防范是保障市域财政安全、促进地方经济可持续发展的重要任务。一是建立健全市域财政制度和法规体系,在制度上确立市域财政的权责清单,在法规上明确市域财政的权利义务,以规范财政管理行为,推动财政工作顺利开展;二是加强财政收支的监控和审核,及时对财政收入和支出情况进行跟踪和分析,同时加强对市级预算执行情况的审计,确保预算资金的合规使用和准确执行;三是加强对市域财政项目的评估和监督,减少投资风险,达到预期效益;四是提高市域财政风险控制能力,沉着应对困难与挑战,保证经济的稳定持续发展。

第二,提升市域财政预算管理水平。预算涉及收入与支出的重大问题,在预算编制、执行、评估等方面都应不断提高管理水平。一是建立科学合理的预算编制制度,确保预算编制工作的规范有效,包括明确预算编制责任、加强预算编制的过程控制、制定详细的预算编制指南和模板等；二是强化预算执行管理，对各部门、各单位预算执行进行监督，保证预算收支任务顺利开展，各项经济事业计划如期执行；三是加强绩效管理与评估，结合市域经济发展目标，建立市域财政绩效管理与评估体系，将预算编制和执行与绩效目标相结合，推动预算资金的有效使用和绩效的提升；四是打造专业预算管理人才队伍，定期组织培训与学习，推动预算管理工作向规范化、科学化、专业化方向发展。

第三，推动市域财政管理的改革与创新。改革赋予动力，创新增添生机。在市域财政管理未来发展中，必须不断推动改革与创新，更好地发挥市域财政在经济社会发展中的作用，提升市民的幸福感和社会的整体发展效益。

第三节　市域监察体制

监督是权力正确运行的保证，是国家制度和治理体系有效运转的重要支撑。[①] 以习近平同志为核心的党中央高度重视国家监督体系建设，强调构建集中统一、权威高效的中国特色监察体制。在国家监察体制改革进程中，市域监察体制加强建设，为规范市域权力运行提供了全面、系统、高效的监督力量，为提升市域治腐效能、推进良善之治提供了必要保障。

一　市域监察概述

（一）市域监察的含义

监察，在词义上具有监督、考察、检举之意。在国家监察体制改革前，宪法位阶下涉及监察的法律仅有《中华人民共和国行政监察法》，这使监察被限定于行政范围内。在此意义下，监察作为行政系统中监察机构的专门职能，意为"国家各级行政监察机关依法对国家行政主体及其国

[①] 徐梦龙：《深入学习贯彻党的二十大精神　认真落实中央纪委二次全会工作部署⑧ 深入推进纪检监察体制改革》，中央纪委国家监委网站，https://www.ccdi.gov.cn/toutiaon/202303/t20230304_250377.html。

家公务员，以及由国家行政机关所任命的其他人员实施监察监督，并对监督对象的违法行为依法作出处理的法律制度"。① 而市域行政监察可概述为市行政监察机关对市域行政主体及其公务员实施的监督、处置活动。

党的十八大以来，党中央全面思考和谋划如何适应全面从严治党新形势，实现对公权力监督的全覆盖。这就要求超越原有的行政监察范式。国家监察体制改革将原属于行政监督的行政监察纳入国家监察，② 监察成为国家的专门职能行为，各级监察机关依法对所有行使公权力的公职人员进行监察，调查职务违法和职务犯罪，开展廉政建设和反腐败工作。由此，市域监察可概述为市监察机关对市域内所有行使公权力的公职人员开展的监察、督查活动。

（二）市域监察的作用

推进廉政建设。监察体制改革意在将党内巡察、行政监察、立法监督、司法监督、审计监督进行整合，③ 从而形成统一的市域监督体系。这一改革加强了党对反腐败工作的统一领导，消除了原有监督机关间的壁垒和监督体系的盲区，使市域公职人员不敢腐、不能腐、不想腐。

提升市政效能。市监察机关通过履行监察职能，对政府的日常工作进行纠偏，能够有效提升政府决策的科学性和规范性，督导公职人员改进工作方法，提升治理水平。同时，通过对公职人员的廉政教育，提高政府成员的职业道德水平，强化组织内部作风建设，进而实现责任落实与效能提高。

维护社会正义。监察的本质是对权力的规范和监督，防止公权力滥用。监察体制改革就是要加强监察机关的权威性、专业性，形成反腐倡廉建设的新格局。④ 通过对公职人员的严格监督，调查发现和查处腐败行为，有效防范公共资源的非法分配和社会不公现象，切实保障人民

---

① 刘志坚、程雁雷：《行政法与行政诉讼法学》，人民法院出版社，2003，第283页。
② 张郁：《监察体制改革背景下行政监督的发展趋向》，《中国社会科学院大学学报》2022年第6期。
③ 秦前红：《困境、改革与出路：从"三驾马车"到国家监察——我国监察体系的宪制思考》，《中国法律评论》2017年第1期。
④ 刘晓峰：《新中国成立以来我国监察制度发展历程、演进趋势及改革目标》，《社会主义研究》2018年第2期。

利益。

（三）市域监察的原则

依法监察原则。依法监察要求监察活动必须在法治的轨道上进行。市监察机关要依照法律赋予的职权和法定程序开展监督工作，做到有法必依、违法必究，确保监察的合法性、权威性、规范性。

独立监察原则。《中华人民共和国监察法》第四条规定，"监察委员会依照法律规定独立行使监察权，不受行政机关、社会团体和个人的干涉"。这一原则要求市监察机关独立开展监督、调查、处置等监察工作，确保市域监察的客观性、专业性、有效性。

公开监督原则。公开监督要求监察机关在法定范围内主动公开监察工作的相关信息。其应以公开为原则，不公开为例外，除涉密内容外，其他监察信息应及时、全面对外公布，自觉接受人民群众的监督，保证监察权的正确行使。

公平公正原则。监察机关在开展工作时必须保持客观公正，以事实为依据，以法律为准绳，对所有监察对象一视同仁。这保障了监察对象的合法权益，提高了监察工作的可信度和公信力。

二 市域监察主体

（一）监察委员会的性质及地位

市监察委员会是在其管辖范围内行使国家监察职能的专责机关，依法独立行使监察权。在市域政权组织体系中，监察委员会作为我国创设的新型国家机关，是与行政机关、审判机关、检察机关相并列的独立类型的国家机关，其创设形塑了人大之下的"一府一委两院"新格局。[1] 其中，市监察委员会在市域组织体系中的地位具体体现在它们之间的关系上。

一是监察机关与权力机关之间的关系可概述为"产生、监督与负责"。各级地方监察委员会由同级人民代表大会产生，对同级人民代表大会及其常务委员会负责，并接受其监督。具体而言，市人大及其常务委员

---

[1] 伊士国：《强化对监察委员会检察监督的理论审思与实践进路》，《政法论丛》2023年第4期。

会能够对市监察委员会的组成人员行使任免权,并能就监察工作中的有关问题提出询问和质询等。①

二是监察机关与行政机关之间的关系表现为"监督与协助"。在人员监督上,监察机关与行政公职人员之间存在着单向的"监督—被监督"关系。该关系具有明显的强制性,不以其中任何一方的意志为转移。② 在职责分工上,监察机关与行政机关分别独立行使监察权与行政权,且双方具有不可推卸的协作责任,在任何一方需要帮助的时候,另一方都要在职责范围内提供力所能及的帮助。③

三是监察机关与司法机关之间的关系体现为"相互制约、相互配合"。监察机关与司法机关都是我国监督体系的重要组成部分,它们在各自的职责范围内开展活动,形成了监察委员会负责调查、检察院负责起诉、法院负责审判的"三权分置"的腐败案件治理结构。④ 这意味着它们之间具有内在的相互制衡关系,在案件办理中需要相互协作。

(二)监察委员会的产生与构成

监察委员会由同级人民代表大会产生,对同级人民代表大会及其常务委员会和上一级监察委员会负责,并接受其监督。监察委员会由主任、副主任若干人、委员若干人组成。在人员任免上,监察委员会主任由同级人民代表大会选举产生,副主任、委员由监察委员会主任提请同级人民代表大会常务委员会任免。其中,人大常委会组成人员不得担任监察委员。

监察委员会的人员构成主要包括两部分:一是在监察委员会与党的纪律检查委员会合署办公的组织框架下,纪律检查委员会领导干部与监察委员会领导干部相互兼任;二是由原行政监察机关、检察院反贪污贿赂部门、职务犯罪预防部门等机构的人员转隶。

监察委员会的机构设置主要包括三部分。

---

① 伊士国、尚海龙等:《国家监察体制改革研究》,知识产权出版社,2020,第36~38页。
② 黄建达:《双重属性视角下监察委员会与人民代表大会的关系》,《北京社会科学》2019年第2期。
③ 钱宁峰:《监察机关与执法部门之间关系的宪法定位及其体化》,《学海》2019年第3期。
④ 吴国斌、沈思雨:《论对监察委员会的监督与制约》,《北京航空航天大学学报》(社会科学版)2021年第3期。

一是内设机构。内设机构是监察委员会履行监察职责的重要保障，其设置的科学性关系到整个组织的运行效率和职能实现。监察委员会作为新设国家机关，其内设机构仍处于改革调整之中，从各市监察委员会的组织现状来看，主要包括办公室、组织部、宣传部、党风政风监督室、信访室、案件监督管理室、审查调查协调指挥室、信息技术保障室以及监督监察室和审查调查室若干。

二是派驻机构。派驻机构是监察机关的延伸，其职权源于监察机关内部具体临时性授权，因而对其派出主体负责。监察委员会的派驻对象包括"单位"和"区域"两类，前者具体指其管辖范围内的党和国家机关、法律法规授权或委托管理公共事务的组织及国有企业等；后者包括区县以下的基层行政区及经济开发区、高新技术开发区等非行政区的区域。[①]

三是直属机构。直属机构是监察委员会针对某项具体业务或特定事项设置的专门机构，具备独立职能。各市监察委员会下设直属机构的职能和数量各有不同，需依据具体情况而定。

（三）监察委员会的监察范围和职权

国家监察体制改革要求构建全覆盖的监察体系，这意味着"国家监察机关之监察权得及于一切公权力机关的公职人员"。[②] 这就要求市监察委员会要对其市域内所有行使公权力的公职人员实施监督监察。《中华人民共和国监察法》第十五条规定，监察对象包括以下六类人员。

一是中国共产党机关、人民代表大会及其常务委员会机关、人民政府、监察委员会、人民法院、人民检察院、中国人民政治协商会议各级委员会机关、民主党派机关和工商业联合会机关的公务员，以及参照《中华人民共和国公务员法》管理的人员。

二是法律、法规授权或者受国家机关依法委托管理公共事务的组织中从事公务的人员。

三是国有企业管理人员。

四是公办的教育、科研、文化、医疗卫生、体育等单位中从事管理的

---

① 秦前红、石泽华：《〈监察法〉派驻条款之合理解释》，《法学》2018年第12期。
② 秦前红、刘怡达：《监察全面覆盖的可能与限度——兼论监察体制改革的宪法边界》，《甘肃政法学院学报》2017年第2期。

人员。

五是基层群众性自治组织中从事管理的人员。

六是其他依法履行公职的人员。

在市域监察体系中,监察委员会的成立将原本分散在行政机关、司法机关中有关监督、反腐的职责相整合,并同党的纪律检查机关合署办公,行使监督权和监察权,履行纪检、监察两项职责,形成了巡视、派驻、监察三个全覆盖的统一的权力监督格局。[①] 具体而言,市监察委员会的监察活动依据《中华人民共和国监察法》第十一条规定,主要围绕以下三项职责展开。

一是监督职责,对公职人员开展廉政教育,对其依法履职、秉公用权、廉洁从政从业以及道德操守情况进行监督检查。

二是调查职责,对涉嫌贪污贿赂、滥用职权、玩忽职守、权力寻租、利益输送、徇私舞弊以及浪费国家资财等职务违法和职务犯罪进行调查。

三是处置职责,对违法的公职人员依法作出政务处分决定;对履行职责不力、失职失责的领导人员进行问责;对涉嫌职务犯罪的,将调查结果移送人民检察院依法审查、提起公诉;向监察对象所在单位提出监察建议。

其中,监督职责意在通过开展廉政教育等日常监督检查,发挥事前防范作用。调查职责主要是对职务违法、犯罪等展开调查,依法搜集证据、明确案件事实,保证违法、犯罪追究的正当性和合法性。处置职责则是根据调查事实,依法对职务违法、犯罪的公职人员予以责任处罚。[②] 由此而言,监察委员会的职责具有广泛性和全程性,从职业操守到违法犯罪,从事前预防、事中调查到事后处置,实现了监督范围与过程的全覆盖。

三 市域监察的运行机制

监察机关在监察实践中,大体按照"腐败案件查办"的主业务流程,

[①] 中共中央宣传部编《习近平新时代中国特色社会主义思想三十讲》,学习出版社,2018,第322~323页。

[②] 陈伟:《国家监察全覆盖的内涵、原则及重点》,《学术论坛》2020年第2期。

形成了基本的组织运行机制。[1] 而在具体的监察过程中，监察机关内部就问题线索处置、调查、审理等形成了各部门间相互协调、相互制约的工作机制。

（一）受理核查

线索受理是监察机关开展监察活动的起点，而获取问题线索是这一工作的前提。监察机关的监察线索主要源于群众的来信来访以及其机构部门在日常巡视监督中发现的问题线索。监察机关对于公民的报案或举报负有受理义务，并按有关规定处理。获取的有关问题线索由案件监督管理部门进行综合整理，并移送至承办部门。

承办部门需在接收到问题线索的30天内对线索进行处置。其中，执纪监督部门负责联系地区和单位的日常监督，并通过谈话函询的方式处置问题线索，提出相应的线索处置意见，包括了解澄清、谈话提醒、批评教育、诫勉谈话等以及初步核实三类。[2] 对要进行初步核实的问题线索，成立专门的核查组开展核实工作，提出处理意见。承办部门提出分类处理意见。然后，将初步核实情况报告和分类处理意见报送至监察机关主要负责人审批。

（二）立案调查

经过初步核实，对监察对象涉嫌职务违法、犯罪，需要追究法律责任的，由监察机关主要负责人批准立案。同时，监察机关对职务违法、犯罪案件具有调查职责，并在立案后召开专题会议，研究制定调查方案及调查措施。

监察机关开展案件调查工作需遵守相应的程序和规则。

一是告知程序。监察机关在作出立案调查决定后应向被调查人宣布，并通报相关组织单位。对涉嫌严重职务违法和犯罪的，应告知其家属，并向社会公开。

二是调查程序。首先，关于人员要求。调查工作须由两名及以上工作

---

[1] 杜倩博：《监察委员会内部机构设置与运行机制：流程导向的组织变革》，《中共中央党校学报》2018年第4期。

[2] 杜倩博：《监察委员会内部机构设置与运行机制：流程导向的组织变革》，《中共中央党校学报》2018年第4期。

人员共同进行。其次，关于身份告知。在开展调查工作时，调查人员应向调查对象出示身份证件，出具书面通知。最后，关于调查记录。调查人员对调查过程进行记录，所形成的笔录、报告等书面材料须有相关人员签章。同时，对调查人员进行询问及实施搜查、查封、扣押等重要取证工作时，应当全过程录音录像，留存备查。

为保障调查工作的顺利进行，监察机关对涉嫌职务违法、犯罪的调查对象可以采取留置措施，将其送至特定场所施以羁押，以防止发生逃跑、自杀等妨碍调查的行为。具体而言，在留置时间上，不能超过三个月。在特殊情况下，可以延长一次，但每次延长不得超过三个月。在留置保障上，对被调查人采取留置措施后，应当在二十四小时以内通知被留置人员所在单位和家属，但有碍调查情形的除外。同时，在留置期间，监察机关应当保障被留置人员的饮食、休息和安全。

（三）审理处置

经调查研究，明确案件事实后，监察机关需对案件作出最终判断，这一工作具体交由案件审理部门承办。案件审理部门主要负责审理违反党纪和职务违法、犯罪的案件，并依规依纪依法提出处理或者处分意见。具体而言，监察机关依据调查结果及被调查人员的涉案程度可采取以下处置措施。

一是经监察机关调查，被调查人不存在职务违法、犯罪的或没有证据证明其存在违法、犯罪事实的，应撤销案件，并通知其所在单位。

二是对有职务违法行为但情节较轻的公职人员，按照管理权限，直接或委托有关机关、人员对其展开谈话提醒、批评教育、责令检查，诫勉谈话等措施。

三是对违法的公职人员予以警告、记过、记大过、降级、撤职、开除等政务处分。

四是对涉嫌职务犯罪的公职人员，经监察机关调查认为犯罪事实清楚，证据确凿的，移送至人民检察院依法审查，提起公诉。

同时，监察机关有权对不履行或不正确履行职责的领导人员进行问责，或向有关单位提出问责建议，并能够对监察对象所在单位的廉政建设和履行职责中存在的问题等提出监察建议。

第五章　市域政治建设

第一节　市域政治建设内涵

政治建设是根本性建设。政治建设的核心是加强党中央权威和集中统一领导，推进全面从严治党向纵深发展，不断提高党的执政能力和领导水平，确保全党统一意志、统一行动、步调一致向前进。[①]"市域政治建设"相应地体现为坚持和完善党对城市的全面领导，确保城市的人民属性，实现"人民城市为人民"；在严格落实党关于城市管理与发展的路线、方针、政策的同时，广泛调动党员和人民群众的积极性、创造性，在共建共治共享中实现"人民城市人民建"。

在2015年中央城市工作会议上，习近平总书记强调，"多为群众办实事、办好事，通过服务贴近群众、团结群众、引导群众，实现'人民城市人民建，人民城市人民管'"。[②] 习近平总书记在各地考察工作时多次阐释"人民城市"的政治理念。2018年在山东考察时讲道，"城市是人民的城市，要多打造市民休闲观光、健身活动的地点，让人民群众生活更方便、更丰富多彩"。[③] 2019年在甘肃考察时强调，"城市是人民的，城市建设要贯彻以人民为中心的发展思想，让人民群众生活更幸福。金杯银杯

---

① 《中共中央关于加强党的政治建设的意见》，人民出版社，2019，第1页。
② 中共中央党史和文献研究院编《习近平关于城市工作论述摘编》，中央文献出版社，2023，第8页。
③ 中共中央党史和文献研究院编《习近平关于城市工作论述摘编》，中央文献出版社，2023，第35页。

不如群众口碑，群众说好才是真的好"。① 2019 年在上海考察时提出，"城市是人民的城市，人民城市为人民。无论是城市规划还是城市建设，无论是新城区建设还是老城区改造，都要坚持以人民为中心，聚焦人民群众的需求，合理安排生产、生活、生态空间，走内涵式、集约型、绿色化的高质量发展路子，努力创造宜业、宜居、宜乐、宜游的良好环境，让人民有更多获得感，为人民创造更加幸福的美好生活"。② 2020 年再次来到上海，对浦东进行考察时对"人民城市"作了进一步阐释："提高城市治理现代化水平，开创人民城市建设新局面。人民城市人民建、人民城市为人民。城市是人集中生活的地方，城市建设必须把让人民宜居安居放在首位，把最好的资源留给人民"。③ 2021 年在西藏考察时同样强调，"城市的核心是人，城市工作做得好不好、老百姓满意不满意、生活方便不方便，是重要评判标准。要坚持以人为本，不断完善城市功能，提高群众生活品质"。④

"人民城市"是新时代中国共产党进行城市建设的政治思路和方向，是市域政治建设的具体体现，符合马克思主义政党的人民属性，同时也是中国共产党取得革命胜利、将政权转移到城市后经过七十多年城市治理经验的探索与智慧结晶。然而在较长的一段时间里，由于党的"人民城市"建设理念贯彻落实不到位，"人民日益增长的美好生活需要和不平衡不充分的发展之间的矛盾"在城市发展中较为突出。一方面表现为改革开放后社会主义市场经济深入发展，"有的党员干部理想信念不坚定、对党不忠诚，纪律松弛、脱离群众、独断专行、弄虚作假、慵懒无为，形式主义、官僚主义、享乐主义和奢靡之风问题突出"。⑤ 另一方面表现为城市治理过程和结果未能让人民群众感到满意。正如习近平总书记 2015 年在

---

① 中共中央党史和文献研究院编《习近平关于城市工作论述摘编》，中央文献出版社，2023，第 37 页。
② 中共中央党史和文献研究院编《习近平关于城市工作论述摘编》，中央文献出版社，2023，第 37 页。
③ 中共中央党史和文献研究院编《习近平关于城市工作论述摘编》，中央文献出版社，2023，第 39 页。
④ 中共中央党史和文献研究院编《习近平关于城市工作论述摘编》，中央文献出版社，2023，第 40 页。
⑤ 王炳林、房正：《论新时代党的政治建设》，《毛泽东邓小平理论研究》2018 年第 2 期。

中央城市工作会议上所指出的我国城市发展存在的问题,"一是在规划建设指导思想上重外延轻内涵、发展方式粗放……二是一些城市规划前瞻性、严肃性、强制性、公开性不够……三是一些城市越建越大、越建越漂亮,但居民上学、看病、养老越来越难,群众生活越来越不方便;四是相当数量的城市空气污染、交通拥堵、出行难、停车难、垃圾围城等城市病突出……五是绝大多数城市没有完整准确的地下管线数据……六是一些城市一边是高楼大厦鳞次栉比,一边是棚户区、城中村破败低矮;七是一些城市建筑贪大、媚洋、求怪等乱象丛生……八是火灾、爆炸、垮塌等安全事故频发……九是不少城市大量进城农民工难以融入城市生活……十是有的城市管理人员不依法办事……"。[①]

上述问题反映出的深层次原因,是城市发展过程中党的领导不够到位,党的政策和主张在落实过程中发生了偏差,城市建设过程中人民当家作主体现得不够彻底,部分党员干部思想懈怠、工作作风不正,产生了自利和脱离群众的倾向。问题的关键在于加强市域政治建设,在坚持党强有力领导的同时,加强党的组织和纪律建设,"使全党具有高度的政治觉悟、统一的政治目标、坚定的政治立场和正确的政治方向";[②] 与此同时完善城市管理中民主选举、民主决策、民主协商、民主管理、民主监督等制度,以充分保障人民当家作主,从根本上实现"人民城市人民建,人民城市为人民"。

第二节　市域党的领导

一　党的领导能力建设

改革开放以来中国经历了世界历史上规模最大、速度最快的城镇化进程。2015年中央城市工作会议召开,习近平总书记在会上指出,"城市发展带动了整个经济社会发展,城市建设成为现代化建设的重要引擎。城市

[①] 中共中央党史和文献研究院编《习近平关于城市工作论述摘编》,中央文献出版社,2023,第28~29页。

[②] 王炳林、房正:《论新时代党的政治建设》,《毛泽东邓小平理论研究》2018年第2期。

是我国经济、政治、文化、社会等方面活动的中心，在党和国家工作全局中具有举足轻重的地位"。① 会议还进一步指出，做好城市工作必须加强和改善党的领导，各级党委必须充分认识城市工作的重要地位和作用，强调"主要领导要亲自抓，建立健全党委统一领导、党政齐抓共管的城市工作格局"。②

在市域这一层级和空间范围，党的领导主要包括三组关系：一是党对党内组织体系尤其是党员干部群体的内部领导；二是对政府机构、事业单位以及国有企业的领导；三是对城市基层社会尤其是普通民众的领导。不同关系下"领导"内涵各不相同，实现路径与方法也存在差异。首先，党对党内组织体系以及党员干部的"领导"，更多的是一种对组织内成员的管理或者说纪律要求，体现为用党的组织和纪律约束党员行为，通过民主生活会等制度惯例进行日常管理，通过思想教育实现文化领导，通过党的纪检部门实现对党员的监督。其次，党对政府机构和企事业单位的领导，更多的是一种"决策—执行"属性的领导。党对政府的"六位一体"综合领导，涵盖计划、组织、协调、人事、控制、监督六大职能，从党政关系角度分析，可分为统合决策、组织整合、行政协调、人事管理、内部领导以及外部监督六个维度，每个维度又可提炼不同领导方式的具体实现机制。③ 最后，党对城市基层社会的领导更多的是一种"引领"，其领导权是基于人民的自觉接受和信从而不是强制和命令，此种领导权的行使需建立在政党理论的先进性，路线、方针、政策的正确性和政党自身的模范作用基础上。④

党的领导能力体现为城市各级党委有能力领导本辖区政府和企事业单位，形成凝聚力、战斗力，迎难而上，完成党中央的重大决策部署和中心

---

① 中共中央党史和文献研究院编《习近平关于城市工作论述摘编》，中央文献出版社，2023，第7页。
② 中共中央党史和文献研究院编《习近平关于城市工作论述摘编》，中央文献出版社，2023，第8页。
③ 刘鹏、李海林：《新时代党政关系的新发展：基于"六位一体"的新型党政统合关系》，《政治学研究》2023年第2期。
④ 张明军：《领导与执政：依法治国需要厘清的两个概念》，《政治学研究》2015年第5期。

工作任务，制定、部署和落实本辖区、本单位发展规划以及中心工作。党的领导能力既是一种"潜在权力"——通过资源来衡量权力的大小，行动者掌握的资源越多实现其意图的能力也就越强；同时也是一种"实际权力"——通过权力运用和具体路径实现特定结果。从市域治理的角度看，则是需要在城市管理和发展的所有重要方面，尤其是在政策制定、城市规划、地方立法、政治动员以及应急指挥等领域，加强党的领导能力建设。

（一）政策制定

党的领导能力建设首先体现在突出城市党委根据中央和上级党委决策部署，结合本地实际情况，科学、合理地制定城市发展的路线、方针和政策。政策作为政党的行动指南，是其实现领导权和推动社会变革的主要方式，是中国共产党推动社会变革的最初的也是主要的方式。[①]毛泽东曾强调，"政策是革命政党一切实际行动的出发点"，"政策和策略是党的生命"。[②]"党领导一切"在市域层面体现为党的市级代表大会、委员会及其常务委员会，对整个市域范围内所有工作的领导，这种领导更具体地说是"本地区范围内的重大问题"由党的市级代表大会讨论并作出决议；在党的市级代表大会闭会期间，市级党委执行上级党组织的指示和同级党的代表大会的决议、决定，领导本地区的工作。关于党的地方各级代表大会的职权，《中国共产党章程》第二十六条明确指出，"讨论本地区范围内的重大问题并作出决议"。此外，第十六条同时也规定，"党的下级组织必须坚决执行上级组织的决定"。这实际上表明党章明确规定市级党委所拥有的决策权。中共中央于2019年1月31日印发了《中国共产党重大事项请示报告条例》，对这一权力进行了更详细规定，凡是"超出党组织和党员、领导干部自身职权范围，或者虽在自身职权范围内但关乎全局、影响广泛的重要事情和重要情况，包括党组织贯彻执行党中央决策部署和上级党组织决定、领导经济社会发展事务、落实全面从严治党责任，党员履行

[①] 陈尧：《发展与秩序：中国共产党治国理政的政策治理与法律治理》，《政治学研究》2023年第1期。
[②] 《毛泽东选集》（第四卷），人民出版社，1991，第1286、1298页。

义务、行使权利，领导干部行使权力、担负责任的重要事情和重要情况"，①均需要进行请示报告。事实上事关市域重大改革和决策通常采取党政联合发文的形式，党政联合发文以一种特有的方式将政党组织与政府组织的意志和行动统一、整合起来，实现了政党组织对政府组织的制度化"嵌入"或"植入"，其实质是"党通过国家政权机关实施党对国家和社会的领导"的一种书面化、规范化表达形式。②

（二）城市规划

党的领导能力建设体现为在城市规划中充分发挥党高瞻远瞩、总揽全局、一锤定音的能力。习近平总书记指出，"用中长期规划指导经济社会发展，是我们党治国理政的一种重要方式"。③市域层面的规划聚焦的是事关城市发展的重点项目、重点任务、重大战略，着力解决制约经济协调发展的重大问题。④编制市域发展规划相应地成为市级党委引领城市经济社会发展的重要方式。在社会主义市场经济体制下，城市化进程更多受人力、金融、土地、技术等资源的影响，市级党委和政府职责更多转向优化营商环境，编制产业、空间发展规划，建设基础设施，提供公共服务以及加强社会治理。市域规划体现的是对城市土地、金融、发展机会、公共服务等权威资源的分配，党的领导能力在其中体现为市域规划能力方面，尤其体现为对土地资源、经济社会等的空间安排。习近平总书记在北京考察时讲道，"城市规划在城市发展中起着重要引领作用，考察一个城市首先看规划，规划科学是最大的效益，规划失误是最大的浪费，规划折腾是最大的忌讳"。⑤市级党委最重要的决策之一，便是制定并落实市域发展规划。一方面，市域规划是一项复杂的系统工程，涉及各方面的知识，需要

---

① 中共中央党史和文献研究院编《十九大以来重要文献选编》（上），中央文献出版社，2019，第811页。
② 封丽霞：《党政联合发文的制度逻辑及其规范化问题》，《法学研究》2021年第1期。
③ 中共中央党史和文献研究院编《十九大以来重要文献选编》（中），中央文献出版社，2021，第662页。
④ 王文：《编制和实施五年规划是我们党治国理政的重要方式》，《红旗文稿》2020年第23期。
⑤ 中共中央党史和文献研究院编《习近平关于城市工作论述摘编》，中央文献出版社，2023，第74~75页。

交由专门的规划编制部门和机构来完成。另一方面，"城市的核心是人"，[①] 因此要"坚持以人民为中心的发展思想，坚持从社会全面进步和人的全面发展出发……制定城市发展规划"。[②] 因此市域规划能力建设，需要最大限度地发挥城市党委总揽全局，集中力量办大事的政治优势，制定科学可持续宏观发展战略，从而将近期发展目标与中长期发展目标有机结合。[③]

（三）地方立法

党的领导能力建设体现在地方立法过程中是加强党的领导。2023年新修正的《中华人民共和国立法法》规定，"设区的市的人民代表大会及其常务委员会根据本市的具体情况和实际需要，在不同宪法、法律、行政法规和本省、自治区的地方性法规相抵触的前提下，可以对城乡建设与管理、生态文明建设、历史文化保护、基层治理等方面的事项制定地方性法规"。目前全国近300个地级市中有超过280个设区，相当于超过95%的市享有地方立法权，[④] 且一旦立法便具有法律效力。2016年党中央发布了《中共中央关于加强党领导立法工作的意见》，实际上明确了市级党委对市域立法的领导权。其中明确规定要把党的领导贯彻到立法全过程，由党来明确立法工作中的重大问题，党中央和有立法权地方的党委要讨论决定立法涉及的重大体制和重大政策调整，协调解决重大立法争议。通常当某项政治任务或中心工作需要进行立法时，市级党委会进行立法规划和立法动议，然后将具体立法工作交由市人大法制工作委员会进行起草，市级党委常务委员会进行审议，然后交由市级人大全体会议审议通过，从而将党的领导转化为地方性立法。例如，上海市人大于2019年1月制定出台了

[①] 中共中央党史和文献研究院编《习近平关于城市工作论述摘编》，中央文献出版社，2023，第40页。

[②] 中共中央党史和文献研究院编《习近平关于城市工作论述摘编》，中央文献出版社，2023，第91页。

[③] 钱坤、唐亚林：《规划治国：一种中国特色的国家治理范式》，《学术界》2023年第4期。

[④] 2023年新修正的《中华人民共和国立法法》规定，"设区的市"享有地方立法权，由此拥有立法权的地级市从49个增加到了284个，基于目前我国地级市总数量293个进行计算，享有地方立法权的地级市比例随即超过95%。具体参见程庆栋《论设区的市的立法权：权限范围与权力行使》，《政治与法律》2015年第8期。

《上海市生活垃圾管理条例》,其背后实际上是上海市委贯彻落实习近平总书记关于做好垃圾分类工作指导意见的立法动议。更普遍的情况是城市管理的各个领域需要进行专门性立法,这部分立法通常由各职能部门和市级人大合作起草,但在提交市级人大全体会议讨论投票之前须经市级党委讨论审议,且这种审查更多是"政治审查",关键看其是否符合党的路线、方针和政策。[1]

(四) 政治动员

党的领导能力建设体现在贯彻落实中央或各级地方重要战略时充分发挥党的组织优势,也即动员能力。市级党委为确保贯彻落实党中央、上级党组织,以及本市域的重大战略和决策部署,就需要进行政治动员。政治动员是以某种系统的价值观或信仰,说服、诱导或强制本政治团体成员和其他社会成员的认同和支持,引导其自愿服从和主动配合,以实现特定政治决策规定的目标和任务的行为过程。[2] 事实上影响面较广、实施难度较大的政策,例如自然环境保护、违章建筑整治、城市社区建设、贫困人口消除、廉政反腐机制建设、行政审批制度和"放管服"改革、督查监管等,在执行过程中,政治动员能够起到很好的效果。[3] 政治动员的核心是将某项工作政治化或者设定为"中心工作",提高它们在各级政府所承担的诸多责任中的地位,突出它们的重要性。目的是使有关职能部门调整资源和人员的分配方案,把资源和人员向这些任务倾斜,以保障任务目标的实现。[4] 以上海市为例,从 2016 年开始,上海市由市委书记挂帅指挥、举全市行政部门之力开展了为期三年、轰轰烈烈的城中村整治行动,这场以"拆违"为核心的运动式治理被冠以"五违四必"之名,经过这一次整顿整个城市历史积压的违建问题基本上被彻底解决。2018 年新一届市委班子启动了"上海大调研"这一行动,号召全市各级党政机关工作人员深入一线走访调研,解决"群众最盼、最急、最忧、最怨的问题",和

---

[1] 刘松山:《党领导立法工作需要研究解决的几个重要问题》,《法学》2017 年第 5 期。
[2] 徐湘林:《中国政策过程中的科层官僚制与政治动员》,《中央社会主义学院学报》2021 年第 6 期。
[3] 徐湘林:《中国政策过程中的科层官僚制与政治动员》,《中央社会主义学院学报》2021 年第 6 期。
[4] 杨雪冬:《压力型体制:一个概念的简明史》,《社会科学》2012 年第 11 期。

"五违四必"类似,这也是一次声势浩大的政治行动,官方公布的数据显示仅当年就有1464家调研主体单位开展315.2万次调研,累计解决了66万个具体问题。①

(五) 应急指挥

党的领导能力建设体现在重大风险事件发生时坚持党的统一领导。伴随城市规模扩大与城市人口流动性的不断增加,城市空间结构失衡、功能混乱、公平赤字、治理困境等问题带来直接威胁人类生存的社会系统风险,这体现在交通运输、能源供应、食品供应、医疗卫生、信息和通信等领域。② 习近平总书记在河北唐山考察时指出,"防灾减灾救灾事关人民生命财产安全,事关社会和谐稳定,是衡量执政党领导力、检验政府执行力、评判国家动员力、体现民族凝聚力的一个重要方面"。③ 事实上,2016年印发的《中共中央、国务院关于推进防灾减灾救灾体制机制改革的意见》,也把"坚持党委领导、政府主导、社会力量和市场机制广泛参与"列为基本原则之一。城市应急管理需要灵敏感知,快速决策,协调各种资源,党的全面领导、组织动员、资源统筹是中国特色政党主导型城市应急管理体系的基本运行机制。④

二 党建共同体建设

党的基层组织是确保党的路线方针政策和决策部署贯彻落实的基础。同时,党的基层组织也是对个体党员进行思想教育和日常管理的基础单元,是联系人民群众的桥头堡。因此市域政治建设的一项重要内容便是加强基层党组织建设,充分发挥基层党组织引领和带动群众的作用。在改革开放以前,市域基层党建工作的基础和依托是单位。党组织被嵌入各种类型单位的结果是单位高度依附于各级政权,单位通过包揽成员的大部分事

---

① 郑浩:《上海大调研一整年,66万个问题的解决还不是最大成果?》,澎湃新闻网,https://www.thepaper.cn/newsDetail_forward_2835477。
② 陈进华:《中国城市风险化:空间与治理》,《中国社会科学》2017年第8期。
③ 中共中央党史和文献研究院编《习近平关于城市工作论述摘编》,中央文献出版社,2023,第10页。
④ 唐皇凤、杨婧:《中国特色政党主导型城市应急管理体系:运行机制与优化路径》,《学海》2021年第5期。

务，形成对员工的管理和控制。① 改革开放以后，在城市化和市场化的冲击下大量单位解体，城市居民纷纷由"单位人"转变为"社会人"，大量公共事务开始涌向居委会，居委会应对群众诉求乏力的局面，不仅间接降低了党政机构的公信力，也对党的基层社会整合能力造成了实质性的损害。党的十八大以来社区党建的新变化，实际上体现的是社区党组织持续被增权赋能并全面主导社区治理的过程。政治逻辑侧重于党政系统的内部管控和对普通群众的社会整合，执政党发挥秩序建构和服务群众的双重作用。

市域治理始终需要处理发挥基层党组织领导作用和发挥居民自治功能的关系。党的十九大报告指出，"把企业、农村、机关、学校、科研院所、街道社区、社会组织等基层党组织建设成为宣传党的主张、贯彻党的决定、领导基层治理、团结动员群众、推动改革发展的坚强战斗堡垒"。与此同时，强调"党支部要担负好直接教育党员、管理党员、监督党员和组织群众、宣传群众、凝聚群众、服务群众的职责，引导广大党员发挥先锋模范作用"。从组织嵌入、行动网络或合作治理的视角来看，建设各种形式的党建共同体是同时发挥党的领导作用和市民主动性、积极性的可行路径。

（一）区域化党建

共建共治共享是近年来我国基层治理的基本经验，其核心在于推动多元治理主体和谐有序参与治理，进而构建人人有责、人人尽责、人人享有的社会治理共同体。然而在实际的社会治理共同体建设过程中，存在集体行动的困境，部分个体仅站在自己的利益立场考虑问题，存在搭便车的心理，缺乏社会参与的动力。社区在客观上是一个共同生活空间，居民以产权和身份为基础，具有安全、健康、卫生、交通等方面的共性需求。"党建引领"作为基层党组织发挥领导能力和影响力、推动合作网络形成的方式，有助于共建共治共享基层治理格局的形成。"党建引领"不仅能够激活传统的居委会、业主委员会（以下简称"业委会"）和物业公司这

---

① 赵聚军、王智睿：《社会整合与"条块"整合：新时代城市社区党建的双重逻辑》，《政治学研究》2020年第4期。

"三驾马车",还能够链接社区范围内的政府机构、事业单位、市场主体,同时充分激发社会组织、志愿团队、文化社团等积极性和创造性,创造一种社区网络、共享空间、沟通协调平台和资源交换场域。其中基层党组织主要采取三种引领机制:一是政治引领机制,表现为党组织运用意识形态和政治话语对多方治理主体行为进行引导,促使其达成共识并协同合作;二是激励驱动机制,主要是党组织设置一定激励机制以鼓励多方主体提升参与共治的积极性;三是网络整合机制,表现为党组织将不同治理主体吸纳进同一党建网络并推动多方深层合作与资源互补。[1]

(二)红色物业

城市由一个个自然小区所构成,小区业主基于产权不仅拥有其所居住的房屋,还因为公共产权与同一楼栋业主共享该楼栋公共空间(购买房屋时已计算公摊面积),同时与所有小区业主共享整个小区的公共空间(如绿化空间、休闲娱乐场所等)。近年来城市"红色物业"开始兴起,基层党组织介入物业管理服务工作,以维护全体业主和居民的共同利益,确保物业管理服务始终在正常轨道上运行,并产生良好效果。通常的做法首先是,在社区党总支的统一领导下,在业委会和物业公司中分别设立党支部,实现党组织的全覆盖。其次是成立业委会工作联合党支部,由党总支书记任支部书记,并吸纳业委会和物业工作指导委员会(以下简称"业指委")中的党员参加。业指委下设于居委会,由居委会主任任主任,吸纳社区中有威望、懂专业知识的居民,对业委会的工作流程进行监督。最后,挖掘群众骨干组建业委会与物业监督小组(以下简称"监督小组")对业委会和物业公司的日常工作进行监督。从实践效果看,党介入物业服务工作,通过愿景塑造、共识形成、主体规范、协调沟通、行为监督五项机制,再造了物业管理相关方之间的相互关系,形成了对于社区多元主体的公共价值引领,凝聚了价值共识,维护并激活了导向公共价值的"治理网络",最终推动实现了社区公共价值创造。[2]

---

[1] 黄晓春:《党建引领下的当代中国社会治理创新》,《中国社会科学》2021年第6期。
[2] 容志、孙蒙:《党建引领社区公共价值生产的机制与路径:基于上海"红色物业"的实证研究》,《理论与改革》2020年第2期。

(三) 党建联盟

随着社会组织发育及其在城市基层公共服务供给和基层治理中的作用越来越重要，党和社会组织通过党建联盟的形式加强沟通成为形成党建共同体的重要方式。党建联盟就是指带有中国共产党组织属性的联盟，是以党的组织为主要成员的正式和非正式的联盟性组织团体。党建联盟具有基层首创的特质，发轫于上海、北京、安徽、江苏和浙江等地的社会治理实践。为了发挥党组织的统领作用，这些省市探索如何将党建与社会治理相结合，以党建联盟的形式推动党建资源共享，实现不同单位的优势资源互补，以共建的方式、以联盟的框架促进自身能力建设，来对冲资源劣势或资源不足所造成的治理紧张状态。[1] 从功能上，具有层级性的党组织间的共建、联建与结对帮扶，能够克服单一社会组织党建工作中的短板与不足，使分散的基层党组织获得外部支持。[2]

(四) 楼宇党建

随着我国市场经济不断发展和城市化水平不断提升，城市商务楼宇成为许多城市越来越重要的经济生产空间和社会交往空间，也成为越来越重要的基层党建空间。[3] 然而商务楼宇企业基本遵循的是"资本"和"管理"的逻辑，楼宇内企业的主要关注点是经济效益，企业中党员的第一重身份为企业雇员。如何将"支部建在楼上"成为党组织建设的一项新的课题。[4] 以上海为例，各地楼宇党建效果较好的地区基本采用的是"群众路线"，从群众中来，到群众中去。党组织首先需要深入群众，了解群众的所思所想，然后通过党的政策予以反映和回应。具体说来，通过回应商务楼宇企业成员需求、回应党员需求、回应企业需求，通过组织、空间和服务的整合以及具体党建活动的开展，实现整个楼宇

---

[1] 吴新叶、吕培进：《在"规定动作"与"自选动作"之间：基层党建联盟的活力空间》，《学术界》2021年第7期。

[2] 薛美琴、马超峰：《关系网络再造：社会组织联合党建的行动逻辑——以江苏省党建联盟的实践为例》，《探索》2020年第6期。

[3] 汪仲启：《空间结构变迁与城市基层党建发展——以我国城市商务楼宇党建实践为例》，《理论视野》2020年第1期。

[4] 叶敏：《巩固薄弱地带：城市楼宇上的政党建设策略——对上海J区N街道"支部建在楼上"经验的政治社会学分析》，《华中科技大学学报》（社会科学版）2019年第1期。

党建共同体的打造。

第三节　市域人民当家作主

市域政治建设的另一个核心是市域人民当家作主。在"人民城市人民建"中，城市人民是主体，必须保障人民当家作主的权利，充分发挥人民当家作主的积极作用。

一　民主选举

民主选举是一种通过选举代表表达民意诉求来实现民主治理的制度安排。从市域层级或城市空间视角看，城市居民进行的直接民主选举，主要有业委会选举、居委会选举以及人大代表选举三种形式。

(一) 业委会选举

2018年最新修订的《物业管理条例》明确规定，"同一个物业管理区域内的业主，应当在物业所在地的区、县人民政府房地产行政主管部门或者街道办事处、乡镇人民政府的指导下成立业主大会，并选举产生业主委员会"。同时该条例第六条明确规定业主具有的两项选举权：一是参加业主大会会议，行使投票权；二是选举业主委员会成员，并享有被选举权。城市居民通过业主委员会选举过程可以显著提高自身的民主意识；业主通过参与业主大会进行投票，决定社区内的重大事项，可以给业主带来深入的民主体验。[①] 业委会选举的基础是共有产权，业委会选举的直接目的是选出业主代表进行共有产权的管理和维护，最主要职责是引入和监督物业服务，以及管理与使用小区公共维修基金。业委会选举本质上是一种居民自治，而利益是自治的基础和核心，不同利益共同度决定不同自治动力。[②]

(二) 居委会选举

根据2018年新修订的《中华人民共和国城市居民委员会组织法》，

[①] 管兵：《维权行动与社区民主意识：以B市商品房业主为例》，《学海》2016年第5期。
[②] 邓大才：《村民自治有效实现的条件研究——从村民自治的社会基础视角来考察》，《政治学研究》2014年第6期。

"居民委员会是居民自我管理、自我教育、自我服务的基层群众性自治组织","居民委员会主任、副主任和委员,由本居住地区全体有选举权的居民或者由每户派代表选举产生"。居民委员会每届任期五年。从功能上看,居委会事实上不仅仅是居民自治组织,同时它还对接街道、受街道办事处指导、承接街道下沉资源和公共服务,也与各基层执法单位(如公安、城管、市场监督、消防等)建立联系机制。换言之,居委会同时承担居民自治和行政的职能,是国家与社会、政府与居民上下互动的"接点"。居委会成员的综合素质、工作能力、解决问题效率、对居民熟悉和了解程度、对居民的态度等,会直接影响城市居民的生活体验。因此,居委会选举是城市居民实现当家作主的重要环节。

(三) 人大代表选举

根据《中华人民共和国宪法》和《中华人民共和国全国人民代表大会和地方各级人民代表大会选举法》的规定,中华人民共和国年满十八周岁的公民,不分民族、种族、性别、职业、家庭出身、宗教信仰、教育程度、财产状况和居住期限,都有选举权和被选举权。[①]依照法律被剥夺政治权利的人没有选举权和被选举权。不设区的市、市辖区、县、自治县、乡、民族乡、镇的人民代表大会的代表,由选民直接选举。全国人民代表大会的代表,省、自治区、直辖市、设区的市、自治州的人民代表大会的代表,由下一级人民代表大会选举。具体到城市来说,依法享有选举权的城市居民,通过直接选举产生市辖区人民代表大会的代表或不设区的市的人民代表大会的代表;设区的市的人民代表大会的代表则由下一级人民代表大会选举。换言之,城市居民依法通过直接选举或间接选举的方式,选举产生地方以及全国权力机关的代表,从而实现人民当家作主。

二 民主协商

和农村相比城市最大的特点是功能分化,这一方面给城市带来了活力,人口、财富、思想、知识等快速流动、碰撞、互补、迭代;另一方面

[①] 在实际操作中,通常以居民户籍所在地为基础行使选举权和被选举权,因此流动外来人口在非户籍所在地通常不具有选举权和被选举权。

也造成了社会的区隔、冲突，甚至冷漠。民主协商是解决该问题的重要形式，体现为政治共同体中的自由、平等公民，通过参与政治过程，提出自身观点并充分考虑他人的偏好，根据条件修正自己的理由，实现偏好转换，批判性地审视各种政策建议，在达成共识的基础上赋予立法和决策以合法性。[①] 从过程的视角看，协商可以理解为决策前的审慎讨论，包含观点或立场之间的辩论与换位思考、事本主义的理性分析以及对某些行为进行定性与批评，最终达成共识与一致行动方案，因此是一种具有包容性、开放性的审慎民主。在功能上民主协商能够化解矛盾与冲突，形成合作基础和行动共识，同时也能够防止"多数人的暴政"，防止民主被精英垄断造成的弱势群体想法得不到尊重、利益得不到维护。从人民当家作主的视角看城市民主协商，其实践形态主要体现为基层民主协商和政协民主协商两种。

（一）基层民主协商

首先，民主协商是城市居民的一项权利。2015年中共中央办公厅和国务院办公厅印发的《关于加强城乡社区协商的意见》指出，实行和推进基层民主协商，"有利于解决群众的实际困难和问题，化解矛盾纠纷，维护社会和谐稳定"。同时还明确规定了应当进行民主协商的范畴：城乡经济社会发展中涉及当地居民切身利益的公共事务、公益事业；当地居民反映强烈、迫切要求解决的实际困难问题和矛盾纠纷；党和政府的方针政策、重点工作部署在城乡社区的落实；法律法规和政策明确要求协商的事项；各类协商主体提出协商需求的事项。其次，基层民主协商是一种方法，不同于简单的少数服从多数或者由政府、居委会最后决策等的强制性方式。在基层治理过程中，尤其当选举、投票、表决、命令、说服教育等无法解决问题时，公开发言、平等对话、持续沟通、多方讨论等形式能够增进相互理解，形成集体理性。最后，作为一种实践形态，基层民主协商包括多种类型，如群众议事协商、公共事务型协商、行政优化型协商以及复合型协商等。[②] 反过来说，城市居民在参与不同领域、不同层级公共事

[①] 陈家刚：《协商民主：概念、要素与价值》，《中共天津市委党校学报》2005年第3期。
[②] 吴晓林、邓聪慧、张翔：《重合利益中的工具性：城市基层协商民主的导向研究》，《学海》2016年第2期。

务，就其表达诉求、发表意见的过程中，推动实现多层次全方位的人民当家作主。

（二）政协民主协商

政协民主协商是实现市域人民当家作主的另一种重要形式。习近平总书记指出，"涉及人民群众利益的大量决策和工作，主要发生在基层。要按照协商于民、协商为民的要求，大力发展基层协商民主"。[①] 不同于基层民主协商所聚焦的主要是基层工作中的某个具体问题，政协民主协商由政协组织搭台，政协委员、各界群众和相关党政部门参加，聚焦的是某个区域基层治理和群众关切的普遍性问题。政协民主协商涉及协商计划、协商规程和成果转化机制等一系列制度规范。[②] 政协民主协商更多发挥建言资政、助力党委政府科学决策功能，并为决策落实凝聚广泛共识、厚植民意基础。从市域范围看，政协民主协商的组织基础是各民主党派，其第一重构成者为各民主党派党员，因此通常是由某一领域的专业人士构成，更多立足某一专业领域对相关议题提出专业见解以及专业化的对策。从市域治理的视角看，充分发挥政协民主协商的积极性和作用能够为市域规划、建设和管理贡献人民智慧。

三 民主决策

（一）制度化决策

民主决策是除民主选举之外最能体现市域人民当家作主的举措和制度性安排。与前述民主选举层级直接相关的决策，如城市居民作为业主可以共同决定小区维修基金的使用、小区公共空间规划、城市更新改造计划、业委会罢免、物业公司续聘，甚至是小区推倒原址重建等重大事项。在社区层面，城市居民可以参与公共服务配套资金或惠民资金使用、社区范围内治理规则或公约制定等重要事项的决策。此外，普通居民可以通过制度化的渠道（如人大代表之家、人大代表接待日）与所在辖区人大代表

---

① 《习近平谈治国理政》（第二卷），外文出版社，2017，第297页。
② 雷杰：《市县政协履职实践视角下政协协商与基层协商的区别与联系》，中国人民政治协商会议全国委员会网站，http://www.cppcc.gov.cn/zxww/2023/09/20/ARTI1695177212912189.shtml。

联系,发表决策意见并由后者通过形成人大代表议案等形式参与决策。

(二) 人民建议

随着互联网时代的发展,城市居民有了更多参与决策的渠道。一是人民网专门设置有人民建议专栏,人民群众可以直接在网站上向中央政府各部委、地方政府、地方人大、地方政协等提建议,人民网后台会与相关政府部门对接,并请该部门相关负责人进行回复。其中,还专门设有"领导留言板·地方领导板块",居民可以通过直接@市长、区长或相关政府部门,提出具体的问题、诉求和意见建议,同样会有专门负责人进行联系和回应。二是地方也开始探索人民意见建议征集的平台和渠道,例如武汉城市留言板,市民可以直接向所在辖区或市政府业务主管部门建言献策。三是信访、市政规划等政府部门会主动收集人民建议。例如,上海市信访办专门成立了人民建议征集处,由专人阅处人民群众建议意见来信,主动调研,同时以"人民建议专报""人民建议摘报"的形式反映民意、集中民智,保障人民有序参与国家公共事务管理。[①] 四是12345政务服务热线逐渐成为市民反映问题、表达意见和建议的常用渠道。相关政府部门除了将城市居民的具体诉求和问题交由相关部门进行处理之外,还会将涉及整个城市管理、服务的意见和建议集中起来,作为对政府政策和工作举措改进的重要参考依据。可以看出,人民建议的对象主要是城市政府,从决策过程视角看,人民建议虽然没有帮助普通市民进行最终"决定",但却同时涉及"议程设置""政策方案""政策反馈"多个环节。

(三) 立法建议

2014年10月,党的十八届四中全会通过的《中共中央关于全面推进依法治国若干重大问题的决定》提出,"加强人大对立法工作的组织协调,健全立法起草、论证、协调、审议机制,健全向下级人大征询立法意见机制,建立基层立法联系点制度,推进立法精细化"。2015年,全国人大常委会法工委设立了首批4个基层立法联系点。基层立法联系点作为一种收集民众对立法建议和意见的制度化渠道,采取座谈会、调查研究、书

[①] 凌燕:《人民建议征集制度:民意表达走向制度化的路径》,《上海商学院学报》2014年第6期。

面征求意见、媒体实时有效互动等方式收集立法建议，多方面听取人民群众意见。[①] 2019年习近平总书记考察上海市长宁区虹桥街道古北市民中心时讲到，"我们走的是一条中国特色社会主义政治发展道路，人民民主是一种全过程的民主，所有的重大立法决策都是依照程序、经过民主酝酿，通过科学决策、民主决策产生的"。[②] 古北市民中心是全国首批基层立法联系点之一，其做法不仅得到了习近平总书记的肯定，同时作为"全过程人民民主"的具体体现之一，在全国各地普及。目前各省、市均建有基层立法联系点，同时开辟了网上立法建议征集的平台，从市域治理的视角看，市民可以通过立法联系点向市人大提出地方性立法的倡议，或针对具体立法草案发表自己的观点，提出建议。

四 民主管理

人民的事人民管，人民的事人民办。在中国，广大人民弘扬主人翁精神，发挥主体作用，积极行使民主权利，通过各种途径和形式，参与城市不同领域、不同层级管理。

（一）城市生活民主管理

在城市治理数字化转型的背景下，民众有了参与城市生活管理的便捷渠道。例如，12345政务服务热线是各地市人民政府设立集政务咨询、民生诉求和行政效能投诉等综合服务平台，同时也是民众参与城市生活民主管理的有效路径。中国信息协会、清华大学数据治理研究中心等联合发布的《2023年全国政务热线服务质量评估指数》显示：话后满意率最高的为三线城市，平均为98.74%；回访满意率最高的为四线城市，平均为96.23%；首次联络解决率最高为新一线城市，平均为79.17%；工单投诉率最低的为一线城市，平均为0.25%。评估结果从整体上看，12345政务服务热线起到了促进居民民主参与城市生活管理的良好效果。

（二）社区事务民主管理

根据宪法法律和有关规定，城市社区居民结合本地实际，由居民讨论

[①] 陈尧：《建构民主：全过程人民民主的发展路径——基于公民参与的视角》，《人民论坛·学术前沿》2022年第5期。
[②] 习近平：《论坚持人民当家作主》，中央文献出版社，2021，第303页。

制定居民自治章程、居民公约等，明确规定居民的权利和义务，社区各类组织之间的关系和工作程序，以及经济管理、社会治安、消防安全、环境卫生、婚姻家庭、邻里关系、计划生育、精神文明建设等方面的自治要求，普遍实现居民在基层公共事务和公益事业中的自我管理、自我服务、自我教育、自我监督。例如，新冠疫情发生后，基层群众自治组织积极配合基层政府，筑牢社区疫情防控的社区防线。全国 65 万个城乡社区、400多万名城乡社区工作者奋战在社区疫情防控第一线，组织动员社区志愿者、下沉党员干部、驻社区单位工作人员等力量，开展人员摸排、小区出入口值守、环境消毒、关爱保障等工作，人人参与抗击疫情，为打赢疫情防控阻击战作出了重要贡献。

（三）企事业单位民主管理

根据宪法法律和有关规定，企事业单位普遍建立以职工代表大会为基本形式，以厂务公开制度、职工董事制度、职工监事制度为主要内容的民主管理制度。职工通过这些民主管理制度，参与企事业单位管理，维护自身合法权益，实现单位与职工协商共事、机制共建、效益共创、利益共享。

（四）社会组织民主管理

社会团体、基金会、社会服务机构等社会组织，普遍制定章程，加强组织成员管理，自主开展活动，集中组织成员或服务对象的意见建议，以组织化的方式积极参与社会公共事务治理，在行业自律、社会服务、慈善事业等领域发挥民主管理作用。

五　民主监督

（一）监督政府

一方面，为了保障公民、法人和其他组织依法获取政府信息，提高政府工作的透明度，国家以及地方分别制定了政务公开的相关规定，以保障公民的知情权，同时接受公民的监督。另一方面，在市域这一层级同中央相同，纪律检查委员会和监察委员会合署办公，专门负责监督党员和政府机构尤其是公务员的行为。按照相关规定，监察范围包括公职人员不依法履职，违反秉公用权、廉洁从政从业以及道德操守等规定，涉嫌贪污贿赂、滥用职权、玩忽职守、权力寻租、利益输送、徇私舞弊以及浪费国家资财等职务违法犯罪行为。城市居民在具体监督时既可以通过各政府部门内设的监督小组进行监督，同时也可以直接与市检察部门进行联系，还可以在上级督查期间提供信息进行监督。此外监督既可以采取匿名的方式，也可以采取实名并提供详细证据的方式进行检举监督。

（二）监督法院

为了革除过去实践中人民陪审员"职业化"和"陪而不审"的弊端，实现司法民主、人民参与以及司法公正等目标，2018年全国人大正式通过《中华人民共和国人民陪审员法》，规定公民担任人民陪审员，应当具备下列条件：拥护中华人民共和国宪法；年满28周岁；遵纪守法、品行良好、公道正派；具有正常履行职责的身体条件；担任人民陪审员，一般应当具有高中以上文化程度。最为关键的是，为解决上述实践中的两个难题，特创设"双随机"模式——人民陪审员在辖区所有户籍人口中随机产生，法院审理每一个案件所需要的陪审员也需要在人员库中随机产生。按照法律规定，人民陪审员参加三人合议庭审判案件时，"对事实认定、法律适用，独立发表意见，行使表决权"。参加七人合议庭时，"对事实认定，独立发表意见，并与法官共同表决；对法律适用，可以发表意见，但不参加表决"。案例和陪审员的随机匹配以及陪审员独立发表意见甚至表决，可以保障实现人民对司法审判活动的监督权利。为保障更多人享有监督司法的权利，2018年司法部、最高人民法院、公安部联合印发《人民陪审员选任办法》，规定人民陪审员中通过组织推荐和个人报名产生的不得超过所在基层法院人民陪审员名额数的1/5。由此可知，城市居民可以通过主动报名或被抽选中的方式成为人民陪审员，参加区、县层级法院司法审判活动，同时对法院审判的公正性进行监督。

（三）监督检察院

自2003年开始，国家便建立了人民监督员制度，以加强对人民检察院办理直接受理立案侦查案件工作的监督。党的十八届三中全会提出要更广泛实行人民监督员制度，党的十八届四中全会强调完善人民监督员制度，强调保障人民群众对检察工作的知情权、参与权、表达权、监督权。2021年最高人民检察院和司法部联合印发了《人民监督员选任管理办法》,推动建设一支具备较高政治素质,具有广泛代表性和扎实群众基础的人民监督员队伍,保障和促进人民监督员行使监督权,发挥人民监督员监督作用。该办法规定,设区的市级人民检察院和基层人民检察院组织监督办案活动,由设区的市级司法行政机关抽选人民监督员。同时人民监督员由省级和设区的市级司法行政机关负责选任管理。人民陪审员的基本条件是拥护中华人民共和国宪法、品行良好、公道正派、身体健康的年满23周岁且具有高中以上文化学历的中国公民。人民监督员候选人既可以通过个人申请的方式产生,也可通过单位和组织推荐的方式产生。

第六章　市域经济建设

第一节　市域经济管理的内涵、特征与功能

一　市域经济管理的内涵与特征

（一）市域经济管理的内涵

经济生活是市域社会中的重要内容，关系到市域居民的生存状态。经济发展一直是现代市域社会发展关注的重点，市域经济活力是市域竞争力的有力表达。市域经济包含市域的具体产业部门及其活动，即整个社会再生产过程中的各个环节（生产、分配、交换、消费）在市域中的表现，也包括市域中各种生产关系的总和，是一种综合性的社会经济。市域经济可分为市域金融与财政、市域企业生产、市域商业与服务、市域市场与消费等多个活动领域，是众多经济主体的个体和群体行为的集合。[①]

按照1988年出版的《中国大百科全书》经济学卷的解释，"市域经济是由工商业等非农经济部门聚集而成的地区经济"。具体来说，市域经济是以市域为存在和发展的空间，以各种要素的高度聚集、各种经济活动的频繁开展并能取得高聚集效益和规模效益为特征的非农业性产业、公共经济、消费经济、土地经济等的有机综合体。

市域经济管理则是以市级政府为核心的公共管理服务部门，对市域经济活动的各个领域和环节的管理，通过对各生产要素进行合理组织，调整市域经济的不同产业、不同行业以及不同社会群体之间的经济利益关系，

---

① 张波、刘江涛编著《城市管理学》，北京大学出版社，2007，第129页。

以实现市域经济发展的目的。①

(二) 市域经济管理的特征

市域经济管理的特征主要有复杂性、系统性、整体性以及集中性。

1. 市域经济管理的复杂性

市域经济管理的复杂性来自两个方面。一是市域经济本身非常复杂。从空间的角度来看，市域经济是人类社会最重要的经济活动形式，在有限的空间内生产要素高度集聚。与农村经济相比，市域经济具有综合性、集中性和高度开放性等特点。综合性是指市域几乎包含了除农业外国民经济的所有部门；集中性是指市域是各要素高度集聚地区，大量的人口、资金、信息、企业相对集中在市域这一相对较小的空间内；高度开放性是指市域经济活动是国家乃至全球经济活动的一个重要节点，是跨区域的物流、劳动力流、资金流、信息流的交换中心，具有沟通城乡和国内外经济联系的功能。正是市域经济本身的这些特点，决定了市域经济管理活动的复杂性。二是市域经济管理既是宏观管理活动又是微观管理活动。与更高级层面的管理相比，市域经济管理所面对的管理客体包含了大量的企业和个人，市域政府的经济管理活动的总量很大，包含大量的微观经济管理活动，对于每一个具体的问题都需要采取差别化的管理策略和办法，因此，市域经济管理从微观层面上来讲是非常复杂的。同时，从宏观层面来看，市域经济管理还需要做好宏观统筹，对市域长期的发展要有清晰明确的规划设计，调整和优化市域经济产业结构。

2. 市域经济管理的系统性和整体性

市域经济是一个完整的社会经济体系，市域内部经济活动彼此相互关联，社会再生产的生产、分配、交换和消费环节紧密联系，每个环节都发挥着重要作用，哪个环节薄弱就可能在哪里"卡脖子"，哪一环脱节都会导致整个经济活动的中断。市域经济管理要系统地处理社会再生产各个环节的关系，以系统性的思维统筹兼顾处理方方面面的利益关系。

---

① 刘广珠等编著《城市管理学》，清华大学出版社，2014，第 196 页。

3. 市域经济管理的集中性

市域是一个要素高度集聚的区域，相对来说城市空间较为狭小，但是市域经济体量非常大，经济活动也非常复杂。因此，市域经济管理具有集中性的特征，它是市域地方政府及其所属机构对本市域范围内的经济体系和经济活动的管理，管理集中在市域内部，管理的范围较小，而且非常集中。集中性使得市域政府往往比中央政府或省政府更了解城市经济的具体状况和存在的问题，应承担起市域经济管理的主要责任。[①]

二 市域经济管理的功能

亚当·斯密认为市场经济能够自动地进行市场调节，市场的运行完全是由"看不见的手"来控制的。但是市场经济自身存在着许多缺陷，需要国家通过对经济的干预与校正加以补充与完善。市域作为社会经济有机体的核心，其综合性、集中性和相对独立的特点使得每一个城市经济总量巨大、结构复杂，一旦出现市场失灵，市域政府干预市域经济活动就显得非常重要。

市域政府的主要经济调控职能应定位在弥补市场缺陷、熨平市场经济的波动、为市场经济的运行提供一个合理有序的制度框架上。这些基本的功能活动从总体上概括起来就是公共产品供给职能、规划调控职能、综合管理职能、法律调控职能等。[②]

（一）公共产品供给职能

自由市场制度是建立在交换的等价原则之上的，与私人产品不同，公共产品具有"非排他性"和"非竞争性"，所以公共产品的交换行为难以产生，消费者与供给者之间的联系由此中断。因此，为弥补市场的这个局限性，公共产品应主要由政府来提供。从世界各国的情况来看，政府提供公共产品有两种基本方式：一种是政府直接生产，另一种是政府间接生产。一般来说，我们认为纯公共产品和自然垄断性很高的准公共产品应该采取由政府直接生产的方式来提供，如保健事业、医院、图书馆、中小学

---

① 刘广珠等编著《城市管理学》，清华大学出版社，2014，第197页。
② 马彦琳、刘建平主编《现代城市管理学》（第2版），科学出版社，2005，第192页。

教育等。对于一些基础设施行业，如道路、邮电等则可以采取间接生产的方式来提供，如采取政府授权经营、政府参股、政府与私人企业签订合同等方式，引入竞争机制，进一步提高资源的利用效率。

（二）规划调控职能

一个城市经济发展的快慢、社会效益的好坏，关键之一在于有无一个正确的经济社会发展规划。因此，市域政府应该根据国家对城市发展和建设的方针、经济技术政策、国民经济和社会发展长远规划、区域规划，以及城市所在地区的自然条件、历史情况、现状特点和建设条件，按照功能分区，合理布置城镇体系；合理地确定城市在规划期内的经济和社会发展目标；明确城市的性质、发展方向、发展规模和建设布局；统一规划，合理地利用城市的土地；综合部署城市物质文明和精神文明建设的各项事业，使整个城市的建设和发展，达到技术先进、经济合理、"骨肉"协调、环境优美的综合效果，为市民的经济社会活动创造良好条件。

（三）综合管理职能

市域政府在经济管理中，一定要遵循"宏观管好、微观放开"的原则，综合考虑环境、资源、土地、经济、人口、社会、文化等因素，围绕环境保护、资源开发、土地利用、交通通信条件改善、工业布局、副食品生产、社会问题的解决、居民点分布等重点，加强城市规划管理、固定资产投资管理、财政金融管理、公用设施管理、工业管理、城郊农业管理、交通管理、房地产管理等，不断提高城市品质，增强城市的聚集效应和辐射作用。

（四）法律调控职能

市场经济是法治经济，市域经济作为国民经济的重要组成部分，在国民经济发展中起着举足轻重的作用。因此，市域政府在国家的法律法规框架下进行日常的经济活动时，也要因地制宜地制定符合本地区特色的经济规章制度，为市场经济的发展提供有利的外部条件，对经济活动和社会事务进行法律调控。

第二节 市域公共经济治理

一 市域公共财政概述

（一）市域公共财政的含义

市域公共财政是指市域政府为实现公共管理职能，参与社会产品分配和再分配的活动。市域公共财政具有资源配置、收入分配、促进经济增长三大职能。市域政府通过公共财政活动提供基础设施，提供公共产品和服务，调节收入分配、对市场机制的初次分配进行"校正"，保障弱势群体和落后地区也能享受发展成果。市域公共财政还可引导产业发展，为战略性新兴产业提供政策支持。

市域公共财政主要包括市域财政收入和市域财政支出两大方面。

市域财政收入亦称市域政府收入，是市域政府为履行其职能，保证公共支出需要而依法取得的收入。市域财政收入具有公共性、强制性、规范性、稳定性等特征。市域财政收入的获取要有法可依。市域财政收入的来源主要有税收收入、转移支付收入、国有资产收入、公共收费收入、债务收入等。其中税收收入是市域财政最基本、最稳定的来源。

市域财政支出又称市域政府支出，是以市域政府为主体，以政府承担的事权为依据进行的货币资金支出活动。财政支出体现了政府活动的方向和范围。市场机制是一种富有效率的资源配置方式，但市场并不是万能的，它在运行中经常会出现失灵现象。为了克服市场失灵问题，需要通过非市场化的政府支出进行资源配置。市域财政支出追求公共利益最大化，不能被特殊利益集团和强势群体所支配。开展公共项目投资要进行成本收益分析，并且也要加强对资金使用情况的监督管理。

（二）市域财税制度改革

市域政府提供公共产品和服务的成本，包括一次性的固定投入以及经常性的维持成本。政府为满足公共需求，需要通过一定的"收费"机制获取稳定的财政收入。市域政府的收入来源及获取方式对其行为模式具有显著影响。

当前，中国市域治理面临的一个现实问题是缺少主体税种和稳定税源。1994年分税制改革确立了中央与省级政府之间的收入分配关系，但并未明确省级以下的财政关系，致使市、县的财政预算捉襟见肘。为解决预算问题，市级政府不得不依靠土地财政弥补财政收支差额。

国外地方治理的实践表明，房地产税是一种有效的地方税，[①] 可促使地方政府更好地建设服务型政府。征收房地产税有助于化解我国市域治理的一些难题。第一，房地产税可推动城市政府加快职能转变。当市域财政收入主要来自企业税时，城市会选择优先为企业服务，政府间的竞争主要为招商引资竞争。把房地产税列为市政府的主体性税源，有助于抑制地方性"投资冲动"，推动市政府改善公共服务，使房地产增值，进而增加政府收入。与之相应，政府间的竞争会从招商引资竞争转向公共服务竞争。第二，房地产税有利于打破与户籍制度挂钩的公共服务安排。当前，很多城市依据户籍来识别公共服务的对象。征收房地产税之后，居住权将成为享受地方性公共服务的重要依据。第三，房地产税有利于提高土地利用率、降低住宅闲置率。房地产税将房地产持有作为课税前提，以房地产估值为计税依据，持有者每年都要缴纳税款。征收房地产税后，闲置的土地资源和住宅必须纳税。这就迫使业主必须计算闲置资源的成本，促使他们要么出租，要么转让。

房地产税改革并不意味着要对所有房屋收费。为保障税收公平，征收房地产税需坚持能力原则，对征收的对象和范围、税基、税率等进行科学设计。同时建立相应的税收减免、扣除和优惠机制，确保房地产税不至于增加低收入群体的负担。

二 市域政府采购管理

（一）市域政府采购特点

政府采购是指政府及其他受政府控制的企事业单位为实现政府职能和公共利益，在财政监督下使用公共资金从国内外市场购买所需商品、工程

[①] 〔美〕Wallace E. Oates 编著《财产税与地方政府财政》，丁成日译，中国税务出版社，2005，第15页。

和服务的行为。政府采购属于财政支出的范畴，它在财政支出中占有很大份额。为了加强公共支出管理，现代国家普遍建立了政府采购制度。

与私人部门采购相比较，市域政府采购具有以下特点。

一是采购资金的公共性。政府采购的主体是行政部门及公共企事业单位，政府采购所支出的资金是公共资金，即财政拨款和需要财政偿还的公共借款。这些资金最终来源于税收收入、国有资产收入和公共服务收费。

二是采购对象的广泛性。政府采购的对象包罗万象，几乎涉及所有社会产品。国际上通常按性质将政府采购对象分为三大类，即货物、工程和服务。

三是采购的非营利性。政府采购是为了实现政府职能和公共利益，它不具有商业采购的特点。政府采购不以营利为目标，不是为了卖而买，没有私人采购的营利动机。

四是采购的公开性。政府采购具有较高的透明度，所有信息都要尽可能地公开。采购过程也应公开。一切采购活动都要公开招标，并且保留记录，备案待查。

（二）市域政府采购原则

政府采购制度起源于 18 世纪，发端于西方国家，迄今已有 200 多年的历史。20 世纪 30 年代以来，随着政府干预经济的逐渐加强，政府采购的范围迅速扩大。今天，政府采购已经成为公共支出管理的有效手段。市域政府采购应遵循的基本原则如下。

公开性原则，也称透明原则，是指政府采购的政策、程序和活动要对社会公开，实行"阳光下的交易"。贯彻公开性原则，要求公开发布采购项目和合同条件，投标人资格预审情况和评价投标的标准也应向公众公开。

公平性原则。所有投标商拥有平等的竞争机会，采购机构向投标人提供信息时应一视同仁，不得采取歧视性策略。

公正性原则。政府采购管理机关站在公允、超然的立场上，保证在执行采购规则的过程中不偏不倚，对每个当事人一视同仁。

有效竞争原则。有效竞争要求及时发布竞争采购公告，邀请多家供应商参与招投标活动，提高政府采购的经济性和有效性。

（三）市域政府采购方式

根据不同的分类标准，可以区分出不同的政府采购方式：根据采购物资的集中程度，可分为集中采购和分散采购；根据采购对象的性质，可分为货物采购、工程采购和服务采购；根据供应商所在地域，可分为国际采购和国内采购；根据采购的公开程度，可分为公开招标采购、邀请招标采购、竞争性谈判采购、询价采购和单一来源采购；等等。这里介绍几种主要的政府采购方式。

集中采购，是指市域政府机关及其附属单位的一切物资、工程或服务都由专门设立的采购执行机构统一采购的管理形式。集中采购可以降低采购价格，减少采购成本。

分散采购，是指由市域政府各消费或使用单位以货币形式直接采购所需货物、工程或服务的采购形式。分散采购的优点是采购灵活、自主、手续简便，有利于缩短采购时间，迅速解决具体问题。其弊端在于监管难度大，容易出现重复采购、管理不规范等问题。

公开招标采购，是指政府有关采购方以招标公告的形式邀请不确定的供应商投标的采购方式。它要求招标程序公开，即公开发布投标邀请、公开开标、公开中标结果。公开招标采购具有竞争性，是最能促进竞争和提高采购效益的方法，它可使招标者以合理价格获得所需物资，防止徇私舞弊行为。缺点是程序和手续复杂，对采购急需物资难以适用。

邀请招标采购，也称选择性招标，是指政府采购方以投标邀请书的形式直接邀请有限数目的供应商、承包商参加投标的采购方式。只有收到了采购机构投标邀请的供应商、承包商才可以参加投标。邀请招标采购主要适用于技术复杂或专门性的货物、工程或服务。研究和评审标书需要时间和费用，采购实体只能通过限制投标人数来达到经济和效益目标。

询价采购，也称"货比三家"，是指市域政府向几个供应商发出询价单，让其报价，然后对报价进行比较，进而确定合格供应商的采购方式。它主要适用于招标后没有供应商投标或者没有合格标的、出现不可预见的急需采购、投标文件的准备需要较长时间、对高新技术含量有特别要求等情况。

单一来源采购，是指政府采购中心向单一供应商征求建议或报价而进行的采购，这是一种没有竞争的采购方式。单一来源采购致使采购方处于不利的地位，会增加采购成本，容易滋生腐败现象。尽管如此，在特殊情况下，如在涉及国家安全等的情况下，它又是不得已的选择。

征求建议采购，是指采购实体与少数的供应商接洽，让其提出建议书，与之谈判有无可能对建议书的实质内容作出更改，再要求其提出"最佳和最后建议"。通过对供应商的建议进行评价和比较，有可能选出最能满足采购实体需求的供应商。

谈判采购，是指采购和销售双方就交易的条件达成一项双方都满意的协议的过程。谈判采购是私营领域的常用采购方法。在公共领域中，谈判采购主要用于国防和服务采购。

三 市域政府规制管理

（一）政府规制的基本含义

"规制"（regulation）是个外来词，也有学者译为"管制"。其中"规制"强调它是在法治背景下进行的一种有规可依的控制活动，而"管制"并不一定具有法律依据，有些管制行为可能是自由裁量的任意行为。政府规制是在法律制度框架下，政府有关部门为矫正市场失灵和维护社会多元利益平衡，对微观经济和社会主体实行的直接干预和控制行为。[①]

政府规制离不开一定的管制活动。政府规制的特点如下。一是政府规制以市场经济体制为制度前提。在市场经济体制下，私有产权和公共产权受到同等保护。二是政府规制必须具有明确的法律依据。三是政府规制具有明确的程序规定性，要求做到公开透明，被规制者拥有知情权和参与权。四是政府规制具有法定的救济途径和纠错机制，这相当于对规制者进行规制，纠正政府的非理性行为，保障被规制者的正当权益。

市域政府规制可分为经济性规制和社会性规制两类。经济性规制是指政府为了保障公平竞争、防止资源配置低效和确保市民的使用权利，通过许可或认可的方式，对企业的市场进入和退出、产品的价格、服务的数量

[①] 陈富良：《放松规制与强化规制——论转型经济中的政府规制改革》，上海三联书店，2001，第2页。

和质量等进行限制。经济性规制主要针对自然垄断行业和公用事业。

社会性规制是指政府以保障劳动者和消费者的安全、健康、卫生，保护环境、保护未成年人，增进社会福利为目的，通过制定一定的标准去禁止和限制特定的企业行为。社会性规制涉及环境规制、交通规制、教育规制、文化规制等领域。无论是竞争性产业还是垄断性行业，政府都要对它们进行社会性规制。

（二）政府规制的发展趋势

1. 维护多元利益平衡

政府规制涉及企业、消费者、政府等多方利益主体，需要兼顾投资人、企业和消费者的利益，维护社会公平正义。政府规制既不能以行政部门的利益最大化为诉求，也不能偏袒强势利益集团，需要在多元利益要求中寻求均衡，促进包容性发展。为此，需要建立包括生产者、消费者、专家学者和党员干部共同参与的协商机制。

2. 放松经济性规制

自20世纪80年代以来，发达国家进行政府规制改革，放松了市场准入和价格管制，具体途径如下。一是引入竞争，也就是培育新的竞争对手，或对原垄断企业进行业务拆分，允许更多企业进入垄断行业领域。二是民营化改革，具体方式包括合同承包、特许经营、政府补助、法律授权、政府撤资等。三是激励性规制，也就是通过设置激励机制（诱因），促使厂商降低成本，优化生产要素配置。四是非对称规制，是指在同一个垄断行业中，对在位企业和新进入企业实行不同的规制政策，防止企业之间的不正当竞争。

3. 强化社会性规制

随着生活水平的提高，人们会更加注重环境、健康和安全。强化社会性规制的措施主要有：制定技术标准，提高社会性规制的规范性；重组社会性规制机构，强化职能配置；扩大公民参与，强化社会监督。

4. 进行成本收益分析

政府规制是政府提供的一种公共产品，它是有成本的，需要耗费一定的行政和财政资源，同时带来一定的社会收益。政府规制需要考虑边际收益情况，只有当预期收益超过成本时，行政机构才能实施规制。一些政府部门在经济规制过程中,还存在成本较高但收益不明显,以及社会收益部门化、部门收益单位化等问题。

5. 加强对规制者的规制

在规制管理中,行政机构集准立法权、执行权、自由裁量权和准司法权于一身。对于在位企业而言,规制管理提供了寻租机会,即通过游说政府获得非生产性利益。在企业的利益输送下,规制者很容易成为受规制者的俘虏,从而偏离公共利益和社会福利目标。加强对规制者的规制主要有三种途径:一是以政治权力制约规制权力,如强化人大和司法部门的监督;二是以公民权利制约规制权力,即保障公民知情权和参与权;三是以行政改革促进规制改革,即规范规制机构运行。

四 市域自然垄断行业管理

(一) 垄断

垄断是指排他性控制和独占某种经济资源、产品、技术或市场。这种排他性的控制,既可能对经济增长和经济效率产生负面影响,也可能是经济秩序的基本支撑点。譬如,产权就具有排他性,即 A 拥有一套房子的产权,就排斥了 B 的占有权。从形成原因看,垄断现象大体包括五种类型。

一是资源性垄断。这是由于资源的独特禀赋和属性所形成的垄断。比如,浙江的龙井茶、山东莱阳的梨、吐鲁番的葡萄等。

二是技术性垄断。这是指通过发明和创新掌握某种专利技术、特殊工艺、产品秘方而形成的垄断。例如,可口可乐由于其饮料秘方无法仿制,从而长期保持世界饮料业销量第一的地位。政府如果不保护专利和商业秘密,发明和创新的供给就会不足。新技术一旦被研发出来,整个社会都会受益。

三是经营性垄断。企业凭借实力和策略进行市场扩张,或多家企业通过结成经营联盟,在竞争中占据市场主要份额,将竞争对手挤出市场。

四是强制性垄断。依靠政府或其他强制性力量,通过非经济性手段清除竞争对手,形成对市场的排他性独占。这种强制可以是高度非制度化的,如欺行霸市、强买强卖;也可以是高度制度化的,如行政性垄断、政府授权独家经营。

五是自然垄断。一些产业具有规模经济效应，在一定的区域内只能由一家企业经营，若两家企业进入的话，就可能导致两败俱伤。在城市基础设施和公用事业领域中，凡是要进行大规模管道或网络建设的，如供电、供气、供热、铁路等，都属于自然垄断行业。自然垄断行业具有以下经济特征：规模经济效应明显，投资成本具有沉淀性，企业经营具有公益性，垄断企业处于支配地位。

（二）自然垄断行业的政府规制

1. 自然垄断行业的管理现状

长期以来，我国城市自然垄断企业实行政府直接投资和垄断经营，企业领导由政府委派，资金由政府划拨，价格由政府制定，盈亏由政府负担。由于不存在外部竞争压力，企业缺乏忧患意识，经营成本较高，产品价格居高不下。20 世纪 90 年代以来，一些城市对自然垄断行业进行改革，通过引入竞争，实行股份化和民营化改造等措施，取得了一定成效。

2. 自然垄断行业的规制方式

自 20 世纪 80 年代以来，伴随着公用事业的私有化和放松规制的改革，激励性规制成为政府规制发展的新趋势。自然垄断行业常用的激励性规制如下。

特许投标竞争，即在一定的质量要求下，政府通过拍卖的形式，让多家企业参与竞争自然垄断行业的独家经营权，从而在投标阶段形成服务质量和价格竞争，由报价最低的企业取得特许经营权。特许投标竞争由市场决定价格，它提高了垄断性市场的可竞争性，有利于激励企业降低运营成本。特许投标竞争还为规制机构提供了价格规制所必需的成本信息。企业对垄断经营权的竞争，缓解了政府在进行价格规制时所面临的信息不对称问题。

区域间比较竞争，也称区域间标尺竞争。其基本思路是：以与本区域受规制的自然垄断企业具有相似生产技术、市场需求的其他区域企业的生产成本为参照，制定本区域垄断厂商的价格和服务标准，从而激励本区域内垄断企业提高生产效率、降低生产成本、改善服务质量。

价格上限规制。价格上限规制的基本思路是把受规制行业的产品和服务价格与零售价格指数（Retail Price Index, RPI）结合起来，受规制行业的价格上涨幅度不能高于通货膨胀率。同时，该定价机制还考虑到技术进步带来的劳动生产率提高会使行业产品价格下降的情况。这种方法规制的是企业的价格而不是企业的利润，它有利于激励企业提高生产效率和加强创新，因为任何成本降低可能获得的利润都归企业自己所有。

社会契约规制，也称成本合同规制，是指规制机构与受规制企业签订合同，就产品价格、运行成本等主要指标作出约定，规制机构根据企业执行约定的情况实施相应的奖惩措施，鼓励企业降低成本、节约能源、保护环境和提高服务水平。[1]

第三节 市域产业管理

一 城市主导产业选择基准

主导产业是指具有基础性的，同时增长率高、技术先进，对其他产业有较强带动作用的且对整个经济发展起支撑作用的产业或产业群。选择好各个时期的主导产业，能够较好地推动地方产业结构的发展进程，实现资源优化配置，保持经济持续、稳定、快速发展。[2]

选择主导产业的常用的基准有以下几类。

（一）产业关联度基准

产业关联度是指各产业之间的相关程度。一个产业只有与其他产业建立广泛、密切的技术经济联系，才有可能通过聚集经济与乘数效应的作用带动一个城市相关产业的发展，进而带动整个地区的经济发展。因此，产业关联效应是选择城市主导产业的一个重要基准，即应选择那些产业延伸链较长、带动效应大的产业作为主导产业。

（二）社会效益基准

依据社会发展和可持续发展理论，城市主导产业的选择不仅取决于其

---

[1] 〔日〕植草益：《微观规制经济学》，朱绍文、胡欣欣等译校，中国发展出版社，1992，第159页。
[2] 冯云廷主编《城市管理学》，清华大学出版社，2014，第116页。

对经济增长的作用和贡献,而且还要考虑它对城市和区域社会进步所作出的贡献,即除经济效应外,对城市主导产业的选择还应考虑其所能产生的社会效应。

(三) 比较优势基准

比较优势基准包括静态比较优势基准和动态比较优势基准。其中,静态比较优势基准是指根据现行生产要素或资源的相对优势来选择地区主导产业。动态比较优势基准则是指将那些目前比较成本还处于劣势,但未来具有比较成本优势,有可能成为带动本地区产业结构向高级化方向演进的幼小产业扶植为主导产业。

(四) 技术进步基准

技术进步速度是促使生产率提升的最突出因素,因而主导产业技术应居于领先地位,本身具有较强的创新能力。选择技术进步速度快、技术水平高、技术要素密集的产业作为主导产业,有利于保持地区技术创新优势,保持技术领先,同时保证该地区在该产业的区际分工中占据比较利益最大的领域。

(五) 产业发展潜力基准

产业的发展潜力,从根本上说取决于产业的需求收入弹性。需求收入弹性高的产业,其需求扩张幅度随着人均收入水平的提高而不断扩大,产业的增长具有广阔的市场前景,或者说迅速扩张的市场需求会拉动该产业实现较快的增长。因此,把主要大类产品需求收入弹性较高的产业作为主导产业,可以更好地促进居民收入水平的提高和消费结构的变化。

二 市域产业结构调整

(一) 市域产业结构调整的基本特征

当前世界范围内不断加快的信息化进程,对产业经济发展产生了重大而深刻的影响。通信和交通技术的日新月异,尤其是互联网的普及导致信息和知识传递的时空阻碍大幅度减少,同时也促进了物流、信息流的变革。这种变革打破了传统的生产方式的局限进而推动市域产业形态发生变革。

1. 经济中心门槛降低

在传统的制造业背景下，城市要成为经济中心要受资源禀赋、区位条件、科技创新等条件的限制，某些条件的缺失往往决定了该地区不可能成为经济中心。而信息化进程的加快，打破了这一惯例。如今，经济中心的门槛正在降低，甚至只要网络、文化发达就可能成为经济中心城市。

2. 柔性专精的生产方式

传统制造业的特点是在大规模生产的基础上实行全社会范围内的专业化分工协作。随着信息化和科技革命进程的加快，生产社会化程度越来越高，生产规模越来越大，市场化的生产协作越来越广泛，柔性生产方式正在逐步替代过去的刚性大生产方式。

3. 主导型产业与依附型产业

传统观点认为只有主导型产业才有话语权，主导型产业的特点首先表现为自身的高增长率，其次是要能通过前后关联带动其他产业的增长。但是主导型产业的发展毕竟要受到多方面条件的限制，而随着信息化时代的到来，在新型制造业发展过程中，依附型产业同样可以获取高额利润。

4. 产业服务化

随着现代制造业结构形式的不断变革，服务作为中间投入要素已越来越多地融入制造业；制造业企业活动的外包又带动了服务业的发展，服务业与制造业进入了一个高度相关、双向互动的发展阶段。工业生产将变成"服务密集"的生产，这实际上就是通常所说的生产的"软化"。服务作为一种软性生产资料正越来越多地进入生产领域，对提高经济效益和增强产业竞争力产生了重要的影响。

（二）市域产业结构调整的总趋势

1. 经济全球化带来的产业结构调整和转移

经济全球化实质上是一个以跨国公司为主要动力在世界范围内进行产业结构调整与产业转移的复杂过程。在全球化背景下，城市，尤其是国际化大都市的地位不断提升，它们更多地承担起发展地区经济和促进社会发展的责任。由于城市是构成全球运行网络的最基础的单元，它们对全球资源的流动和规则的变化表现得极为敏感。城市在成为全球生产链重要节点的同时，其产业结构也在不断进行重大调整。

2. 高新技术正从深层次上改变着产业结构

以信息技术、生物技术等为代表的高新技术的迅速发展，极大地改变了城市经济产业结构。信息技术作为一个关联度、感应度和催化度极强的产业，不仅加速了生物工程与生命科学、新材料与新能源、航空航天等高新技术产业的成长，而且促进了光学电子、航空电子等边缘产业的诞生。用信息技术改造传统产业，可使其脱胎换骨，并能加速新旧产业融合。

3. 新制度催生新技术，创造新产业，造就新经济

新思想和新创意的涌现，在很大程度上得益于宽松的企业文化氛围和股票期权等激励机制。比如，在研发体制上实现产学研一体化。实践证明，产学研三位一体是科技转化为生产力的最佳方式。当然，灵活的用人制度和正确的产业政策，也是产业结构调整成功的重要保障。

4. 知识型服务业在经济中的比重大幅度增加

随着产业结构调整规模的不断扩大，包括金融、信息、咨询等在内的知识型服务业在国民经济中的比重大幅度增加。信息技术、生物科技和纳米技术将成为影响未来科技进步与产业升级的核心技术。用高新技术，尤其是信息技术改造第一、第二产业，可使趋于衰退的传统产业——农业与制造业的发展实现逆向回归，赢得新的发展空间。知识型服务业需要具有知识和技能的人员来支撑，需要先进的技术来支撑，需要高效的信息来支撑。[①]

第四节　市域发展软环境优化

一　软环境与软环境资源的概念

软环境是相对于硬环境而言的，它是指在城市社会经济运行过程中发挥作用的，除有形的硬件建设之外的各种要素的总和。一个城市的硬环境是软环境的载体，而软环境是城市发展的吸引力、核心竞争力所在，是硬环境得以产生价值和发挥效应的关键因素，是衡量一个城市文明程度的重

---

① 上海福卡经济预测研究所：《无边界浪潮》，学林出版社，2004，第 101~104 页。

要指标。[①]

软环境至少包括三个不同层面：一是改进城市物质生产过程效率的营商环境；二是增进城市社会组织能力的文化环境；三是促进城市系统有序运转的创新环境。

在软环境的三个层面中，营商环境是最基本的软环境因子，它表明了一个城市的经济发展状况及趋势，涉及经济体制及运行状况、市场规模情况、增长潜力及开放程度、产业结构、就业结构、消费结构及水平、政府经济政策及措施等因素。因此，它是影响产业投资活动甚至城市经济增长的最直接的因素。

文化环境作为一种深层次上的软环境，是城市社会和经济发展的人文基础。它的内容比较广泛，包括一个城市的商业传统、价值观念、风俗习惯、道德准则、个性魅力和文明程度等。

创新环境又是建立在文化环境之上的一种城市发展的软环境，它是在当代全球化背景下和国际网络社会中提高城市竞争力和增强城市软实力所必需的组织环境。三个层面的软环境构成了城市发展的战略体系，同时，这一战略体系的构筑是以软科学创造的人文工程为依托的。现代城市发展的经验表明，城市软实力的创造越具科技、文化的高度与潜力，就越有知识密集的产业优势和市场深度。

但是，软环境并不等于软环境资源。软环境资源来自对软环境的开发和利用。与传统意义上的推动城市发展的土地、资本和劳动力资源不同，软环境资源是一种新型的资源形式。与上述那些有形的资源形式相比较，软环境资源有这样几个特征：第一，软环境资源总是借助于有形的资源而存在，它物化于有形资源之中，使得有形资源性能在原来的基础上发生深刻的变化；第二，软环境资源的价值和效益具有较大的弹性，它的作用方式不易被直观衡量；第三，软环境资源的获取必须要有相应的投入，但其收益却有一定程度的滞后性。

[①] 冯云廷主编《城市管理学》，清华大学出版社，2014，第143页。

二 软环境资源在城市发展中的价值

尽管人们对软环境的认识还有待于深化,但有一点已十分清楚,那就是软环境是城市发展过程中的一种"战略性资源",是构成城市竞争力的基本要素。

城市发展的"硬环境"基础优势,可由运输条件和基础设施的改善而表现出来,但是,由软环境所带来的城市变化和发展潜力,将为整个城市发展提供新的基于软环境资源的比较优势。为了适应这种变化,现代城市发展必须制定基于新的比较优势的政策,以便能在未来发展中找到正确的位置。在这个过程中,需要把开发软环境资源作为城市发展战略的一部分来考虑,在此基础上,对过去的政策重新评价,以便获取更具深远意义的城市生存和进一步发展的支撑力量和基础。

考察软环境资源在城市发展中的作用,必须考虑现有的所有准则的适用性与软环境的价值。如果仅仅依据传统的环境概念来看待城市发展,软环境就可能变成一个浮夸的概念。与传统意义上的推动城市发展的资源要素不同,把软环境归类于一种资本形式,不足以凸显它的特性,因为软环境是无形的,是有弹性的,它依附于其他要素,又对其他要素的投入和效率产生支配性影响。

三 市域发展软环境的改善与提升

(一) 市域产业配套环境的提升

产业配套环境是市域当前所面临的最重要的营商软环境。产业配套环境建设是市域产业发展模式转换的条件和基础。更为关键的是,在城市发展过程中,企业及其外部的网络链接对于企业发展、创新以及整体区域经济发展起着关键作用。换言之,市域经济的发展更多地依赖于产业配套环境的改善,它是市域经济持续增长的内生力量。

要实现城市产业配套环境的提升,首先要确定自己的特色产业,并在此基础上,建设专业化产业区。其次要以产业链为主导,以产品和技术为纽带,以产业区为依托,巩固发展具有特色和比较优势的主导产业,并加快发展与之配套的辅助性专业化部门、协作配套部门和服务性部门。要鼓励产业链内的中小企业为龙头企业做好配套服务工作，或鼓励大企业自身进行产业"剥离"，衍生中小企业为其做好配套服务。另外，要按照产业链形成规律确定产业分工及布局，并明确产业政策导向，分类指导推进，充分利用市场机制引导产业配套企业围绕产业链"做大做强"。同时，要把大项目引进与特色产业规划相衔接，有针对性地开展招商工作，拉长产业链条，把一些大项目做成大产业。

（二）市域商务环境的整体改善

任何城市的商务环境的完善程度都或直接或间接地涉及一个企业在该城市中的商务成本。而商务成本是与企业商务投资相关的成本。或者说，商务成本与投资环境密切相关。投资环境的优劣直接影响商务成本的高低，后者依赖于前者，良好的投资环境可在一定程度上降低商务成本，使投资者获得较高的回报。因此，从某种意义上说，改善城市商务环境就是改善城市投资环境。

从商务环境的决定因素上看，投资者初期可能比较重视市场规模和劳动力、能源等成本的降低，而集聚经济水平、交通联系以及劳动力素质和市场发育程度对投资区位选择的影响不大。但是，当城市竞争加剧之后，这种决定投资的因素就发生了变化。现有的劳动力成本、政策引力等因素的影响力开始下降，城市市场发育和经济集聚水平逐渐成为影响区位投资决策的关键因素。因此，整体改善城市商务环境必须从发展市场经济、建立完善的要素市场体系、加强知识产权保护、提高制度和法律的透明度、减少市场风险入手，从而为外部资本的投入提供良好的商务环境。

（三）市域创新网络环境的营造与建设

从某种意义上说，"硬环境"条件是先行投资的积累，只要有足够的资金，几乎任何一个城市都可以具备。而"软环境"条件却不是轻而易举获得的。正因为如此，作为影响知识型产业发展的创新环境才引起人们的重视和探讨。这里所说的"软环境"条件指的就是这样一种创新网络系统。换言之，它是指企业有选择性地与其他企业或机构所结成的持久的稳定关系。通过这种网络系统的构筑，知识密集型产业能获得重要的协同力和技术产品的交叉繁殖能力，从而强化自身竞争优势。

过去一提到"创新"，人们往往会将它归结为技术创新。殊不知，知识密集型产业的发展过程在一定意义上是组织创新的过程，即建立组织网络的过程。当代的许多技术是由原有技术重新组合而成的，因此它需要来自多学科的、系统的研究成果和多方面的能够解决问题的技术知识。单个企业或机构很难迅速开发足够具有竞争力的新产品，它需要行为主体之间的相互作用。尤其是比较复杂的技术系统，更需要大量公司之间的长期的、无限的相互作用才能逐步建立起来。企业间高度关联可减少交易成本，且企业间是平等互惠而不是支配与依存的关系。在这种创新的网络环境中，大企业和小企业并存，国际联系与地区内联系并存，贸易联系与非贸易联系并存。而且，这个复杂交织的联系网络，是根植于本地文化之中的，是与城市职能相互配合的。

纵观我国城市的发展过程，存在着一种比较普遍的现象，即重视与大公司以及与地区外公司的合作，忽视与本地公司的联系和合作，由外部要素嵌入形成的产业基地与当地经济联系薄弱，很难成为促进城市产业结构高级化的增长点。如此下去，会使城市产业发展失去内生的竞争能力。因此，政府在改善城市创新环境的过程中，必须建立一套能顺利运转的体系，这套体系能促使不同部门之间加强联系与协作，并按过程流向建立网络化的组织，以帮助和促使产业活动的发展。

（四）市域文化环境的塑造与丰富

1. 市域文化：市域的灵魂

市域是文化的容器，文化是市域的名片，是市域的灵魂。市域文化是市域独特个性和精华优势的浓缩，市域文化的积累可营造一种重要的投资环境，是市域发展的"吸铁石"。市域文化不仅可以为市域综合实力的提升提供精神动力和智力支持，也可以为市域创造经济价值，增强市域服务功能和提升市域形象。

从市域文化体系的角度来看，市域文化可以分为理念文化、行为文化、商业文化和景观文化四大类。其中，市域理念文化是市域的核心价值观、市域精神、市域本质内涵的高度浓缩和概括。市域行为文化，也可称为制度文化，是市域理念文化的社会化表现。一个城市的行为文化具体表现在城市市民的素质、品位、生活方式，以及城市的人文风貌、私人和公共服务品质等方面。市域商业文化是能够体现市域商业价值观念的文化指导思想和与之相对应的规范化制度的总称，包括商品文化、商业精神文化、商标文化、商业营销文化、商业环境文化等。市域景观文化包括人文景观文化和自然景观文化两个方面，前者以城市建筑为载体，后者以城市所在的自然环境为载体。

市域文化对于城市发展的重要性来源于人们对于文化的需求。一方面，从"物质家园"上升到"精神家园"，从注重物质建设上升到注重文化建设，已经成为城市价值追求的基本趋势。什么样的城市能让生活变得更美好？归结起来，就是既能满足人们日益增长的物质需求，又能满足人们日益增长的精神需求的城市；就是既能为人们身体的幸福栖居提供物质空间，又能为人们心灵的幸福栖息提供文化空间的城市。提升市域文化水平已成为城市发展应顺应的国际潮流，"文化变成市域发展战略的轴心"。另一方面，从"功能城市"上升到"文化城市"，已经成为市域建设理念的全新境界。在西方工业化、城镇化高速发展的历史阶段，为适应提高城镇承载能力的迫切需要，1933 年，国际现代建筑协会（CIAM）发布以"功能城市"为主题的《雅典宪章》，以物质空间为主体的功能主义的城镇建设主流思想随之长期影响世界。但功能主义忽视了人的生活的复杂性和人的需求的多样性，没有解决好城市发展中的诸多问题。随着"城市病"的不断蔓延、加剧，人们逐渐把视角从以"物"为中心向以"人"为中心转变。"文化城市"成为当前市域建设的最先进理念。[①]

2. 市域文化环境构成要素

在现实中，市域文化环境主要包括标志性建筑、城市文化设施、现代街区、风景名胜和城市整体特征五个要素。标志性建筑（含城市雕塑）对于城市形象的构成有着画龙点睛的作用。绝大多数标志性建筑有着"三优"的共性：那就是优越的选点、优秀的设计和优美的环境，三者缺一不可。城市文化设施是营造市域文化环境必不可少的要素，不论是传统的旧街区还是新建设的现代街区，都是展现市域文化的重要场景。现在许多城市开始认识到在旧城更新发展中，保护、保存传统历史文化街区是重要的文化复兴活动，它对于城市文脉的延续、对于民风民俗的展现有着不

---

① 于学权：《对城市文化建设的思考》，《吉林日报》2011 年 1 月 15 日。

可替代的作用。现代街区包括产业区、居住区、文教区和商业区，它们从不同的侧面体现着现代城市文明的风采。风景名胜自古以来就是城市文化的重要标志。对于历史文化名城，要保护、发掘、利用其风景名胜；对于新开发的城市，则需要从规划之日起，有意识地打造体现时代和城市整体特色的风景名胜。自然特色是构成城市整体特征的本底，人为建设风貌是构成城市整体特征的能动因素，两者的结合则体现了城市文化的水平和特色。

3. 塑造和丰富市域文化环境

加强市域文化环境建设必须在坚持培育市域特色的前提下，大力丰富市域文化的内涵，不断提升城市文化环境品质，具体包括以下内容。

（1）大力加强观念文化建设，培育形成良好的城市精神。观念性的文化是市域文化的内核，在历史上和现实中发挥着灵魂统领作用。要从城市历史发展的前前后后、社会生活的方方面面，深入挖掘城市发展方式、居民生活方式中蕴含的形形色色的文化理念、价值观念，从中提炼最具地域代表性、时代先进性和市民认可度的思想观念和城市精神。坚持把这种文化个性极强的思想观念和城市精神，贯穿城市发展全过程中，在政府实践中贯彻和发展，在市民群体中培育和弘扬。

（2）大力加强制度文化建设，培育形成良好的城市品格。制度性的市域文化是城市特色的体现，也决定着城市的物质空间的风格和品位。每个城市都应该从有利于城市特色发展、城市品位提升出发，对城市的建设和管理以及经济和社会活动的制度体系进行深入反思和积极改善，对市民生产生活中蕴含的具有传统性、地域性的道德风尚、风俗习惯、民间文艺等给予正确引导和积极塑造，让优良的、宝贵的文化传统和健康、积极、先进的社会风尚成为城市文化的主流。

（3）大力加强景观文化建设，培育形成良好的城市风貌。城市内具有历史性、地域性的布局、街道、建筑等空间和景观，是城市传统文化、地域文化以及文化个性的集中体现。应该深入认识旧城的风格特点和文化价值，加强对风格特色的保持和维护。在进行新城建设时尽量不要破坏历史风貌，尽量保持原有风格，在城市格局、街巷肌理、建筑形制等方面针对文化个性在一脉相承的基础上给予创新体现。

(4) 大力加强城市文化设施建设，形成覆盖全城的公共文化服务体系。要坚持以人为本、整合资源、统筹兼顾、弘扬特色的原则，全面推进文化设施建设，完善城市文化发展格局，建设布局合理、发展均衡、网络健全、运营高效、服务优质、覆盖全城的公共文化体系。应按照优化结构、均衡布局、突出重点、分级配置的思路，大力推进文化馆、科技馆、艺术馆、图书馆、博物馆、体育馆、影剧院、广电网、互联网、文化广场等公共文化设施的建设；大力开展文化节、艺术节、电影节、音乐会、联欢会、文艺晚会等丰富多彩的公共文化活动，以不断丰富城市文化生活。

(5) 大力加强文化遗产保护，把文化开发与文化保护统一起来。应把握现代文化与传统文化的亲缘性和连续性，不能把两者割裂开来。传统文化不等于落后文化，要认识到传统文化的宝贵之处，而现代文化必须把积极的、优秀的传统文化进一步发扬光大；现代文化不等于先进文化，不能让低劣的所谓现代文化挤占、污染健康的传统文化的生长空间。在现代文化的潮流中，只有以对历史负责的精神和真正科学的态度，保护好城市自身的文化传统，保持城市发展的连续性，才能使城市焕发恒久的文化魅力。

第七章　市域社会建设

第一节　市域公共服务建设

一　市域公共服务概述

（一）市域公共服务含义

市域公共服务是在市级行政区域范围内，政府、公益性社会机构或市场主体为满足居民公共服务需求，提供的一系列公共服务设施和服务。从服务供给的权责分类来看，公共服务包括基本公共服务、普惠性非基本公共服务两大类。其中，基本公共服务是保障人民生存和发展基本需要、与经济社会发展水平相适应的公共服务，由政府承担保障供给数量和质量的主要责任，引导市场主体和公益性社会机构补充供给。普惠性非基本公共服务是为满足公民更高层次需求、保障社会整体福利水平所必需但市场自发供给不足的公共服务，政府通过支持公益性社会机构或市场主体，增加服务供给、提升服务质量，推动重点领域非基本公共服务普惠性发展，实现大多数公民以可承受价格付费享有。此外，为满足公民多样化、个性化、高品质的服务需求，一些完全由市场供给、居民付费享有的生活服务，可以作为公共服务体系的有益补充，政府主要负责营造公平竞争的市场环境，引导相关行业规范可持续发展，做好生活服务与公共服务衔接配合。随着我国经济社会发展水平的不断提升，基本公共服务、非基本公共服务与生活服务之间的边界也将发生变化，公共服务体系的范围、水平和质量都将稳步有序提升，不断满足人民群众日益增长的美好生活需要。①

市域公共服务建设是政府公共管理职能的体现，是政府服务的重要领域之一。完善市域公共服务建设有助于为居民提供高效、优质的服务，满足居民的精神文化及其他社会生活需求，对于提高居民生活水平和居民幸福感具有重要意义，有助于维护社会和谐稳定、保障和促进社会公平正义。另外，推进市域公共服务建设有助于公共服务设施的完善，为企业的人才和技术需求提供基础保障，带动城市产业发展，提升城市经济效益。

市域公共服务建设需要政府多方面投入，加强资源配置，提高服务质量，不断创新服务模式，为广大居民提供更加全面、便捷、优质的公共服务。只有不断改革完善市域公共服务体系，才能更好地满足居民的需求，为居民创造良好的生活和工作环境，促进和谐社会发展。

（二）"市"在公共服务中的地位和功能

"市"在我国公共服务建设中具有重要地位。城市是人类文明的结晶，是优质公共服务资源的聚集地。② 与县、乡相比，"市"拥有配套更为齐全的公共服务体系，集中了大量建筑、物资、商品、资金等经济资源，是一定地域内生产力最发达的地方，也是知识、技术最密集的地方。③"市"承担着组织、协调和管理公共服务的职责，为居民提供教育、医疗卫生、基础设施建设等各项公共服务，满足居民基本需求和企业发展需求，促进城市经济和社会发展。具体而言，在公共服务建设中，"市"的功能、地位主要有以下几个方面的体现。

第一，在我国行政架构中，"市"处在承上启下的关键环节，既是上级政策的执行者，一定程度上又是政策制定者。市级政府具备一定的行政权力，在该地区内负责公共服务的组织、协调和管理。

第二，社会事务管理。市级政府负责管理和推动本市社会事务的发展，包括社会保障服务，兴办和支持教育、科技、文化、医疗卫生、体育

---

① 《"十四五"公共服务规划》，中国政府网，https：//www.gov.cn/zhengce/zhengceku/2022-01/10/5667482/files/301fe13cf8d54434804a83c6156ac789.pdf.
② 杨宏山编著《城市管理学》（第三版），中国人民大学出版社，2019，第5页。
③ 杨宏山编著《城市管理学》（第三版），中国人民大学出版社，2019，第11页。

等公共事业。市级政府在这些领域制定政策、投入资源、组织项目、监督执行，以满足居民的基本需求。

第三，基础设施建设。市级政府负责城市基础设施的投资和维护，包括道路、通信、水利、电力、城市绿化等。城市基础设施是城市系统的物质构成，同时也是支持城市经济社会运行最基础的物质条件，是支持城市系统运行的基本架构。[①] 基础设施的建设和改善直接影响居民的生活质量和满意度。

第四，医疗卫生服务。市级政府负责卫生健康领域的公共服务提供，为居民提供基本的医疗保障，具体内容包括组织和管理医疗卫生机构，推动健康教育，提供基本医疗服务，开展疾病防控工作等。

第五，教育服务。市级政府负责教育领域公共服务的提供，投入资源建设学校，制定教育政策，推动素质教育发展。此外，市级政府还负责组织和监督学校管理，保障公民的受教育权利。

二 市域公共服务供给

（一）市域公共服务供给取得的成就

第一，市域的基本公共服务均等化水平不断提高。基本公共服务制度体系更加健全，尝试建立市域基本公共服务清单制度，进一步明确了市域向人民提供基本公共服务的底线范围。基本公共服务资源持续向基层、边远地区和困难群众倾斜，区域人群间基本公共服务差距不断缩小。中西部地区公共服务设施条件明显改善，部分指标逐步追平东部地区。城乡之间制度性差异明显减少，实现了"新农合"与城镇居民医保制度并轨运行，全面建立统一的城乡居民医保制度，统筹城乡的居民基本养老保险制度逐步健全。基本公共服务逐步覆盖全部市域常住人口。

第二，市域公共服务供给保障能力全面提升。一般公共预算中基本公共服务领域支出持续增加，重点领域服务保障能力明显增强。市域覆盖全学段的学生资助政策体系更加完善；市域健康保障能力显著提升；市域公共文化体育设施更加完善，公共体育服务网络基本形成；市域养老服务能

---

① 王德起、谭善勇编著《城市管理学》，中国建筑工业出版社，2009，第135页。

力加快提升；市域婴幼儿照护服务发展速度加快；市域困难残疾人生活补贴、重度残疾人护理补贴进一步落实；市域公租房保障能力增强，低保、低收入住房困难家庭基本实现应保尽保。

第三，市域生活服务快速发展。高端医疗、文化、旅游、体育、家政等服务逐渐成为广大人民群众服务消费的重要组成部分，生活服务取得长足发展。市域的文化及相关产业实现增值，占 GDP 的比重增加；市域的体育产业总规模不断扩大，实现较快增值；市域的家政服务业加速提质扩容，实现家政服务营收和从业人员人数的双重增长。生活服务新业态、新模式不断涌现，朝数字化、网络化、智能化、多元化、协同化方向发展。

第四，市域人民生活得到显著改善。幼有所育、学有所教、劳有所得、病有所医、老有所养、住有所居、弱有所扶取得新进展、新成效。截至 2020 年：市域的劳动年龄人口平均受教育年限超过十年，义务教育普及程度达到世界高收入国家平均水平；市域的社会保障体系规模不断扩大，基本医疗保险和基本养老保险基本实现全覆盖；市域人口的主要健康指标已经总体上优于中高收入国家平均水平；市域的住房保障体系不断完善，帮助困难群众改善了住房条件；市域应对突发事件的公共服务能力和水平大幅提高。[①]

（二）市域公共服务供给存在的问题

"十四五"时期是我国全面建成小康社会、实现第一个百年奋斗目标之后，乘势而上开启全面建设社会主义现代化国家新征程、向第二个百年奋斗目标进军的第一个五年。市域人民群众日益增长的美好生活的需要对公共服务体系提出了新的更高要求。

第一，我国社会主要矛盾已经转化为人民日益增长的美好生活需要和不平衡不充分的发展之间的矛盾，人民群众对美好生活更加向往，教育、医疗、养老、托育等公共服务保障水平成为影响人民群众获得感、幸福感、安全感的重要因素，这向市域公共服务供给提出了新要求。

第二，市域人口结构持续变迁，老龄化程度进一步加深，家庭结构小

[①] 《"十四五"公共服务规划》，中国政府网，https://www.gov.cn/zhengce/zhengceku/2022-01/10/5667482/files/301fe13cf8d54434804a83c6156ac789.pdf。

型化趋势明显，人员流动更加频繁，人民群众生存发展对公共服务的依赖性逐渐增强，进而公共服务供给的压力进一步增加。

第三，国际国内环境的深刻变化，世界正在经历百年未有之大变局，新一轮科技革命深入发展，大数据、云计算、人工智能、物联网、区块链等新技术手段涌现，不稳定性不确定性明显增加，科技在助推市域公共服务发展的同时也向其提出了新的挑战。

第四，市域公共服务发展不平衡不充分的问题仍然比较突出，基本公共服务仍存短板弱项，普惠性非基本公共服务供给不足，优质资源总体短缺，扩供给促普惠仍需下更大功夫。此外，公共服务资源配置机制不尽完善，设施布局与人口分布匹配不够，服务效能有待提高。[①]

三　市域基本公共服务均等化

《"十四五"公共服务规划》指出，"十四五"时期，健全完善公共服务制度体系、推动公共服务发展，是落实以人民为中心的发展思想、改善人民生活品质的重大举措，是促进社会公平正义、扎实推进共同富裕的应有之义，对增强人民群众获得感、幸福感、安全感，促进人的全面发展和社会全面进步，具有十分重要的意义。推动市域基本公共服务均等化是健全完善公共服务制度体系的重要组成部分，对于完善市域治理具有重要意义。

（一）市域基本公共服务均等化的内涵

市域基本公共服务均等化指市域中的个人享受基本公共服务机会的均等化和基本公共服务享有结果的相对均等。市域基本公共服务均等化不是绝对的平均主义，而是一种相对的结果均等，即政府能够为居民提供大体相当的基本公共服务，并能在不同发展阶段满足居民对基本公共服务的不同需求，最终使市域范围内的居民享有的公共服务的质量和水平能实现一种相对的平衡。

市域加快提升基本公共服务均等化水平，要做到以下几个方面。首先，推动市域基本公共服务缩小差距。一是加大财政转移支付向特殊类

---

① 《"十四五"公共服务规划》，中国政府网，https://www.gov.cn/zhengce/zhengceku/2022-01/10/5667482/files/301fe13cf8d54434804a83c6156ac789.pdf。

型地区的倾斜力度，推进基本公共服务体系建设，完善地方基本公共服务支出保障机制，不断提高特殊类型地区基本公共服务供给水平；二是完善基本公共服务区域合作机制，鼓励具备条件的城市群、毗邻地区加强基本公共服务标准统筹，搭建区域内基本公共服务便利共享的制度机制；三是开展发达地区和欠发达地区基本公共服务在线对接，扩大优质服务资源辐射覆盖范围，缩小地区差距；四是完善城市群公共服务便利共享制度安排。

其次，加快市域基本公共服务制度统筹。一是推进城乡基本公共服务标准统一、制度并轨；二是结合户籍管理制度改革，健全以居民身份证号码为标识、与居住年限相挂钩的非户籍人口基本公共服务提供机制，稳步实现基本公共服务由常住地供给，覆盖全部常住人口；三是落实农业转移人口市民化的财政支持政策，完善异地结算、钱随人走等相关制度安排，保障符合条件的外来人口与本地居民平等享有基本公共服务。

最后，优化基本公共服务对象认定制度。一是完善最低生活保障家庭、最低生活保障边缘家庭、特困人员认定办法。根据各地实际制定与当地经济社会发展水平相适应的最低生活保障家庭财产限定标准或条件，综合考虑居民人均消费支出或人均可支配收入等因素，结合财力状况动态调整。二是进一步完善和落实社会救助和保障标准与物价上涨挂钩的联动机制。将优抚对象优先纳入覆盖一般群众的救助、养老、医疗、住房以及残疾人保障等各项社会保障制度。三是进一步完善覆盖全学段的学生资助体系，加强教育、民政、乡村振兴等部门的数据比对和信息共享，按规定将符合条件的家庭经济困难学生纳入学生资助和社会救助范围，健全应助尽助机制，提升精准资助水平。四是推进公办养老机构入住综合评估制度，优先满足失能老年人的基本养老服务需求。研究做好老年人能力评估标准、长期护理保险失能等级评估标准、残疾军人和伤残民警残疾评定标准、职工工伤与职业病致残程度鉴定标准、国家残疾人残疾分类和分级标准等的衔接。[1]

---

[1] 《"十四五"公共服务规划》，中国政府网，https://www.gov.cn/zhengce/zhengceku/2022-01/10/5667482/files/301fe13cf8d54434804a83c6156ac789.pdf.

(二) 市域基本公共服务均等化的意义

市域基本公共服务均等化对于市域治理的完善和促进市域经济发展都具有重要意义。

第一，市域基本公共服务均等化有助于促进区域协调发展。在经济发展不平衡的背景下，不同地区之间在基本公共服务方面存在较大差距，市域通过推进基本公共服务均等化，可以促进区域协调发展，使各地区之间的差距逐渐缩小，进而实现经济的均衡发展。

第二，市域基本公共服务均等化有助于提高人民群众的生活质量。基本公共服务是人民群众生存和发展的基础，是人民群众最关心、最直接、最现实的利益问题之一，市域通过推进基本公共服务均等化，可以提供更加优质、便捷、高效的基本公共服务，提高人民群众的生活质量，增强人民群众的获得感和幸福感。

第三，市域基本公共服务均等化有助于促进社会和谐稳定。基本公共服务均等化，实质上是一项促进社会公平、维护社会和谐稳定的公共政策。[①] 市域基本公共服务均等化，可以促进社会公平正义，减少社会矛盾和冲突，进而维护社会和谐稳定。

四 建设市域高质量公共服务体系

(一) 建设市域高质量公共服务体系的原则

第一，界定科学，权责清晰。坚持社会效益优先，突出社会公平，科学界定基本和非基本公共服务范围，明确政府和社会、个人的权责边界，突出政府在基本公共服务保障中的主体地位，合理增加公共消费，保持适当的民生支出力度和效度，保障民生改善的稳定性和可持续性。

第二，尽力而为，量力而行。充分考虑经济发展状况和财政负担能力，既要关注回应群众呼声，统筹各渠道资源，稳妥有序提升公共服务保障水平，又要合理引导社会预期，不吊高胃口、不过度承诺。新增公共服务事项要加强事前论证和风险评估，实现公共服务保障与经济社会发展

[①] 范柏乃、唐磊蕾：《基本公共服务均等化运行机制、政策效应与制度重构》，《软科学》2021年第8期。

"同频共振"。

第三,政府主导,分类施策。统筹有效市场和有为政府作用,强化各级政府对基本公共服务供给的兜底责任,不断织密民生保障网,立足社会公平持续推进基本公共服务均等化。发挥政府引导作用,优化资源配置,吸引社会力量参与,不断扩大普惠性非基本公共服务供给。充分发挥市场机制作用,加强标准化品牌化建设,鼓励生活服务高品质多样化升级。

第四,多元参与,共建共享。厘清政府权责边界,强化政府基本公共服务兜底保障职责。进一步放宽市场准入,放管结合,支持社会力量参与公共服务,发挥好各类企事业单位、协会商会、公益团体等市场主体和社会组织的作用。调动群众自我管理自我服务的积极性,广泛参与公共服务,形成政府、社会、个人协同发力、共建共享的公共服务发展格局。[1]

(二)建设市域高质量公共服务体系的对策

建设市域高质量公共服务体系,应紧扣服务设施布局、生产供给、服务享有、要素保障等关键环节,科学谋划、改革创新,系统推动公共服务提质增效,不断增强公共服务体系对国家重大战略实施的支持能力。

第一,统筹规划市域公共服务设施布局。一是科学规划服务半径和服务人口。公共服务设施建设选址应贴近服务对象,与服务半径和服务对象数量、年龄结构等因素有机衔接。幼儿园和小学、社区养老托育设施、卫生站(室)等服务提供频次高、服务对象活动能力弱的公共设施,应适度控制设施规模、合理安排设施密度。人员居住相对分散的偏远地区,因地制宜、统筹布局固定服务设施和流动服务设施,流动服务应明确服务时间和地点并保持相对稳定,提高该地区居民享受公共服务的便利性。二是合理控制公共服务设施规模。公共服务设施建设坚持功能优先、经济适用的原则,不宜盲目追求大规模的综合性设施。对于高频次服务设施,应适度减小规模、增加布点,通过设立总分馆(院)、打造连锁布局等多种方

---

[1] 《"十四五"公共服务规划》,中国政府网,https://www.gov.cn/zhengce/zhengceku/2022-01/10/5667482/files/301fe13cf8d54434804a83c6156ac789.pdf。

式形成服务合力,共享优质资源。对于服务频次相对较低或多个服务事项具有较强相关性的设施,应统筹考虑服务链条,适度集中布局,推广"只跑一次"等已有成功经验,简化办理流程。在鼓励应用现代信息技术提高服务便利性的同时,为老年人、残疾人等特殊人群保留必要的现场服务窗口。三是加强毗邻地区设施共建共享。配合区域协调发展战略、国家新型城镇化战略等的实施,加强跨地区统筹协调,鼓励毗邻地区打破行政区划限制,统筹公共服务标准,互联互通相关信息数据,充分发挥地区比较优势,共建共享公共服务设施,为市域居民就近享有公共服务提供便利条件。

第二,构建市域公共服务多元供给格局。一是深化事业单位改革。加快推进政事分开、事企分开、管办分离,优化布局结构,完善制度机制,强化公益属性,提高治理效能,促进新时代公益事业平衡充分高质量发展。聚焦普惠性、基础性、兜底性公共服务需求,引导公共事业资源服务供给。统筹盘活用好沉淀和低效配置的事业编制资源,加大对人口集中流入地区统筹调剂力度,解决义务教育、基本医疗、公共文化等编制急需。原则上能够通过政府购买等方式提供的公共服务,不再直接举办事业单位提供。二是鼓励社会力量参与。完善相关政策,放开放宽准入限制,推进公平准入,鼓励社会力量通过公建民营、政府购买服务、政府和社会资本合作(PPP)等方式参与公共服务供给。在资格准入、职称评定、土地供给、财政支持、政府采购、监督管理等方面公平对待民办与公办机构,及时清理和废除妨碍公平竞争的各种规定和做法。深化"放管服"改革,全面清理整合涉及社会力量进入公共服务领域的行政审批事项,整合公共服务机构设置、执业许可、跨区域服务等审批环节,优化审批流程,提高审批效率。三是支持社会组织发展。大力培育和发展面向社区居民提供各类公共服务的社区组织。支持社区组织承接社区公共服务,开展社区志愿服务。逐步扩大政府向社会组织购买服务的范围和规模,对民生保障、社会治理、行业管理、公益慈善等领域的公共服务项目,同等条件下优先向社会组织购买。大力发展慈善组织,广泛动员志愿服务组织和志愿者参与公共服务提供,鼓励企事业单位提供公益慈善服务。完善激励保障措施,落实慈善捐赠的相关优惠政策,共同营造社会力量参与公共服务的良好环境。四是发挥国有经济作用。进一步明确国有经济参与公共服务的领域和条件，推动国有资本在提供公共服务、应急能力建设和公益性服务等领域发挥更大作用。支持参与公共服务的国有企业壮大产业集团、做大做强品牌，重点培育发展一批实力雄厚、具有较强竞争力和影响力的大型社会服务企业和企业集团。鼓励和引导国有经济以兼并、收购、参股、合作、租赁、承包等多种形式参与公共服务，拓宽国有经济进入渠道。

第三，提高市域公共服务便利共享水平。一是推进新技术创新应用。推动数字化服务普惠应用，充分运用大数据、云计算、人工智能、物联网、区块链等新技术手段，鼓励支持新技术赋能，为人民群众提供更加智能、更加便捷、更加优质的公共服务。促进"互联网+公共服务"发展，推动线上线下融合互动，支持高水平公共服务机构对接基层、边远和欠发达地区。促进人工智能在公共服务领域推广应用，鼓励支持数字创意、智慧就业、智慧医疗、智慧住房公积金、智慧法律服务、智慧旅游、智慧文化、智慧广电、智能体育、智慧养老等新业态新模式发展。促进公共服务与互联网产业深度融合发展，大力培育跨行业跨领域综合性平台和行业垂直平台。探索"区块链+"在公共服务领域的运用。加快信息无障碍建设，切实解决老年人等特殊群体在运用智能技术方面遇到的突出困难，帮助老年人、残疾人等共享数字生活。充分发挥全国一体化政务服务平台一网通办枢纽作用，推动更多公共服务事项网上办、掌上办、一次办，持续提升公共服务数字化智能化水平。二是推动服务数据互联互通。探索实施民生档案跨区查档服务项目，建立互认互通的档案专题数据标准体系。推进数字政府建设，强化教育、医疗卫生、社会保障、社会服务等重点领域数据信息交换共享，加快实现民生保障事项"一地受理、一次办理"。加强部门间信息共享和证明互认，通过完善信用监管、全面推进告知承诺制等方式，实施证明事项清单管理制度，减少不必要的证明事项。加强地区间的信息互联互通，积极推进残疾人"两项补贴"跨省通办、社会关系转移接续、流动人员人事档案信息化管理、异地就医结算等便利服务。逐步建立以社会保障卡为载体的居民服务"一卡通"。建立健全政府及公共服务机构数据开放共享规则，在加强公共服务数据安全保障和隐私保护的前提下，推动医疗卫生、养老等公共服务领域和政府部门数据有序开放。

三是推动服务重心向基层下沉。在明确服务标准规范的基础上,强化街道、乡镇和社区的基本公共服务职能,加强基层人财物保障,持续改善各类公共服务设施条件,推动基层综合公共服务平台统筹发展、共建共享。推进审批权限和公共服务事项向基层延伸,推动医疗卫生、就业社保、养老托育、扶残助残、家政服务、物流商超、治安执法、纠纷调处、心理援助等便民服务场景有机集成和精准对接。推动基本公共服务与社会治理深度融合,实现社区综合服务中心等基层公共服务供给站点与以社区网格员为主体搭建的社会治理网络有机结合。培养专业化、专职化的城乡社区工作者队伍。

第四,健全市域公共服务要素的保障体系。一是完善财力保障制度。落实公共服务领域中央与地方财政事权和支出责任划分改革要求,优化财政支出结构,加大中央和省级财政对基层政府提供基本公共服务的财力支持力度。将更多公共服务项目纳入政府购买服务指导性目录,完善财政、融资和土地等配套优惠政策。规范购买流程,按照政府采购法律制度规定确定承接主体,实行竞争择优、费随事转。进一步完善政府购买公共服务的绩效管理。加大金融支持力度,综合利用债券、保险、信贷等方式,为公共服务项目融资提供支持。二是强化人才队伍建设。进一步完善统一开放、竞争有序的人才资源市场,积极探索人才服务新模式,促进公共服务人才有序流动和合理配置。充分发挥高等学校、职业学校、科研院所作用,大力培养公共服务人才。健全公共服务从业人员教育培训制度,定期组织职业培训和业务轮训,提高公共服务专业化水平。探索公办与非公办公共服务机构在技术和人才等方面的合作机制,对非公办机构的人才培养、培训和进修等给予支持。三是保障设施用地需求。根据多层次多样化公共服务需求,优化土地供应调控机制,有效保障公共服务用地供给。将公共服务机构和设施用地纳入相关规划和年度用地计划并优先予以保障,农用地转用指标、新增建设用地指标分配要适当向公共服务机构和设施建设用地倾斜。在符合相关法律法规的前提下,鼓励利用低效土地、房屋建设公共服务机构和设施。符合条件的公共服务设施和机构建设用地,可采取划拨方式予以保障。探索实行长期租赁、先租后让、租让结合的弹性土地供应方式。四是优化资源配置机制。细化完善公共资源与常住人口挂钩、与服务半径挂钩的制度安排，提高公共服务的有效覆盖率。逐步完善精准服务、主动响应的公共服务提供机制，实现从"人找服务"到"服务找人"的转变。逐项明晰公共服务标准及所需的软硬件标准规范，加强对公共服务供给水平和质量的有效评估监管，建立健全公共服务需求表达和反馈机制，并根据评估结果动态调整国家基本公共服务清单，不断完善公共服务资源配置。

第五，强化市域服务国家重大战略的能力。一方面，促进人口长期均衡发展。提高优生优育服务水平，发展普惠托育服务体系，推进教育公平与优质教育资源供给，减少家庭教育开支。完善生育休假与生育保险制度，加强税收、住房等支持，保障女性就业合法权益。对全面两孩政策调整前的独生子女家庭继续实行现行各项奖励扶助制度和优惠政策。建立健全计划生育特殊家庭全方位帮扶保障制度，完善政府主导、社会组织参与的扶助关怀工作机制，维护好计划生育家庭合法权益。另一方面，助力区域间协调发展。健全城市群公共服务便利共享制度安排和成本共担、利益共享机制，推动京津冀、长三角、粤港澳大湾区和成渝等主要城市群率先实现基本公共服务常住人口全覆盖，逐步实现区域内服务标准相互衔接、服务信息互联互通、服务事项异地享有。加强边境地区公共服务设施建设，增加优质服务资源配置，发挥公共服务暖心留人、稳边固边的积极作用。[1]

第二节 市域社会组织建设

一 市域社会组织概况

（一）市域社会组织的概念、分类和作用

社会组织在民主参与、社会服务、稳定和谐、公共服务以及社会变革和创新等多个领域发挥重要作用，社会组织建设是推进国家治理体系和治理能力现代化建设的重要组成部分。自党的十七大正式具体完整阐述

---

[1] 《"十四五"公共服务规划》，中国政府网，https://www.gov.cn/zhengce/zhengceku/2022-01/10/5667482/files/301fe13cf8d54434804a83c6156ac789.pdf。

"社会组织"概念以来，我国社会组织改革加速推进，社会组织在社会治理中的作用也日益凸显。市域社会组织是在市域范围内，为了满足市域范围内成员的不同发展需求参与各个领域事务的非政府、非营利性组织。

市域社会组织包括市、区民政部门依法登记的社会团体、民办非企业单位、基金会。社会团体是指公民自愿组成，为实现会员共同意愿，按照其章程开展活动的非营利性社会组织。民办非企业单位是指企业事业单位、社会团体和其他社会力量以及公民个人利用非国有资产举办，从事非营利性社会服务活动的社会组织。基金会是指利用自然人、法人或者其他组织捐赠的财产，以从事公益事业为目的，按照相关条例规定成立的非营利性法人。从市域社会组织发展现状来看，根据《2021年民政事业发展统计公报》，截至2021年底，我国共有社会组织90.2万个，市级登记的社会组织共有157888个；而《2022年民政事业发展统计公报》显示，截至2022年底，我国共有社会组织89.1万个，市级登记的社会组织共有156301个。尽管从2021年至2022年社会组织总数有所下降，但市级社会组织在社会组织中的占比却由17.50%提高到17.54%，一定程度上可以说明市级社会组织发展态势良好。

（二）"市"在社会组织建设中的地位和功能

"市"在社会组织建设中具有重要的地位和功能。截至2021年底，我国常住人口城镇化率达到64.72%。[①] 城市为居民提供配套设施，打造健康安全居住环境，市域社会组织在其中发挥重要作用。

"市"作为社会组织建设的重要单位，对于社会组织的注册、管理等发挥着重要作用。根据2016年修订的《社会团体登记管理条例》，市域范围内社会组织的成立、登记和管理事项主要由所在地的市级政府负责。市级政府有权审查和登记社会组织，承担对社会组织的管理、指导和监督职责，确保社会组织合法运行和积极发展。因此，"市"作为社会组织的注册和管理的窗口，对社会组织的合法和稳定运行起到了至关重要的作用。

---

① 《住建部：2021年我国常住人口城镇化率达到64.72%》，中国新闻网，https://m.chinanews.com/wap/detail/chs/zwsp/9852055.shtml。

(三) 市域社会组织在社会建设中的作用

作为以增进社会利益为目的的非营利性机构，社会组织是中国社会治理体系的有机组成部分，并逐渐成长为基层社会治理新格局打造中不可或缺和替代的力量。① 市域社会组织在社会建设中的作用具体包括以下三个方面。

首先，市域社会组织可以有效地协调政府与个人之间的关系，减少社会矛盾，维护社会稳定。一是能够贴近民众，充分收集和传达人民群众的多种诉求，及时响应民众的社会需求；二是可以在听取、汇集、反馈民意基础上，有效动员、对接社会力量和社会资本，及时回应问题、预防矛盾的发生；三是能够构建一个沟通协商平台，协调民众之间、民众和政府之间的利益矛盾冲突，及时化解社会矛盾纠纷或防止矛盾纠纷激化。

其次，市域社会组织在满足居民个性化公共服务需求方面具有突出优势。市域社会组织能够根据社区居民的需求，提供多元化服务，其能够通过组织各种文化活动，丰富社区文化、提升居民文化素养，有效满足居民的多元化需求。

最后，市域社会组织有助于提升基层社会治理的有效性。一方面，市域社会组织能够为广大居民提供一个参与社区建设和管理的平台，能够促进居民更加积极地参与到社区的各种活动中，增强居民对社区的归属感和责任感。另一方面，其中的社会组织，例如社工机构，基于先进的服务理念和专业的服务方法，遵循"助人自助"原则，注重发挥服务对象的潜能，实现对服务对象的系统赋能；同时，其强调人在情境中，帮助服务对象层级化、系统化地梳理问题成因及解决之道。此外，市域社会组织还能够在推动社会道德建设方面发挥积极作用，其通过引导公众遵守社会规范、传播正能量，促进健康和谐社会环境的营造，进而推动提升基层社会治理有效性。

综上所述，市域社会组织在社会建设中的作用不可或缺，其在提供社会服务、协调社会关系、推动社会治理以及促进道德建设等方面都起到了

---

① 张冉、楼鑫鑫：《中国基层社会组织发展的迭代逻辑与推进路径——基于组织生态学视角》，《甘肃社会科学》2023年第3期。

重要作用。

二 市域社会组织建设的资源条件

市域社会组织的发展和经济资源、政治资源、公共服务资源以及社会需求资源等紧密相关。

一是从经济资源上看,市场经济改革拓展了社会治理空间,促进了社会组织的发展。国家财政安排专项资金支持社会组织参与社会服务,加强社会组织能力建设,有计划有重点地扶持一批品牌性社会组织,如对社会组织采取各项税收优惠政策,这有力拓展了社会组织发展的经济资源。

二是从政治资源上看,作为与政府公共组织和市场企业组织并存的第三部门,社会组织具有弥补政府缺陷和市场不足的一般功能。[①] 相关的法律法规为市域社会组织提供了有利的注册登记、经费管理、项目执行等方面的法律环境,有力促进了市域社会组织发展。

三是从公共服务资源和社会需求资源来看,我国各级政府积极创新公共服务供给方式,大力推行政府向社会组织购买服务政策,推动政府职能转变,整合利用社会资源,促进社会组织发展。市级政府顺应民众需要,为市域社会组织提供更多发展机遇。

三 市域社会组织高质量建设的原则与对策

(一) 市域社会组织高质量建设的原则

第一,坚持党建引领,保证发展方向。持续深入学习贯彻习近平新时代中国特色社会主义思想,健全完善党建工作机制,有效实现党的组织和党的工作全覆盖,将党建工作融入社会组织运行和发展全过程,确保社会组织正确发展方向。

第二,坚持政治属性,履行法定职责。强化社会组织登记管理机关的政治机关属性,既履行法定职责,又突出政治功能。健全完善内部治理和活动管理,坚定不移引领社会组织走好中国特色发展之路,引导社会组织

---

① 马庆钰、贾西津:《中国社会组织的发展方向与未来趋势》,《国家行政学院学报》2015年第4期。

听党话、感党恩、跟党走。

第三，坚持人民至上，加强能力建设。落实以人民为中心的发展思想，严格社会组织登记审查和执法监督，切实维护最广大人民群众的利益。引导社会组织践行初心使命，积极回应人民群众对美好生活的新期待，不断提升服务能力与水平，充分发挥社会组织在服务国家、服务社会、服务群众、服务行业中的积极作用。

第四，坚持居安思危，统筹发展和安全。增强风险意识，强化底线思维，健全社会组织法规制度体系，以制度稳定性应对外部环境不确定性，有效防范化解社会组织领域风险挑战。坚持守正创新，稳妥推进社会组织领域改革，实现发展与安全有机统一。①

（二）市域社会组织高质量建设的对策

推动市域社会组织高质量发展的主要任务，具体包括以下八个维度。

第一，加强市域社会组织党的建设。以党的政治建设为统领，持续落实《中共中央办公厅关于加强社会组织党的建设工作的意见（试行）》《中共中央办公厅 国务院办公厅关于改革社会组织管理制度促进社会组织健康有序发展的意见》，推动市域社会组织党建工作水平全面提升，推进市域社会组织党的组织和党的工作全覆盖。

第二，完善市域社会组织法律制度。在市域层面，配合中央加强顶层制度设计，助力推动出台《社会组织登记管理条例》，同步健全配套政策制度，助力推动修订《中华人民共和国慈善法》，助力推动相关领域立法增加社会组织条款，进一步明确市域社会组织法律地位和激励保障措施。

第三，规范市域社会组织登记。强化社会组织登记审查，优化社会组织在层级、区域、行业、类型等方面的结构性布局，提高慈善组织在社会组织中的占比，形成社会组织登记"有进有出"工作局面，提升社会组织登记服务效能。

第四，健全市域社会组织监管体系。健全完善综合监管体制，推进市域社会组织的制度化、精细化、专业化监管，强化对市域社会组织的政

---

① 《民政部发布〈"十四五"社会组织发展规划〉》，中国政府网，https://www.gov.cn/xinwen/2021-10/08/content_5641452.htm。

治、行政、纪检、执法、财会、税务、审计、金融、行业及社会监督。

第五，提升市域社会组织执法水平。加大执法力度，完善执法机制，规范执法程序，提升执法能力，推动建立市域社会组织负责人违法惩戒制度，在线索发现、证据移交、联合执法、通报整改等方面加强有关部门工作联动，依据《社会组织登记管理机关行政处罚程序规定》，做到执法全程可回溯、重大执法决定法制审核全覆盖，加强执法人员培训培养，推进"互联网+行政执法"。

第六，加强市域社会组织自身建设。聚焦内部治理、品牌建设和数字赋能，完善市域社会组织的章程示范文本，开展专业化、差异化、个性化特色服务，形成更多有竞争力的服务品牌，推广市域社会组织的智能化办公系统，提高社会组织舆情应对能力和"互联网+"服务水平。

第七，引导支持市域社会组织发展。对政治过硬、作用明显、贡献突出的社会组织进行表彰奖励，推动市域社会组织有序承接政府转移职能，提高政府购买服务项目资金使用效益，建立健全市域社会组织的负责人能力提升制度。

第八，发挥市域社会组织积极作用。发挥市域社会组织动员社会力量、链接各方资源、提供专业服务等方面优势，推动市域社会组织服务大局、服务基层。一方面，推动市域社会组织服务大局。一是引导和支持市域各类社会组织发挥自身优势，量力而行、尽力而为，助力解决经济社会发展现实问题和人民群众的急难愁盼问题；二是支持市域内的全国性社会组织重点围绕科教兴国、人才强国、创新驱动发展、乡村振兴、区域协调发展、可持续发展、积极应对人口老龄化等国家战略提供专业服务；三是稳妥实施社会组织"走出去"项目，有序开展境外合作，增强市域社会组织参与全球治理能力，提高中华文化影响力和中国"软实力"。另一方面，推动市域社会组织服务基层。一是聚焦实现巩固拓展脱贫攻坚成果同乡村振兴有效衔接，发挥市域社会组织在动员社会力量、链接各方资源、提供专业服务等方面的积极作用；二是聚焦特殊群体，动员市域社会组织参与养老、育幼、助残等公益事业；三是聚焦群众关切，发挥市域社会组织在扩大公众参与、推动民主协商、化解社会矛盾、传播法治文化等方面的积极作用,更好参与基层社会治理。[①]

第三节　市域平安稳定建设

一　市域平安稳定建设的含义与功能

(一) 市域平安稳定建设的含义

"平安稳定建设"作为一个集合概念,从基本含义的生成来看,是指在政府倡导下,通过民众广泛参加,设置和创立良好社会环境,并使这种社会环境朝最优化方向发展,形成稳定化、秩序化、理性化、和谐化的社会状态。简言之,平安就是一种稳定化、秩序化、理性化、和谐化的社会运行状态。稳定不是静态的、凝滞不动的,它"不是指一般意义上的僵滞不变的状态,而是指结构在运动中保持某一固定形式和基本一致的适应方式"。[②]

市域平安稳定是指在市域范围内,通过各种手段和措施,保障该区域居民、企业、政府机构等各方面的安全,包括人身安全、财产安全、环境安全、信息安全等。市域平安稳定建设是一个复杂而重要的领域,它涉及经济、文化、社会等多个方面,需要政府、社会组织、公民等各方面的共同努力,保障市域范围内公民、法人和其他组织免受各种安全的威胁和危害。

(二) 市域平安稳定建设的功能

党的十八大以来,在以习近平同志为核心的党中央坚强领导下,各地各部门认真履职,广大人民群众积极参与,大力推进平安稳定建设,有效解决影响安全稳定的突出风险问题,助力续写了经济快速发展、社会长期稳定的"两大奇迹"。当前,国际环境变乱交织,国内社会治理风险多样多发,迫切需要发挥市域"前线指挥部"的重要作用,把重大风险防范化解在市域,以一市一地的安全稳定夯实国家长治久安的坚实基础。市域

[①] 《民政部发布〈"十四五"社会组织发展规划〉》,中国政府网,https://www.gov.cn/xinwen/2021-10/08/content_5641452.htm。

[②] 钱学森:《组织管理的技术——系统工程》,《文汇报》1978年9月27日。

平安稳定建设的功能正在于确保市域成为重大风险终结地,其功能有如下三个方面。

首先,市域的平安稳定建设对于经济发展具有重要意义。市域作为经济发展的重要单元,其平安稳定建设直接影响着经济的持续发展。良好的平安稳定建设可以为企业提供安全的经营环境,降低企业的风险感,从而刺激投资,增加就业机会,减少贫困和失业。此外,市域的经济稳定也有助于保持供应链的畅通,防止物资短缺和价格异常波动,保障经济的良性运行。

其次,市域的平安稳定建设对于社会稳定具有重要意义。加强市域平安稳定建设,能够减少犯罪事件的发生,保障市民的安全,预防和化解社会矛盾,提升市民的生活质量,维护社会秩序。同时,推进市域平安稳定建设还可以维护社会公平正义,推动完善公共服务和基础设施,改善社会福利,增强社会凝聚力。

最后,市域平安稳定建设对于预防和应对突发安全事故也具有重要的意义。突发性的安全事故是伤害人民安全健康、造成经济损失的意外事件。良好的市域平安稳定建设通过相应的预防机制、应急救援系统与高质量救援人才队伍,有效地提高安全事故应急能力,尽最大可能地减少突发性安全事故的发生,从而保障人民生命、财产安全。

二 市域平安稳定建设的类型、特征与原则

(一) 市域平安稳定建设的类型

平安稳定建设是与公共安全相关的概念。广义的市域公共安全是指一定时期内城市政治、经济、社会、文化、生态等各个领域的稳定和有序状态;狭义的市域公共安全是指社会的稳定和有序状态。本章讨论狭义上的市域公共安全。从实际治理来看,市域平安稳定建设是指防范化解政治安全风险、防范化解社会治安风险、防范化解社会矛盾风险、防范化解公共安全风险(自然灾害类、生产事故类、食品药品类等)、防范化解网络安全风险等。

(二) 市域平安稳定建设的特征

市域平安稳定建设的特征主要包括以下几点。

一是公共性。市域平安稳定建设作为一种公共服务，涉及千家万户的利益。一方面，市域平安稳定建设能有效防范和处理自然灾害、生产安全事故、食品安全事故等危机事件，可以保障市民的生命健康安全和减少财产损失，保障公共安全；另一方面，市域平安稳定建设能够有效维护社会治安，保障信息网络安全，维护社会秩序，打击线上线下违法犯罪行为，为人民群众提供安全保障服务，保障市域长远发展，维护社会公共利益。

二是关联性。现代技术提升了城市运行效率，同时也增加了公共安全隐患。现代城市运行离不开通信、供水、供电、供气等网络系统，各个部分相互联系，相辅相成，整个系统的任何环节出现问题，都可能影响到其他环节，从而波及大量人群。

三是耗散性。市域风险最初出现时往往呈偶发性和分散性特征，如果不能被及时识别，社会风险的不断积累就会侵蚀公共安全基础，最终导致"千里之堤，溃于蚁穴"。一般而言，某部门或某领域工作出现差错的概率越大，存在的安全隐患就会越多，发生危机事件的可能性也就越大。为提升城市安全水平，须坚持防微杜渐原则，从细节入手排查潜在风险。

四是群众性。市域公共安全需要广大的群众参与和支持。市域在平安稳定建设过程中建立了一系列群众参与机制，如设立安全巡查员、社区网格员等让群众参与到平安稳定建设中来。同时通过加强群众安全意识教育、安全演练等提高群众安全防范意识和自我保护能力，形成社会共同参与、共同维护的市域平安稳定建设良好氛围。

（三）市域平安稳定建设的原则

加强市域平安稳定建设须遵循以下原则。一是以人为本、减少损耗的原则。市域平安稳定问题关系到公众的生命财产安全，平安稳定建设必须将社会安全放在第一位，将最广大人民群众的利益放在首位，把突发事件对社会、对人民的影响降至最低。在平安稳定建设工作中，要珍惜生命、尊重生命，提升人性化水平。二是预防与应急并重原则。不仅要做好突发事件的指挥应对和事后补救工作，还应该居安思危，提前做好预防工作，未雨绸缪，强化事前准备工作，提前预警并制定应对预案，防患于未然，提升应对和处置水平。三是统一领导、综合治理原则。市域平安稳定建设是一项复杂的系统事务，涉及市域管理的各个领域，既要加强指挥协调，建立统一领导和分工协作机制，又要动员社会参与，发挥公众在预防社会风险和安全隐患上的能动性。①

三 市域平安稳定建设路径选择

党的二十大报告指出，"建立大安全大应急框架，完善公共安全体系，推动公共安全治理模式向事前预防转型"。这一重要论述，为市域平安稳定建设指明了改进和提升的目标。

（一）坚持"安全第一、预防为主"理念，打造完善的市域公共安全体系

一是坚持以安全为统领，始终把安全放在首要位置。以各灾种、各要素等为抓手，从统筹发展和安全的视角着力完善市域平安稳定建设的体制、机制和法制。在体制建设方面，市域各级政府要切实落实安全第一思想。搭建好培育平安稳定建设人员的教育平台，强化工作岗位职责要求，保障机构人员能力素质，提升安全建设效能。同时增加人员编制、扩大专业队伍，确保平安稳定建设机构机制的执行力、能动力。在机制建设方面，秉持安全第一的原则，优先建立健全保障平安稳定的各类工作机制，打造跨主体安全合作协同机制和全过程风险防范化解机制。在法制建设方面，要在法律、法规、规划、预案、标准等各个层面的体系建设、制定修订中体现安全第一思想，优先健全完善安全法制体系，优先推进安全法制宣传教育。

二是坚持以预防为手段，始终把预防放在关键位置。把市域平安稳定建设的着力点放到事前预防治理上，侧重完善预防为主的长效治理机制。一方面，完善风险治理机制。加强和改进风险治理，健全风险防范化解机制，是构建公共安全事前预防治理模式的必要条件。将风险识别、风险评估、风险处置、风险沟通、风险监测等环节链条化、科学化、规范化和常态化，真正做到把风险化解在萌芽之时、成灾之前。另一方面，强化应急准备机制，完善监测预警机制。相关部门应加强对市域应急准备的前瞻性研究，探索推行整体性的、市域的、以能力为基础的应急准备模式，强化

---

① 杨宏山编著《城市管理学》（第三版），中国人民大学出版社，2019，第183页。

各环节责任和措施，推动各项准备工作落实落地。与此同时，要强化突发事件监测机制，加快完善各类突发事件监测网络，对可能发生的突发事件进行监测，并建立综合信息共享平台，推进跨层级、跨部门、跨地域的信息共享。完善预警信息发布机制，建立市域统一的预警信息发布平台，统筹和规范预警信息发布，提高预警信息发布覆盖率、精准度和时效性。

（二）高效运用信息技术，构建市域大数据安全管理平台

信息技术在市域平安稳定建设中的作用和潜力日益凸显，其迅速发展使我们得以以更高效、智能的方式来提升市域平安稳定建设的水平。市域平安稳定建设应坚持以科技为支撑，提升风险监测预警能力。具体来说，大数据赋能市域平安稳定建设的一个重要形式是构建城市安全管理大数据系统，该系统是大数据新思路、新方法落地的载体，现代化大数据平台通过安全风险监测系统、人工智能技术，实现对安全风险的早期识别和预警。与此同时，利用物联网技术，对重点场所和设备进行实时监控，有效防止安全事故的发生。然而，当前信息技术在平安稳定建设中的应用还存在一些问题，如技术水平参差不齐，信息资源未能有效整合等。因此，政府需要进一步推动整合和发展信息技术，提高信息技术的应用水平并构建统一的信息平台，实现各种安全信息资源的共享和交流，协调各方力量，共同应对安全风险。

（三）发挥公共参与的积极作用

公众在市域公共安全治理中将扮演越来越重要的角色。为促进公众参与平安稳定建设，政府应该从基层治理视角出发，加强舆论引导，加大市域公共安全治理宣传度，开展如安全知识讲座、安全知识进社区等社会活动使公众正确理解和重视市域公共安全治理问题是与公众息息相关的，从而增强公众参与的主动性和积极性。在此基础上，其一，培养公众的社会治理意识、参与意识，实现由"被动治理"向"主动治理"的身份转换，推动公众积极参与公共安全活动，共同维护社会稳定和安全。其二，政府需要为人民群众参与平安稳定建设搭建平台，加大对公民参与公共活动的支持力度，不断拓展公众的参与途径。其三，政府应当完善平安稳定建设的监督机制。监督机制是推动公众有效参与基层社会治理的外部动力，完善的监督机制能够保障公众参与基层社会治理的有序性和有效性。

此外，构建相互衔接的社会化监督系统，充分发挥社会公众、企业等主体在平安稳定建设中的作用。

第四节 市域民生保障建设

一 市域民生保障建设概述

（一）市域民生保障的内涵

市域民生保障是指保障和改善居民的基本民生需求的一系列政策和措施，涵盖了义务教育、就业创业、医疗卫生、养老服务、住房保障、文化体育、社会服务等内容。

市域民生保障服务是满足市域全体人民生存和发展基本需要、与经济社会发展水平相适应的基本公共服务，由政府承担保障供给数量和质量的主要责任，引导市场主体和公益性社会机构补充供给。市域民生保障的主要目标是实现目标人群全覆盖、服务全达标、投入有保障，地区、城乡、人群间的民生保障服务供给差距明显缩小，实现均等享有、便利可及，最终实现促进市域民生领域全面发展的目标。

（二）市域民生保障的重要性

市域在我国民生保障体系建设中具有重要的地位，具体体现于如下几方面。

相比于县、乡，市级政府在民生保障建设中能够发挥更有力的统筹协调作用。通过合理调配资金、制定政策和整合资源，市级政府可以促进民生保障工作的顺利进行，提高人民群众的生活质量和幸福感。在资金调配方面，市级政府负责协调各个部门和机构之间的资金分配，确保民生保障项目得到足够的资金支持；根据各个领域的需求和优先级，合理分配财政预算，确保民生保障项目的顺利进行。在政策制定方面，市级人民代表大会可以制定民生保障相关的地方性法规，推动民生保障建设；市级政府可以制定适合的政策执行措施，促进民生保障工作的开展；同时，市级政府还可以协调各个部门之间的政策，确保政策的一致性，发挥协同效应。在资源整合方面，市级政府可以整合各种资源，包括人力资源、物质资源和技术资源等，为民生保障建设提供支持；市级政府可以协调各个部门和机构之间的合作，促进资源的共享和互补，提高民生保障工作的效率和质量。

相比于省域，市域范围内的民生保障有三大优势。第一，市域范围内的民生保障更具针对性。不同城市的发展水平、人口结构、经济状况等存在差异，因此在市域范围内加强民生保障可以更加"因地制宜"地制定政策和措施，满足城市的特殊需求，提高保障的效果和质量。第二，市域范围内的民生保障更能贴近民生需求。在市域范围内，政府可以更好地了解和满足当地居民的基本需求，提供更贴近民众需求的服务和保障。第三，市域范围内的民生保障更容易实施和监管。在市域范围内，政府可以更好地组织资源、协调各方力量，提高政策的执行效率和监管能力。同时，在市域范围内政府也更容易获取居民对民生保障措施的反馈和意见，便于及时调整和改进。

二 市域民生保障建设中的责任分配

（一）市域民生保障中的政府责任

政府在民生保障体系建设中扮演着重要角色，承担着民生保障建设的多重任务。政府承担民生保障的责任有利于克服市场经济的失灵弊端，弥补市场调节的缺陷，在我国，政府通过承担民生保障建设责任能在很大程度上保证社会公平，维持社会稳定。市域政府在市域民生保障建设中是主要的责任承担者，其在市域民生保障建设中的责任主要体现在以下几个方面。

1. 政策制定

政策对市域民生保障事业的发展具有重要影响。政策的制定和实施可以直接影响到市域民生保障事业的资源配置、服务水平和发展方向。市域政府通过制定市域民生保障相关政策调动和配置资源，促进市域民生保障事业的发展。政策的调整和优化可以使市域范围内的资源更加合理地分配到市域民生保障事业中，从而扩大市域民生保障的覆盖范围，提高市域民生保障服务质量。市域政府民生保障政策可以规范和引导市域民生保障事业的发展方向。政府通过制定相关政策和法规，明确市域民生保障事业的目标和任务，使市域民生保障事业更加注重民生需求，提供符合实际需要的服务；也能够通过政策引导规范服务内容和标准推动市域民生保障事业的创新和改进，促进市域民生保障事业的健康发展。

2. 资金支持

政府的资金支持是市域民生保障建设的主要保障。政府通过财政资金的投入，可以提供多种形式的福利保障，改善民生条件，促进社会公平和社会稳定。政府通过财政预算安排向市域提供资金支持，用于社会救助、教育、医疗、就业等领域。例如，我国通过中央和地方财政的资金投入，实施了一系列扶贫政策和社会救助制度，提供低保金、临时救助、医疗救助等福利保障，帮助贫困家庭和弱势群体改善生活条件。此外，政府的资金支持也可以促进市域民生保障建设的可持续发展。例如，政府可以投入资金建设和改善基础教育设施，提供教育补助金，促进教育公平和教育质量的提升；投入资金改善医疗设施和医疗服务，提供医疗救助和医保服务，保障人民的健康权益；还可以通过投入资金支持创业就业项目，促进就业机会的增加，提高劳动者的收入水平和生活品质。

3. 监督管理

政府的监督管理是市域民生保障的重要保障机制。政府应建立健全的监督管理体系，加强对民生保障工作的监督和评估。总体而言，通过监督管理，政府可以及时发现和纠正问题，确保民生保障政策的有效实施，提高服务质量，防止腐败和滥用权力，保障人民的合法权益。具体来说，一是通过加强对民生保障资金的监督和审计，防止腐败和滥用资金的现象发生，进而提升市域民生保障的公平性和透明度。二是通过加强对民生保障工作的督导和评估，确保政策本身及政策执行的公平性和公正性。三是通过建立有效的投诉处理机制，保障人民的合法权益。

（二）市域民生保障中的市场责任

就业是人们谋生的重要途径，也是实现民生保障的基础。市场在就业方面起到了至关重要的作用，通过提供就业机会和促进劳动力流动，为人们提供稳定的收入来源，提高生活质量。市场经济体制下，企业和企业家的活动会创造大量的就业机会，市场的自由竞争也鼓励企业扩大规模、增加产能，同时促使企业提高生产效率和产品质量，这有助于提升劳动者的技能水平和收入水平。市场的存在使得劳动力能够根据需求的变化进行流动，也为创业者提供了更多的机会和自主权，鼓励个体和小微企业的发展。这不仅增加了就业机会，还促进了创新和经济的多元化发展。

除了促进就业，市场在保障养老方面也发挥着重要的作用。近年来，我国正快速进入老龄化阶段，商业养老保险是市场化的养老方式，是一种长期储蓄和投资计划，旨在为个人在退休时提供稳定的养老金收入，加强个人保障能力、变储蓄养老为投资养老。具体而言，商业养老保险可以帮助个人分散养老风险。个人通过缴纳保费，将养老风险转移给保险公司，保险公司承担养老金支付的责任。个人在退休时可以依靠商业养老保险获得一定的收入，无须完全依赖于个人储蓄和社会养老保障制度。商业养老保险还可以提供一些附加保障，以满足个人在养老期间的特殊需求。例如，商业养老保险可以提供长期护理保险，帮助个人应对可能的健康问题和护理需求。商业养老保险市场的竞争使得保险公司推出更加多样化的产品和服务，以满足个人不同的需求和偏好，这为个人提供了更多的选择和灵活性，使其能够根据自己的财务状况和风险承受能力来制定养老规划。

（三）市域民生保障中的社会责任

市域社会中的社会责任主要包括市域社会中的社区、社会组织、志愿群体、单位等非政府部门承担的责任。

党的二十大报告指出，"完善网格化管理、精细化服务、信息化支撑的基层治理平台，健全城乡社区治理体系，及时把矛盾纠纷化解在基层、化解在萌芽状态"。社区是市域管理和发展的基础单元。在市域民生保障中，社区作为居民生活的近距离服务单位，可以更加快速地获取居民的需求和问题信息，提升市域民生保障工作的精准性和效率。此外，社区作为居民生活的直接服务单元，还承担着为居民提供基本服务的责任，如提供基本公共设施和服务，满足居民的文化、娱乐和休闲需求。社区可以通过组织社区活动，促进居民之间的交流和互助，增强社区凝聚力和居民幸福感。

市域社会组织通过提供各种形式的社会服务，如教育支持、就业服务、医疗援助、贫困帮扶等，来满足居民的基本需求。例如，一些非营利性组织可以为贫困家庭提供物资援助和就业培训，一些专业化组织可以提供精神健康咨询和社会工作支持，这些社会服务的提供弥补了政府公共服务的不足，为市域居民提供了更广泛和多样化的福利保障。此外，市域社会组织还能促进资源整合和合作创新。不同社会组织之间可以进行合作与联合，共享资源、经验和专业知识，它们可以建立合作伙伴关系，共同开展项目和活动，汇集各方力量解决民生问题。这样的合作创新有助于促进资源的有效利用，提高社会服务质量，推动市域民生保障可持续发展。

市域志愿群体通过提供社会服务，满足市域居民的基本需求。例如，一些慈善组织和志愿者团队可以组织捐赠活动，向贫困家庭提供物资援助；一些义工组织可以为老年人提供陪伴和关怀；一些教育志愿者可以帮助贫困学生克服学习障碍。市域志愿团队特别是一些专业性的志愿团队在一定程度上弥补了政府资源提供和公共服务的不足。

"单位是以业缘关系为纽带建立起来的社会组织。"[①] 单位也在市域民生保障中扮演着重要的角色。一方面，单位承担着为员工提供社会保险、养老金、医疗保障等福利的责任。这些保障措施有利于改善职员个体生活状况，促进市域社会的稳定发展。另一方面，单位在市域社会中也承担着社会责任。通过捐赠资金、物品或者参与志愿服务等方式，单位可以为贫困地区、弱势群体或其他需要帮助的人提供实际支持，促进社会公平和民生保障。

三　建设市域高质量民生保障服务体系

高质量的民生保障服务是人民群众获得感、幸福感和安全感的重要来源，是国家治理体系和治理能力现代化的重要体现，也是中国共产党落实执政为民理念的重要落脚点。近年来，随着我国城镇化步伐的加快，千万人口规模的超大城市不断出现，城市治理的复杂程度不断提高，城市民生保障服务质量日益成为中国经济社会高质量发展面临的突出问题，努力提升民生保障服务质量成为当前我国城市治理工作乃至顺利实现现代化发展目标的重要一环。

---

① 毕天云：《建设立体化的多层次社会保障体系》，《学术探索》2023年第4期。

（一）市域高质量民生保障服务体系建设的三个着力点

第一，构建适应城市新框架的市域统筹民生保障服务体系。优化调整市行政区，为解决民生保障服务区域间和群体间不平衡问题提供新的契机；完善民生保障服务财政统筹体制，优化财政转移支付机制，有序推进基本民生保障服务的区域均等化。

第二，以需求为导向创新民生保障服务资源配置方式。深入贯彻创新、协调、绿色、开放、共享的新发展理念，优先补齐教育、医疗、养老、育幼等基本民生保障服务短板，不断满足民生保障服务领域社会结构优化要求、区域发展平衡化要求、人群供给差异化要求、老龄服务精细化要求、流动人口市民化要求，以及城市发展品质化要求。

第三，推动形成民生保障服务多元供给格局。合理区分基本民生保障服务和非基本民生保障服务，突出政府在基本民生保障服务供给保障中的主体地位，健全基本民生保障服务投入机制，鼓励引导社会力量积极参与，充分发挥市场、社会组织作用，扩大民生保障服务有效供给，推动非基本民生保障服务市场化、多元化、优质化，满足居民高品质、多样化需求。

（二）以制度创新引领高质量民生保障服务体系建设

首先，深化财政体制改革创新，强化市域统筹能力。一方面，推进基本民生保障服务领域财政事权和支出责任划分改革。按照"支出责任与财政事权相适应"原则，有序推进基本民生保障服务领域市与区财政事权和支出责任划分改革。另一方面，优化完善转移支付制度。实现市与区、县之间财政体制的规范统一，为市域范围内民生保障服务的一体化与均等化、可持续化奠定制度保障。

其次，完善基本民生保障服务清单制度和动态调整机制。制定市域基本民生保障服务清单及其具体实施标准，清单化、标准化、制度化推进基本民生保障服务均等化各项任务和工作举措。以标准化确保社会保障类民生保障服务供给的公平度；以制度化确保基本民生类民生保障服务供给的共享度。

再次，紧抓数字化改革新机遇，全面推进民生保障服务共建共享。要确权数字资源、统一数据标准，构建大数据共享平台；以数智化推动

"互联网+民生保障服务"创新应用;加快推动人工智能、物联网、5G等新技术在民生保障服务领域的创新应用;借助大数据共享,实现民生保障服务供给精准到达。

最后,推进供给侧结构性改革,构建民生保障服务多元供给格局。在基本民生保障服务领域引入市场机制,形成多元主体积极参与、平等竞争的基本民生保障服务供给格局,不断提高基本民生保障服务供给水平、质量与效率。积极培育社会企业,充分发挥社会企业兼具营利性企业和传统非营利组织部分特征的独特优势,为规模庞大的中低收入群体提供性价比更高的非基本民生保障服务。

第八章 市域文化建设

文化是城市文明的基因。在某种程度上讲，文化的城市比物质的城市影响力更大。贮存文化、流传文化和改造文化，在某种程度上而言便是城市的三个基本的使命。以研究竞争战略和优势著称的迈克尔·波特也强调，基于文化的优势是最根本、最难以替代和模仿、最持久和最核心的竞争优势。① 市域文化建设日益成为市域竞争和发展的重要命题，也成为国家治理体系和治理能力现代化研究中的重要课题。

第一节 市域文化建设及其主要内容

一 市域文化建设的内涵

城市与文化是不可分割的统一体：一方面，文化是城市发展的助推器、润滑剂和稳定器，没有文化，就不可能有城市的发展、繁荣和稳定；另一方面，城市又是文化的生成地、聚集地，没有城市，就不可能有文化，特别是现代文化的产生、发展和繁荣。②

市域文化是指不同城市在发展过程中形成的由生活环境、生活方式、生活习俗和价值观念结合而成的具有该城市特征的文化模式及其在城市物质空间和社会活动中的反映。

市域文化分为物质文化（器物文化）、制度文化（包括行为文化）和

---

① 转引自周瑜、刘春成主编《"文化创意+"产城融合发展》，知识产权出版社，2019，第1页。
② 参见刘观伟主编《以文化人 以人化城：城市文化建设研究》，中国社会科学出版社，2017，第2页。

精神文化（观念文化）三个层次。精神文化是城市文化的核心内容，其他文化层次都是精神文化的外化表现。市域文化随城市的产生、发展而形成，在自然、社会和经济等诸多因素的作用下，具有聚集性、多元性、地域性和辐射性的特点。[①]

因此，广义的市域文化建设指市内各政府机关及社会团体组织为促进城市文化发展而进行的物质建设、制度建设和文化组织活动的综合。狭义的市域文化建设是指市一级政府为了保障辖区居民的文化权利，或运用文化资源获取各种政治经济利益，进而促进市域治理体系和治理能力现代化而实施的各种政策及其保障措施。

本书强调的市域文化建设有以下几点主要特征：第一，责任主体是市级政府，即强调政府在文化建设中的引领与促进协同的作用；第二，途径是制定各种文化建设与发展政策并给予各种实施保障；第三，重点在于文化事业和文化产业建设，其中文化事业主要包括市域内的以"以文化人"为目的的各种公共文化服务，而文化产业建设则侧重以文化为资源，进行组织交换并为市域发展获取各种资源的行为。

二 市域文化建设的主要内容

（一）市域文化事业建设

市域文化事业建设强调的是市级文化公共产品和服务的提供。公共文化服务，顾名思义是具有公共产品属性的文化产品和服务。按照公共产品的不同界定，公共文化服务也可有两种不同界定：一为结合萨缪尔森从消费品本身特点出发对公共物品进行的界定，即公共文化服务是指具有非竞争性与非排他性的文化产品与服务；二为结合布坎南从组织过程出发提出的公共产品概念，即公共文化服务是指为满足公众需求由集体提供的文化产品和服务。进而，我们可以认为，公共文化服务是指具有非竞争性与非排他性的文化消费品以及出于政治等制度安排，而由集体提供的文化产品及服务。当前学界对于公共文化服务的界定更多的是从公民文化权利保障

---

① 参见刘观伟主编《以文化人 以人化城：城市文化建设研究》，中国社会科学出版社，2017，第59页。

角度提出的，并以此区分公共文化服务与文化事业。

　　文化事业包含了公共文化服务的若干元素，但与公共文化服务理念仍有明显差别。第一，着眼点不同。文化事业的核心是传递党的意志，着眼于意识形态宣传；公共文化服务的着眼点则不止于此，更重要的是强调保障公民文化权利以及满足公共文化需求。第二，文化产品提供主体不同。文化事业的文化产品提供主体是获得财政支持的国有文化单位，公共文化服务强调多元提供主体。改革开放以后，维护公民文化权利、提供公共文化服务的理念开始被引入，并逐步受到国家的重视。

　　这里包括几个要点：其一，谁来提供？其二，提供什么？市级政府应在其中起到什么作用？其三，怎么提供？

　　1. 谁来提供？

　　文化公共产品和服务的特点决定了其应该由政府来出资购买，无偿或以低于市场的价格向辖区内居民提供。换言之，政府应该承担文化公共产品购买的财政责任，可以但并不必须承担生产责任。提供者可以为政府所属的各类事业单位、非营利性社会组织、营利性市场组织等。作为购买者，政府应当承担起市域文化公共产品和服务的标准制定、服务过程监督、服务结果评价的责任。

　　2. 提供什么？市级政府应在其中起到什么作用？

　　（1）物质文化建设。城市的物质文化是一个城市精神文化的具化，承载着该城市的历史传统、民俗风貌、人文品位。城市的物质文化主要包括该市特有的历史街区、风景名胜、人文景观等城市公共空间。由政府出资建设的公共文化基础设施，包括图书馆、文化馆、博物馆、美术馆、剧场、文化公园、文化广场等也是城市精神文化的载体。它们不仅具有文化承载、交流和传播的功能，而且通过无偿或优惠向辖区居民开放的方式，保障了公民参与文化活动的权利。当下，数字化文化公共服务建设已经成为新基建的重要组成部分，同样其也是市域文化建设的重要组成部分。

　　（2）市域制度文化建设。市域制度文化是体现城市主流价值观和行为选择规范的各种制度的集合，是城市的"人文文化场"。市域制度文化建设具体是指政府出台规范辖区内组织和居民文化行为的各种规章制度，以实现"以文化人"的目的。例如，对民众进行主流价值观的宣教；支持市内群团组织开展有益的文化服务和活动；保障特殊群体的文化权益；保障公民文化创造权利，完善文化知识产权立法，提供文化知识产权保护服务；进行文化管理体制改革等。

（3）市级文化资源保护与传承。一个城市的文化资源，是城市文化的核心和灵魂，是一个城市创新和发展的不竭动力，是城市核心竞争力的重要组成部分。其一，政府应保障公民传承本民族或本地区文化生活方式的权利，提供文化传承服务。其二，政府应弘扬优秀传统文化，提供与这一主题相关的公共文化服务。在继续做好非物质遗产保护工作的同时，要积极探讨建立非物质文化遗产保护与公共文化服务联动互促机制，在公共文化服务中实现非物质文化遗产保护，支持开展具有民族特色的群众性文化活动。

3. 怎么提供？

（1）公私合营是包括文化公共产品和服务在内的各种公共产品和服务提供的主要组织方式。公私合营的方式多种多样。文化场馆和文化景观的建设，可以视该项目的赢利能力采用不同的合营方式。对于完全免费提供文化场馆，由政府出资招标建设，对于有部分赢利能力的体育馆和剧场，可以采用建设—运营—转让等PPP模式提供。

（2）文化制度建设应由政府主导，吸纳多方利益相关者的意见和建议。以开放性和建设性的理念，促进文化管理体制改革，适应市域文化治理的要求。

（3）文化资源的保护和传承，应充分调动多方主体力量参与。在弘扬主流文化的基础上，充分发掘本地文化资源，凸显市域文化特色，支持市域特色文化活动，打造市域文化品牌，促进市域文化产业发展。

（二）市域文化产业发展

《"十四五"文化产业发展规划》中提到的文化产业发展相关内容包括：文化产业创新发展、促进供需结构升级、优化文化产业空间布局、推动文化产业融合发展、激发文化市场主体活力、培育文化产业国际合作竞争优势以及深化文化金融合作、加强制度保障等。根据国家文化产业建设内容，市域文化产业建设的内容也可以分为以下几个方面。

一是推动市域文化产业的创新发展。深度挖掘市域文化资源，打造文化特色品牌，促进文化品牌集群化发展。坚持以创新驱动文化产业发展，落实文化产业数字化战略，促进文化产业"上云用数赋智"，推进线上线下融合，推动文化产业全面转型升级，提高质量效益和核心竞争力。

二是促进市域文化产业供给和需求优化升级。推出一批适应人民群众文化消费需求的精品力作，推动文化产品和服务内涵品质、创意水平持续提升，推出更多具有自主知识产权的文化产品和服务品牌。在培育和促进市域文化产业发展的同时，培育市域文化消费群体，挖掘市域内文化消费潜力，形成供需互促的市场形态。以高质量供给引领和创造新需求，以需求变化引领供给体系和结构升级，努力实现需求牵引供给、供给创造需求的更高水平的动态平衡。

三是优化市域内文化产业的空间布局。根据本市资源禀赋和功能定位，发挥比较优势，优化空间规划，促进市域内文化产业集群化发展；把握文化产业发展规律特点和资源要素条件，促进形成多点支撑、各具特色、优势互补、协调发展的文化产业空间布局。

四是促进市域文化产业与其他产业的融合。以市域文化品牌的打造和营销为突破口，以文化产业发展带动市域文创产业、旅游产业等相关产业的发展；坚持以文塑旅、以旅彰文，积极寻找产业链条各环节的对接点，促进文化产业与国民经济相关领域深度融合，进一步拓展文化产业发展空间，以文化赋能经济社会发展。

五是构建良好的市域文化产业发展环境。突出企业在文化产业发展中的主体地位，培育更多的主体，做好市域文化企业支持和服务工作，建设好文化产业园区等。优化文化企业发展环境，推动市场主体规模持续扩大、整体实力进一步增强、发展质量不断提升。

六是培育文化产业国际合作竞争优势。深度发掘市域文化特色，以讲好中国故事为着力点，推动市域品牌特色文化产业在"走出去"的同时促进高质量国际文化产品和服务"引进来"，构建经贸往来和人文交流协同推进、高水平互利共赢的文化产业合作体系，培育新形势下文化产业参与国际合作和竞争新优势。

七是深化文化金融合作。加大对市域文化产业的金融支持力度。推动文化与金融合作不断深化，鼓励和引导金融资本投资于文化产业，健全多层次、多渠道、多元化的文化产业投融资体系，切实提高文化企业金融服务的覆盖率、可得性和便利性。

八是加强制度保障。推进市域文化治理体系和治理能力现代化，以加强政府宏观引导和服务为手段，以高质量发展为导向，从经济政策、法治保障、人才培养、市场秩序等方面入手，不断完善文化产业发展环境。

第二节 走向市域文化治理的公共文化服务体系建设

一 市域公共文化服务体系的政策演进

自新中国成立以来，文化事业一直作为党的事业的重要组成部分得到持续发展。文化事业泛指党领导下的通过国有文化单位主导实施的所有文化活动。其核心内涵是引导，即组织开展群众性文化活动，用群众喜闻乐见的方式宣传党的精神。[①]

党的十八大以来，公共文化服务建设被提到了前所未有的高度。党的十八大提出"完善公共文化服务体系，提高服务效能"的举措，分别从文化治理体系和能力的层面，要求加强公共文化服务体系和服务效能建设。2013年11月，党的十八届三中全会通过的《中共中央关于全面深化改革若干重大问题的决定》提出，构建现代公共文化服务体系。这意味着公共文化服务体系建设成为国家治理体系和治理能力现代化建设的重要组成部分，文化建设将与文化治理共同走入治理现代化的阶段。

2015年，中共中央办公厅、国务院办公厅联合印发的《关于加快构建现代公共文化服务体系的意见》，强调"推进城乡'结对子、种文化'，加强城市对农村文化建设的帮扶"，以城市文化为支点撬动现代公共文化服务体系建设。各大城市也随之颁布一系列相关文件，如北京市颁布《关于进一步加强基层公共文化建设的意见》，提出推动基层文化服务的均等化、社会化和数字化，构建具有首都特色的现代基层公共文化服务体系；上海市推出《全力打响"上海文化"品牌 深化建设社会主义国际

---

① 祁述裕等：《国家文化治理现代化研究》，社会科学文献出版社，2019，第111页。

文化大都市三年行动计划（2021—2023 年）》，旨在提升城市文化软实力和竞争力，打造社会主义国际文化大都市。

党的十九大报告指出我国已经稳定解决了十几亿人的温饱问题，社会主要矛盾发生转化。人民日益增长的美好生活需求提高了对文化治理现代化的要求，也为公共文化服务指明了人民性的方向。自 2017 年以来，政府制定的各项文化发展规划，为公共文化服务体系的构建指明了方向。2021 年，《中华人民共和国国民经济和社会发展第十四个五年规划和 2035 年远景目标纲要》提出了发展社会主义先进文化，提升国家文化软实力。从国家实力的角度强调了公共文化服务的重要性。

党的二十大进一步提出"健全现代公共文化服务体系，创新实施文化惠民工程"。《"十四五"文化发展规划》将文化而非狭义的文化产业作为重点关注对象，强调要"完善以城带乡、城乡融合的文化发展体制机制，发挥城市带动辐射作用"，"以文化建设带动城市建设，提升城市文化品位、整体形象和发展品质"，并具体提出完善公共文化设施网络、提升公共文化数字化水平、补齐公共文化服务短板、广泛开展群众文化活动等公共文化服务体系建设要求。

这说明城市文化及其治理是作为整体的城乡文化发展的驱动机制，给予城市文化及其治理以至关重要的地位。从公共文化服务体系建设到文化产业发展再到文化发展，国家越来越关注文化发展的整体性，并将其提高到"文化是国家和民族之魂，也是国家治理之魂"的政治高度。在这个不断深化的认识和实践过程中，城市文化及其治理是实现文化治理体系和治理能力现代化的发动机，发挥节点、带动和辐射作用。[1]

二 走向市域治理层面的公共文化[2]

文化走向治理层面，被建构为既是治理的对象又是治理的工具，肇始于 20 世纪的中后期。

在经历了工业化、城市化的洗礼之后，文化开始摆脱精英主义和种族

---

[1] 宋道雷、郭苏建：《多元协同与基层下沉：中国城市文化治理的基层实践》，《治理研究》2023 年第 1 期。
[2] 本小节参考闵学勤《市域文化治理与人的全面发展》，《探索与争鸣》2023 年第 12 期。

中心主义，走入大众消费和日常秩序中，并与产业和政策、技术和权力等进行多元链接，展现出对经济增长、生活质量提升，以及社会可持续发展等的积极作用。在这一过程中，文化依托空间载体（如城市）、技术平台（如互联网）、规范系统（如法律）等，以一种独特的方式与社会往来作用，自身的多样性和包容性也不断提升，越来越呈现出其理性和工具性的价值。相比西方文化与城市治理之间的互嵌，中国文化的绵长久远、浩瀚广博，使其在内核层面被整体认知的难度增加，而通过点状的深化与发散探索，我们有了更多想象空间。

特别在 20 世纪末至 21 世纪初，中国本土城市的高速发展与治理进程几乎同步，城市在获得一定的经济话语权后，通过市域文化治理，以及城市"软实力"建构来凝聚、融合新发展动能成为必由之路。与目标明确、路径相对清晰的经济发展不同，也与市场机制调节、多元文化并蓄的西方市域文化治理特征有别，国内市域文化治理需要在中华文化的总体脉络下深耕城市的本土文化基因，通过政府主导下的文化政策制定、文化事业拓展、文化产业兴建、公共文化服务体系完善，以及优秀传统文化的保护传承等系列举措，来温润人心、营造氛围、根植基业，其中每一项均与国家和人民、历史和未来相连，在治理的效率与效能上都面临许多挑战。在后发且被压缩的中国城市化进程中，即便与西方一样，国内很快意识到保护城市文化遗存、发展都市文化产业、以文化创新来提升城市形象和品牌等的重要价值，但在当下的本土市域文化治理实践中，传统文化与现代文明、本土文化与外来文化、精英文化与大众文化之间不仅彼此胶着，而且与政治、经济、社会等领域高频互动，既有相互成就，也不可避免地存在一定的治理冲突。

（一）传统文化和现代文明进程之间的交互问题

每个城市都有其文化脉络，这些传统文化或藏于民间，或登入殿堂，均在不同程度上受到现代城市空间移转、城市生产方式和生活方式变迁的冲击，关于遗存的保护和传统文化的赓续在认知上经历过波折，在市域经济社会发展中扮演的角色也不尽相同。2013 年联合国教科文组织在杭州举行的"文化：可持续发展的关键"国际会议，向世界发布《杭州宣言：文化与可持续发展》，呼吁将文化置于可持续发展政策的核心地位。跨过理念认同的关口，在市域文化治理的行动层面，传统与现代如何"交相辉映"仍有许多困难要克服。

（二）本土文化与外来文化之间的博弈问题

中国40多年的城市发展伴随着超大规模的人口流动，历经时间积淀和市域治理的取舍，本土文化与外来文化或迎面相遇，或暗地相争，不仅影响市民日常的价值观和生活方式选择，还左右着市域文化政策的倾向及文化产业的布局等，在守护与包容之间、弘扬和纠偏之间，一个城市的风貌和市民的气质很可能被重新定义。

（三）精英文化与大众文化之间的共在问题

城市文明相比农耕文明更加加剧了社会的阶层分化，反映在文化层面自然就有了精英文化与大众文化之区隔。如果一个城市在治理的技术和政策选择上具有足够的包容性和前瞻性，精英文化与大众文化就能各得其所、相得益彰。但城市急速发展的一个后遗症是容易形成阶层对立，精英与大众之间物质层面的差异会直接影响双方在精神层面的认同，此时市域治理的文化兼容，市域文化治理的路径选择，以及将对人的关怀放置于治理的全过程就显得尤为重要。

三 多元协同与市域公共文化治理[①]

随着城市空间的更新，城市文化治理应运而生，并与城市空间治理相融合，逐渐成为中国各大城市治理行动中的流行趋势。此外，随着市民物质生活水平的提升，他们对城市基础设施等硬件设施的改善需求已不再是唯一追求，对文化生活的需求亦日益增长。因此，城市文化治理的主导力量正逐步由政府单一主体向多元主体转变，以期为市民提供更加丰富和完善的文化类公共产品。

（一）中国共产党在城市文化治理中起到了引领和基础作用

中国共产党作为参与城市文化治理的政党代表，其领导作用主要体现在党建引领上。凭借其强大的组织体系、庞大的党员队伍以及卓越的动员

[①] 本小节参考宋道雷、郭苏建《多元协同与基层下沉：中国城市文化治理的基层实践》，《治理研究》2023年第1期。

能力，中国共产党在城市基层通过党建引领机制，积极参与城市文化治理，确立了城市文化治理的政治基础。

其一，党员志愿者在城市文化治理中的参与。普通党员通过志愿者身份参与城市文化治理活动，发挥着先锋模范作用。

其二，基层党组织在城市文化治理中的引领作用。中国共产党的基层党组织是参与城市文化治理的组织化力量。街道党工委作为街区空间政治力量的引领者，通过区域化党建平台，整合街区内的驻区单位、企业和社会组织等多元主体及其资源，以实现"微心愿"的方式，形成居民文化需求与资源供给相匹配的需求清单，推动形成城市文化治理的合力。社区党组织则搭建了居委会、业委会和物业公司合作共治的平台，形成市域文化治理的社区合力。

其三，红色文化作为城市文化的组成部分。中国共产党在革命和建设时期积累的红色文化，是城市文化的重要组成部分，红色文化治理是城市文化治理的核心内容之一。例如，在建党百年之际，上海对城市红色文化资源进行了梳理整合，推出了100处城市红色文化场地供市民参观，以满足市民的文化需求。

(二) 政府在城市文化治理中扮演着至关重要的角色

政府是推动文化治理进程的关键力量。社会治理应坚持政府主导的原则，城市文化治理亦应遵循此原则。基层是城市文化治理的关键和薄弱环节，政府需采取一系列措施确保文化治理在基层的有效推进。

其一，制定并实施市域文化治理的政策措施，以确保文化事业的有序发展和繁荣。这些政策将涵盖文化保护、传承、创新和推广等多个方面，旨在提升城市的文化品位，增强市民的文化认同感和归属感。通过制定详细的文化发展规划，明确各级政府和相关部门的职责，确保政策的有效执行。同时，加强对文化市场的监管，打击非法文化活动，保护知识产权，促进文化产业的健康发展。其二，拓展文化治理空间。例如，在老旧小区集中的地区，基层政府通过优化和改善现有空间，将原本非文化用途的空间转变为市民文化活动场所；在新建小区集中的地区，则预先为市民规划文化活动空间。其三，提供文化治理资源。空间为城市文化治理提供了物质基础，而资源则为其提供了内容支持。其四，规范文化治理活动。在城市文化治理过程中，政府不仅通过各种方式资助居民文化活动，还通过文化执法等手段规范文化活动。例如，上海市的某些街道办事处成立文化办公室，加强对线上网络文化空间和线下实体文化空间的文化监督，引导城市文化活动有序进行。

（三）社会组织推动了城市文化治理的实施和创新

社会组织作为社会力量参与城市文化治理的典型代表，凭借其专业能力、文化创意和组织能力，推动城市文化治理在基层的实施。这些非营利性组织所从事的城市文化治理活动，本质上具有公益性质。

其一，提供文化治理的创意方案。相较于政府和居委会，社会组织展现出更为突出的文化创意能力，能够为城市基层文化治理贡献富有创意的点子，并开发出广受市民欢迎的文化创意产品。例如，某些社会组织为了培养居民间的互助文化，组织了社区居民闲置物品共享活动，并建立了物品共享库，这一做法获得了居民的普遍赞誉。

其二，致力于解决文化治理中的难题。在参与城市文化治理的过程中，社会组织注重将文化治理与基层治理的难题相结合，从而推动城市文化治理向更广泛的城市治理领域拓展。飞扬华夏青年公益事业发展中心通过运用参与式治理技术，有效解决了社区居民之间因争夺广场舞场地而产生的矛盾，并进一步将参与广场舞的居民转化为社区志愿者。

市民构成了城市文化治理的核心参与力量。市民不仅是城市文化治理的积极参与者，更是治理成果的直接受益者。缺乏市民参与的城市文化治理将失去其根本意义。市民的参与赋予了城市文化治理深刻的体验性、社会性和民众性。

一是在志愿者文化方面，市民通过志愿服务为城市文化治理贡献大量的人力资源，例如某些街道提出了"人人都是志愿者"的口号。

二是在文化团队方面，市民根据个人的文化爱好，在社区内组建多种多样的文化团队，如书法队、舞蹈队等，以自给自足的方式满足自身的文化需求。

三是在家庭文化方面，城市文化治理的影响也逐渐深入市民家庭，促进了良好的家风家貌的形成。例如，一些社区积极推行"孝亲家庭"评选活动，倡导以家庭为本的孝文化。

四是在邻里文化方面，城市文化治理在基层通过建立"睦邻点"和"睦邻中心"，促进了邻里间的文化交流，不仅满足了市民的文化生活需求，还发扬了邻里互助文化，加强了社区居民之间的相互了解，提升了居民的社区归属感。

五是在居民公约方面，居民公约是城市文化治理在基层的制度成果。市民自发组织起来，通过广泛的征询和讨论，制定社区公约、楼组公约或住户公约，并经业主大会讨论通过，由此以书面形式的"社区宪法"来约束居民的不文明行为，营造积极向上的文化氛围。

在党建引领、政府负责、社会参与和市民自治的多元协同城市文化治理机制中，中国共产党发挥政治引领作用，奠定了政治基础；政府提供政策和资源，奠定了物质基础；社会组织提供创意指导，奠定了专业基础；市民是参与者、共享者和评价者，奠定了社会基础。多元主体发挥各自优势，共同推动共建共治共享的城市文化治理格局的形成。

四 市域公共文化治理体系的完善

（一）推动建立便利有效的民众参与机制

多元化是社会健康发展的重要特征。不同阶层和群体拥有各自相异的文化理念，这使得公共文化服务的供给面临众口难调的问题。同时，文化参与从早期的文化精英垄断逐渐进阶到多元主体协同，不同阶层参与方式的差异，也使得公共文化服务供给面临着错位的风险。社会整体多元文化形式和文化力量的混合共生、交织影响，差异化群体文化需求的混合，是市域公共文化治理体系完善面临的严峻考验。

面对这一考验，政府首先应当发挥市场在公共文化服务资源配置中的基础作用，并进一步推动建立便利有效的民众参与机制，充分调动广大市民和各类社会组织积极参与，大力完善公民需求表达机制，把"受众参与度"作为衡量本地公共文化服务建设效果的重要指标，通过大力培养民众利益表达意识和能力，均等化地向不同群体提供需求表达渠道。

（二）鼓励支持社会文化组织参与供给

一是行政松绑。社会文化组织能利用自身社会资源深度参与城市公共文化服务体系，缓解政府单一主体供给不足的压力，进而繁荣城市公共文化市场，最终协助政府建立起居民高度认同并参与的"内生型"供给机制。市域政府可以从以下几方面着手鼓励支持社会文化组织参与公共文化服务的供给。在行政审批上简化登记和管理手续，大力推动建立多种类型的文化组织团体。在减少行政过度干预、简化登记程序、完善相关服务等方面为文化社会组织松绑减压，破除不必要的刚性限制，为社会文化组织参与公共文化服务供给提供一个良好的生存环境和空间。

二是财政支持。采取多种手段尤其是经济手段，正向鼓励、支持社会组织团体参与到城市公共文化服务过程中。比如可以通过购买服务、财税政策优惠、设立专项基金等措施，鼓励支持社会民众和法人建立相关组织，并与其展开广泛深度合作，创造机会推动此类组织共建、共享式地参与到城市公共文化服务体系运转的各环节，最终使社会文化组织成为城市文化公共服务体系中专业化和规范化的中坚力量。

三是引导行业规范发展。制定规范，完善社会文化组织参与制度，协助推进社会组织的团队建设及技能提升，协助其出台相关合作规定、界定不同主体之间的权利义务关系等，破除各领域制度不完善所造成的对社会力量深度参与的各种限制，实现社会组织参与公共文化服务建设的常态化和可持续性，最终形成城市公共文化服务供给体系中"政府—社会组织"互动与合作的良性循环机制。

（三）营造多元便利的公共文化空间

公共文化空间，不仅仅是具象物理空间实体，是城市公共文化的精神空间载体，而且是衡量一个城市文化生产力和公共文化精神状况的重要指标，塑造了城市的公共文化生活。市域政府可以从以下几方面着手营造多元便利的公共文化空间。

一是在整体上综合规划。统筹城市自身经济发展、人口数量、文化资源禀赋、设施基础等因素，因地制宜，综合考虑。着眼于市民的内在需求、可及性和便利性，多渠道征求民众意见，有重点、分层次地建造各类公共文化空间和设施，盘活已有的场馆设施，综合安排，高效利用，力争在区域范围内实现全覆盖，并配备便捷可得的公共交通。

二是从"客户"角度出发。公共文化空间的内部设施、软硬件建设都要做到便利、舒适、人性化，给民众较好的个人体验，管理制度和开放时间尽量做到灵活性、规范性相结合，真正符合公共空间的性质，使其成为城市公共文化产品和服务的供给基地和中心，让居民方便获取、高效参与，而不是沦为"形象工程"和政绩秀场。

三是拓展文化服务空间。围绕民众需求，立足于利用和发展的角度，多维度利用公共文化空间和设施。通过招商引资，与社会资本合作，基于多种开发、经营模式，实现公共文化活动空间的多功能化、社会化、产业化，进而延伸公共文化服务链条，给民众提供更多更好的文化服务和产品。

四是重视虚拟空间中的公共文化空间构建。在高速信息化时代，虚拟空间已经成为人类生产生活的第二维空间。公共文化服务亦要适应时代变化，开拓虚拟空间服务形式，使本区域公共文化服务更加与时俱进、鲜活生动，全方位地激发城市公共文化的内在生命力和活力。

（四）协调主体关系与完善制度建构

当前城市公共文化服务体系建设过程中，一个需要解决的突出问题在于沿袭已久的行政主导模式。政府转型需营造新的制度环境，这种制度环境既涉及政府、社会文化团体、民众三者间的职责范围界定、资源分配等宏观、综合性的制度安排，又涉及政府职能部门之间的内部协调机制。市域政府可以从以下几方面着手协调主体关系与完善制度建构。

一是尊重多方主体的利益。充分考虑各类行动主体的理念、特性、利益、需求等因素，让不同主体的优势相互对接，灵活运用各种治理手段和政策对公共文化资源进行整合、开发，形成不同主体之间的正相关递进关系。

二是弱化行政思维。尊重不同主体的利益追求，弱化行政思维，避免形式主义、工具主义等不良倾向，有针对性地优化不同主体在现行制度环境下的互动模式，不断完善城市公共文化服务建设实践中的结构体系和运行机制。

三是促进协同。着眼于理顺、激励和优化政府不同职能部门在构建城市公共文化服务体系中的相互关系，使其分工明确、职责匹配、衔接顺畅，避免职责和功能的单项交叉与重合，在分工负责、齐心合作的基础上发挥出高效流畅的整体效能。

四是把握正确价值导向。通过有效治理手段纠正、引导和规范社会转型期中文化领域出现的一些失控现象，确保城市文化公共服务中公共精神的发扬和社会责任的落实。

通过以上几方面，形成治理合力，在城市公共文化服务领域把行政科层式管理、社会网络化治理有机结合起来，形成"科层制组织—网络化治理"的全新模式，进而更有效地提升城市公共文化服务质量。[①]

第三节　市域文化产业发展

一　市域文化产业的发展演进

根据世界银行的经济体分类标准和数据统计，结合中国国民经济和社会发展的五年计划，21世纪以来中国文化产业发展经历了以下四个重要时间节点。

2001年：中国人均GDP突破1000美元，居民消费结构发生变化，物质消费比例下降，精神文化消费占比提升。在这一背景下，文化产业开始起步，产业规划、法规政策、市场规则等各种规范逐步建立。

2011年：中国人均GDP突破5000美元，正式进入中等偏上收入国家行列。中等收入群体迅速壮大，文化消费水平快速提升，文化产业高速发展。

2020年：中国全面建成小康社会，文化产业占国民经济的比重明显提高、国际竞争力显著增强、适应人民需要的文化产品更加丰富成为全面建成小康社会的标志之一。

2021年：中国人均GDP超过12000美元，基本达到高收入国家水平。文化产业进入高质量发展阶段，到2035年人均GDP将达到中等发达国家水平，建成完善的现代文化产业体系，基本建成社会主义现代化文化强国。

综上所述，中国文化产业的发展可分为三个阶段：规范发展阶段

---

① 崔慧姝：《构建新时代城市公共文化服务体系的思考》，《江南论坛》2019年第6期。

(2001~2010年)、高速发展阶段(2011~2020年)。[①]

(一)规范发展阶段

初步建立了国家规范、地方规范、文化行业规范、文化企业规范、文化产业园区规范、文化产业平台规范等,在规范体系的构建过程中,文化产业从边界模糊、准入壁垒高筑、无章可循的状态走向规范发展。

一是建立了国家规范。早在1998年,文化部便设立了文化产业司,首次在政府层面上推动新型产业形态的发展。2000年,中国政府在"十五"规划中首次将文化产业纳入国民经济和社会发展规划。2002年,党的十六大报告提出,"发展文化产业是市场经济条件下繁荣社会主义文化、满足人民群众精神文化需求的重要途径","完善文化产业政策,支持文化产业发展,增强我国文化产业的整体实力和竞争力",正式确立了文化产业的地位。

在此背景下,由江蓝生、谢绳武主编的《2001~2002年:中国文化产业发展报告》出版,该报告提出,"文化产业在中国合法化过程的完成,仅仅标志着真正发展的开始。我国的文化市场规模巨大,产业发展才刚刚起步,存在大量的问题,只有从各方面对其加紧进行合理化设计与规范才能使其健康发展"。[②] 此外,该报告还针对国家规范提出了具体的规划、法规及政策建议。

最终,国家规范具体落实到两份文件上。一份是由国家统计局发布的《文化及相关产业分类》(2004年),该文件对文化产业的边界、类别、行业代码等进行了清晰的界定。另一份是由国务院审议通过的《文化产业振兴规划》(2009年),该规划首次确认了文化产业的战略地位,明确提出发展文化创意、影视制作、出版发行、印刷复制、广告、演艺娱乐、文化会展、数字内容和动漫等重点文化业态,在新兴文化业态、重大文化项目、骨干文化企业、文化产业园区和基地、文化消费、文化市场、文化贸易等方面作出了方向性指引,并对管理组织、体制改革、人才、立法等工作提出具体要求。

[①] 胡鹏林:《文化产业发展的中国道路与深圳经验》,《特区实践与理论》2023年第3期。
[②] 张晓明、胡惠林、章建刚:《迎接中国文化产业发展的新时代》,载江蓝生、谢绳武主编《2001~2002年:中国文化产业发展报告》,社会科学文献出版社,2002,第19~20页。

至此，国家完成了文化产业规范建设的初步任务，在文化产业的地位、内涵、业态、统计、管理等方面都有了标准规范。

二是建立了地方规范。以深圳为例，其在文化产业规范化管理方面表现得尤为突出。深圳率先于2006年设立了市政府直属的文化产业发展办公室（正局级），这一举措在全国范围内可谓首创，同时也表明了深圳在发展文化产业方面的空前力度。在此之后，深圳各区参照市政府设立区政府直属的区文化产业发展办公室（正处级）。这些办公室在制定文化产业发展规划、推进重大文化产业项目、建设文化产业园区和基地、培育和引进文化企业、制定和执行文化产业政策等方面都作出了重要贡献。

深圳在产业文件规范方面采取了一系列前瞻性举措，发布了文化产业规范发展的相关文件，如《关于大力发展文化产业的决定》和《深圳市文化产业发展"十一五"规划（2006—2010）》等，将文化产业纳入深圳市国民经济和社会发展"十一五"规划，作为四大支柱产业之一。2008年，深圳市人大行使特区立法权，审议通过了《深圳市文化产业促进条例》，支持非公有制文化企业发展，将旧城区、旧村、旧工业区改造为文化产业园区和基地，支持文化产品和服务出口，支持文化企业通过发行债券、股票等方式在国内外资本市场筹集资金。这些文件的发布标志着深圳已经基本构建了完整的文化产业发展规范体系，从政府决议、国民经济和社会发展规划到规范性法律文件。

在政策资金规范方面，深圳采取了一系列举措以鼓励非公有资本进入文化经营领域。为促进文化产业发展，深圳率先设立了文化产业发展专项资金，同时制定了相应的政策和资金管理办法，包括《深圳市文化产业发展专项资金管理暂行办法》（2005年印发）、《关于加快文化产业发展若干经济政策》（2005年发布）等。

这些政策和资金管理办法提出通过多种方式为文化企业提供资金支持，包括银行贷款贴息、配套资助、奖励、项目补贴等。其中，重点支持的对象包括文化企业的原创研发、文化产业园区建设、文化产业公共服务平台建设以及新引进的重点文化企业奖励等。这些政策和资金支持措施初步构建了深圳文化产业发展专项资金的框架和规则，对于推动深圳文化产业的发展起到了积极的推动作用。

三是建立了文化行业规范。在文化行业规范化方面，深圳市在"十一五"国民经济和社会发展规划及《国家"十一五"时期文化发展规划纲要》的指导下，明确了深圳文化行业的九大重点行业，包括现代印刷、文化旅游、工艺美术等三个强势行业，传媒出版、演艺娱乐、艺术培训等三个优势行业，创意设计、数字内容、动漫游戏等三个新兴行业。由此，深圳市构建了以强势行业、优势行业和新兴行业为主的文化产业结构，对各行业的内涵、方向、模式、项目等方面进行了详细界定，并建立了相应的文化行业规范。

在文化产业园区规范方面，深圳大力支持文化体制改革，鼓励非公有资本进入文化产业园区建设和经营，推动工业园区改造为文化产业园区。深圳出台了一系列政策文件，如《关于建设文化产业基地的实施意见》《深圳市鼓励三旧改造建设文化产业园区（基地）若干措施（试行）》《深圳市文化产业园区和基地认定管理办法（试行）》等，对文化产业园区、文化产业基地进行了清晰界定，并制定了市级文化产业园区的认定标准和支持举措。在这些规范的推动下，国有企业将所属的老旧工业区或办公区改建为文化产业园，民营企业将自有工业区、租赁的工业区或城中村改建为文化产业园，如华侨城创意文化园、怡景国家动漫产业基地、蛇口文化创意产业园、F518时尚创意园、大芬油画村、三联水晶玉石文化村等一大批文化产业园区均成为全国文化产业园区的标杆。

在文化产业平台规范方面，主要体现在对交易平台、创新平台的打造上。2004年深圳市联合中央部委共同打造中国（深圳）国际文化产业博览交易会，至今仍然是中国最具影响力的国家级、国际化、综合性的文化产业博览交易会。这种经验逐步推广至全国各地，陆续打造了北京文博会、长三角文博会、西部文博会等区域文化产业博览交易平台。此外，切实地推动创新平台的规范化建设，打造文化产业研发中心、企业孵化器、工业设计中心、文化科技实验室、产学研基地、版权服务中心等。这是深圳文化产业规范发展的宝贵经验，在全国得到了广泛推广。

（二）高速发展阶段

高速发展阶段是从2011年至2020年。在前一个阶段，文化产业发展较快，但文化与科技融合度较低、文化业态偏传统，政府主要规范市场准入,制定相关规则,政策实际支持力度有限。而在高速发展阶段,其特点主要体现在数据高速增长、业态高速变化、政府支持力度高速提升等方面。

一是文化产业数据高速增长。2011年至2020年期间,文化产业保持了高速增长的态势。文化企业数量、从业人员数、资产和营业收入等四个数据基本能够反映这一趋势。相比第一次全国经济普查,第二次全国经济普查的各项数据年均增速约10%,而第三次和第四次全国经济普查的各项数据年均增速则超过20%,这在国家11个振兴产业中位居前列,显示了文化产业已经进入了高速发展期。①

从此期的文化产业增加值来看,全国文化产业增加值从1.3万亿元增长到4.5万亿元,占GDP的比重从2.75%增长到4.43%。在中国GDP实现高速增长的背景下,文化产业增加值的增长速度超过了同期GDP增速。以深圳为例,文化产业增加值从771亿元增长到2240亿元,占GDP比重达到8%,年均增速约12%,无论在总量、占比还是增速方面都位居全国前列。这些数据进一步印证了文化产业取得的显著发展成就。②

二是文化业态高速变化。造成高速变化的主要原因如下。首先,随着居民收入的增长,已达到中等收入国家水平,居民的文化消费需求日益多元化。多元化的文化需求会对生产端的文化业态创新产生强烈的刺激。其次,2011年是3G网络和智能手机普及的起始年,移动互联网的普及改变了中国居民的文化消费模式,各种新兴文化业态如新媒体、文化软件、手机游戏、移动广告等不断涌现。

二 市域文化产业发展的政策建议

(一)保护历史文化资源

一是动态保护,合理利用,维持历史文化资源的生命力。现代城市重视功能,而历史文化资源则提供了充分的视角和心理上的美感及丰富的文化内涵。进行积极的动态保护和合理利用是将功能和审美有机结合起来的

---

① 参见国家统计局网站发布的第一次至第四次全国经济普查数据。
② 参见国家统计局网站发布的2011~2020年《中国统计年鉴》。

重要环节。在此方面，新加坡的城市保护工作为我们提供了具有借鉴意义的经验，其经过整治的历史地段不仅是供参观的历史建筑样板，更是可供城市居民居住和从事商业服务活动的场所。

二是整体规划，分类保护，分期实施。长效的整体规划是现代城市发展的规划通则，也是保护历史文化资源的一般做法。为了进行整体规划，每个城市必须详细掌握历史文化资源的数量、分布及其价值等信息，这些信息主要通过资源调查获得。然后，对历史文化资源进行分类，并制定不同的修复、保护和开发利用方案。在开发利用方面，可以根据建筑的结构性能、承载能力、所处地段等多种因素，注入适宜的现代元素，既不妨碍保护又能彰显其价值。为了确保历史文化资源的保护和利用得到充分的制度保障，必须建立健全相应的法规，按照城市现代化建设与历史文化资源保护及利用的共同要求，规范管理城市建设行为。

（二）营造特色文化空间

城市特色文化空间的营造是一项涉及城市物质空间美学个性的工作。该工作涵盖了多个方面，包括研究城市自然生态、都市格局和景观风貌的特征关系，挖掘和提炼城市的特色资源，以及在城市总体规划的指导下，依据相关专项规划和专题研究，梳理城市特色空间资源，协调城市空间特色的相互关系，提出空间特色塑造的目标与方案。这些工作可以为详细规划、城市设计和建筑设计方案的编制提供指导。

另外，需要指出的是，城市民众需对城市空间特色具有强烈的集体心理认知。如果民众对新规划的特色空间缺乏足够的文脉认同，将导致特色空间体系的发展存在很大的不确定性。

在此基础上，通过适当分析方法的引入与相关分析模型的建构、比较与发掘，综合市民、规划管理者等的主客观评价意见，针对性地提出具备可实施性的技术方法，尤其是对与规划管理直接衔接的城市空间特色要素作出控制与引导，理性回应城市特色文化空间营造。

（三）发展文化创意产业

一是充分依托市域优势文化资源。国内外的发展经验告诉我们，文化资源是发展文化创意产业的重要依托。一个地区在历史、人文、教育、景观等方面的优势资源，可以为当地发展文化创意产业提供文化、人才和技术基础，进而帮助形成本地文化创意产业的竞争优势。对于我国而言，经过几千年的文化发展与传承，在各个地方都已经形成了独具特色的地方文化。因此，各地发展文化产业。一方面，需要充分保护、挖掘和开发本地的优势文化资源；另一方面，需要对当地的优势文化资源进行不断整合和重点开发，形成该城市或地区文化创意产业的整体竞争优势。

二是优化市域知识产权保护环境。文化创意产业作为一种知识密集型产业，政府加大知识产权保护力度，对于文化创意产业的经营与发展具有非常重要的意义。只有在文化创意产业的知识产权得到有效保护的情况下，企业的投入回报才能得到保障，各个文化创意企业也才能更加具有不断开发和创新的动力。因此，我国政府应当采取多种措施，完善知识产权保护的法律体系，加大宣传力度，积极推进知识产权保护法律法规的贯彻落实，加强对盗版侵权等违法行为的监督和打击。

三是引导文化创意产业市场化。文化创意产业作为一个新兴的产业，在其前期的发展过程中，离不开政府的规划和扶植，但是一个产业的真正成熟，并形成自身的竞争优势离不开市场化的开发。因此，我国政府在规划和扶植文化创意产业发展的过程中，应当及时转换自身的功能和角色，将文化创意产业的发展思路由"政府经营"转向"政府服务"，注重文化创意产业的市场化引导。一方面，应当加强我国文化创意产业资源和文化创意产品的市场体系建设；另一方面，应当不断规范我国文化创意产业市场竞争环境，使我国的文化创意产业在合理有效的市场竞争中不断提高自身的经营效率和竞争优势。

四是推动文化创意产业的集聚区建设。当前，我国的文化创意企业绝大多数是中小企业，自身技术和资源实力有限，随着行业技术更新速度加快，新技术、新产品的研发必然受到自身资源、信息、技术和市场等因素的较大制约，风险较大。而由政府规划和组织建设文化创意产业集聚区，将同一类型的文化创意企业进行整合，充分发挥文化创意产业的集聚效应，有利于提高整个文化创意产业的规模实力和经营效率。一方面，在文化创意产业集聚区内的企业能够实现优势互补，可以最大限度地整合和共享资源，进而形成整体创新网络，提高产业的整体实力；另一方面，文化创意产业集聚区可以将与文化创意产业相关的企业、科研院所等主体联合起来，更加有效地促进各个主体之间的技术和市场信息的交流，促进文化创意产品研发、生产和销售。

(四) 建设各级公共文化服务设施

一是建立健全公共文化立法，明确政府责任。促使政府和社会对公共文化的投入机制在法律的保障下长效运行。法律体系是一个由不同部门和不同层级的法律规范组成的有机统一体，作为整个法律体系的一个分支，公共文化法律内部也应有自己的体系框架。公共文化立法应当在两个层次上开展。第一层次是公共文化领域的基础性法律，它们是发展文化事业，保障公民文化权益的要求的具体化法律，主要包括《公共文化事业促进法》等。此外，确立促进文化事业发展的基本法律制度，还可以考虑出台的有《图书馆法》《博物馆法》《公共文化捐赠法》等。第二层次是公共文化专门法，它们是保障文化领域各项事业发展的法律，具体有文化遗产保护方面的法律，如《文物保护法》《非物质文化遗产保护法》等。

二是完善绩效评估与问责评估机制。为确保公共文化服务的质量和效率，加大监督管理力度是必要的。公共文化服务绩效评估不仅是反映服务质量的有效手段，也是监督管理公共文化建设的重要措施。发达国家已经建立了相对健全的公共文化绩效评估机制，为确保我国公共文化建设的质量和效率，我国也应逐步完善公共文化绩效评估机制。

评价指标体系是对工作进行数据分析、量化考核、绩效评估的统计指标体系，它是规范管理的科学依据。评价指标体系应当包括发展规模指标、政府投入指标、社会参与指标等。监督评估结果要与相关责任机构主要负责人的业绩报酬和升迁挂钩，通过问责和奖惩机制，保障群众对公共文化服务进行问责、提出质询、要求改进等权利。

三是推进市域社区文化中心连锁化建设。政府可以通过购买公共服务的方式采购标准化社区文化中心及其服务。中心连锁管理的显著特征在于提供统一的产品和服务，以满足群众需求。社区文化中心连锁管理总部可统一创新文化产品、设计特色文化服务模式，并将其推广至各门店；反之，各门店应及时反馈群众信息，连锁管理总部可综合群众意见进行文化产品和服务改进或创新，及时推出符合群众需求的文化产品和服务，并在整个连锁管理范围内共享，从而提升社区文化中心的服务效率和效果。通过尽可能细化的分工，实现总部与各社区中心门店以及各个环节、岗位人员的分工"专业化"，实现"专业化"管理；同时要求一切工作按照规定的标准执行，实现"标准化"管理。

（五）组织市域大型文化活动

大型活动通常是在特定主题下，于特定城市举办的具有一定规模和影响力的阶段性公众活动。全球范围内每年都会举办各种大型活动。这些大型活动，大都会成为该城市集体狂欢和集体参与的盛事。这不仅会动员城市市民的积极参与，还会展现城市的组织秩序、经济实力、文化底蕴，以及市民文明素质和生活水平等多方面的优势。大型活动的举办不仅有利于提升城市的知名度和附加值，同时也有利于凸显或催化城市的某种特质，形成城市空间新的表现形式和形象特征。例如，巴黎举办世博会留下了埃菲尔铁塔，北京奥运会留下了鸟巢，上海世博会留下了中华艺术宫，这些大型活动的遗留物成为城市的地标性建筑，为城市的特色文化增添了浓重的一笔。

发起和申办具有全国性或具有一定国际影响力的大型文化活动，对扩大城市知名度和影响力，展现城市文化特色具有积极推动作用。同时，也可以促进大型文化体育场馆的建设，促进文化产业的交流与发展，从多方面推动城市文化战略的实施。[1]

---

[1] 刘观伟主编《以文化人　以人化城：城市文化建设研究》，中国社会科学出版社，2017，第203页。

第九章　市域政治领导机制

中国共产党领导是中国特色社会主义最本质的特征。无论是在政府的内部组织过程中，还是在社会治理过程中，坚持党的全面领导是必须遵循的首要政治原则。在市域治理中，由单一主体管理向多元治理转变是治理现代化的应有之义。尤其是在公共服务需求异质性、社会流动性不断增加的背景下，单一主体难以应对日渐复杂的社会发展格局，构建党委领导、政府主导、多元参与、居民自治的良性互动治理格局是当前乃至今后很长一段时间的必然趋势。在多元共治的模式下，要始终将党的全面领导作为治理的核心，加强党协调统筹各方力量和资源的能力，高效地促进改革与创新，提升多元共治的实际效果。

第一节　党对市域治理的全面领导

在中国的治理体系中，中国共产党无论在意识形态领域还是在组织实践领域都发挥着核心领导作用，主导着政策的制定和执行，具有重要的治理功能。在市域治理中，党的全面领导具有鲜明的制度优势。首先，中国共产党代表了最广大人民的根本利益，在政治、经济、社会、文化等领域的议程设置和政策制定中，能够始终坚持以人民为中心，[1] 将与人民群众根本利益密切相关的工作置于市域治理的优先目标之中。其次，党的全面领导提供了强有力的政治核心，不仅能够保证市域治理政策的连续性，而且能够在市域治理的各项中心任务中发挥统领全局、协调各方的作用，使

---

[1] 吕普生：《制度优势转化为减贫效能——中国解决绝对贫困问题的制度逻辑》，《政治学研究》2021年第3期。

市域政府条线各部门能够在统一的治理目标下长期沿着一致的方向前进。最后，中国共产党是具有革命性和先进性的政党，可以有效地引领社会思潮和凝聚社会共识。作为一个马克思主义政党，中国共产党始终坚持解放思想、实事求是、与时俱进、求真务实，通过中国特色社会主义理论和核心价值观有效引领社会思潮，凝聚社会共识，[①] 为市域治理现代化提供思想保障。

一 党的政治领导

党的领导是一个系统工程，其中，政治领导居于核心地位。"党是最高政治领导力量"，这一论断鲜明地宣示了党的领导的政治属性、政治地位。中国共产党是中国特色社会主义的掌舵者、治国理政的领导者，党的领导具有强烈的政治性。与普通管理组织、机构的最大不同之处在于，政党首先要回答的是"举什么旗、走什么路"的问题，这是由政党的政治属性所决定的。[②] 在市域治理中，党的政治领导是对政治立场、政治原则、政治方向、政治路线、重大决策的领导，也就是用党的路线、方针、政策带领政府与社会进行市域治理现代化建设，始终保持党对市域政治方向的引领、对市域重大决策的决断、对市域社会治理的领导。

（一）党是市域政治方向的引领者

中国共产党自成立至今所坚持的政治方向就是旗帜鲜明地坚持社会主义和共产主义。市域政治体系是一个复杂的系统，其构成包括政府组织、群团组织、社会组织等各种政治主体。因此，必须要坚持党对政治方向的引领，使得所有政治主体都能够"不忘初心、牢记使命"，始终保持党同人民群众的血肉联系，提高党的群众工作本领，克服脱离群众危险，坚持人民中心的根本立场。市域善治的实现，首要的任务是坚持以人民为中心的政治立场，要以能否满足人民群众的根本需要为试金石。党对政治方向的引领，能够保证市域政府深刻践行党的群众路线，走向群众、服务群众，以人民群众为中心，将推进治理体系与治理能力现代化建设作为切实

---

① 高建：《"中国模式"的争论与思考》，《政治学研究》2011年第3期。
② 戴立兴：《关于"坚持和加强党的全面领导"重要论断的理论思考》，《马克思主义研究》2022年第8期。

满足人民利益、人民需要的重要手段,使党和政府的一切工作体现人民意愿,顺应人民群众的呼声,以为民办事、为民造福作为市域治理的首要目标。

(二) 党是市域重大决策的决断者

在市域治理中,市级党委要始终发挥"总揽全局"的作用,这是党的领导职责,也是党领导能力和水平的体现。总揽全局就是要求党的各级组织担负起领导责任,抓方向、议大事、谋大局,集中精力解决具有全局性、战略性、前瞻性的重大问题。[1] 我们党始终坚持以人民为中心的路线,坚持民主集中制的决策原则,坚持实干兴邦的干事原则,同时,我们党具有勇于自我革命的精神,能够始终坚持真理、修正错误。这不仅能够保证市域重大事项决策的民主性和科学性,而且能够保证决策的稳定性、连续性,使市域治理在不同的阶段能够沿着一致的方向前进,有效避免市域治理过程中的短视现象。

(三) 党是市域社会治理的领导者

党的政治领导不仅体现在其对政治方向的把握、对重大决策的决断,而且还体现在其对市域治理过程的领导。党的十九届四中全会对我国社会治理体制提出了新的要求,"党委领导"更是排在了要求的首位,这充分说明社会治理中蕴含的政治要求,体现了党在社会治理过程中的核心领导地位,要将党的领导落实到社会治理的全领域、各环节。党对市域社会治理的政治领导不仅表现在其要明确社会治理中的中心工作,而且还表现在其对治理过程的监督和对治理结果的运用。首先,市级党委根据党的路线、方针、政策和人民群众的实际需求,将市域政府所承担的某些重要行政工作转化为政治性中心工作。[2] 市级党委在治理任务的优先排序和市域政府注意力分配上具有绝对的领导地位。其次,在市域社会治理中,党的领导还体现在对治理过程和治理结果的监督。市级党委不仅要对政府部门的行政过程进行程序性监督,确保行政过程的规范性,同时,还要对治理

---

[1] 景跃进、陈明明、肖滨主编《当代中国政府与政治》,中国人民大学出版社,2016,第53页。

[2] 杨华、袁松:《中心工作模式与县域党政体制的运行逻辑——基于江西省D县调查》,《公共管理学报》2018年第1期。

结果的有效性、充分性、公平性负责,并将治理结果合理运用到选人用人的考核过程中。

二 党的思想领导

思想领导是党的领导中最为基础的部分,也是实现党的全面领导的重要保障。实现思想领导的过程,就是一个政党用自己的政治主张武装全党成员并且形成整个国家社会影响力的过程。在市域治理中,党的思想领导就是坚持以马克思列宁主义、毛泽东思想和中国特色社会主义理论体系,特别是习近平新时代中国特色社会主义思想作为市域治理的指导思想,并用以教育和武装广大党员和人民群众,向人民群众宣传党的路线方针政策,把党的主张转化为人民群众的自觉行动,正确认识和解决市域建设和社会治理中的各种复杂问题。

在市域治理中,党的领导除了需要政治和组织方面的要件保障之外,还需要在思想上建立广泛的社会心理认同,没有这样一个社会心理认同,党的政治领导和组织领导是不牢固的,这就是思想领导的意义所在。① 随着全球化的发展和生产力水平的提高,市域治理所面临的社会、经济、文化环境在不断变化,社会成员思想活动的多样性、异质性、独立性和选择性不断增加,逐渐形成了价值日趋多元甚至相互冲突的社会思想环境。在此条件下,如何形成和巩固具有共享价值的思想基础,如何将能够体现社会主义意识形态本质的社会主义核心价值体系厚植于社会多元价值体系中,以引导社会舆论,凝聚社会共识,巩固和发展中国特色社会主义,越来越成为市域思想领导的重要议题。

三 党的组织领导

市域治理中党的组织领导是指在市域政府和社会群团组织中建立党的各级组织,并推荐党的重要干部,在制度、法律和人事上保证党的路线、方针、政策得以贯彻执行,以发挥党组织的领导核心作用。在党的组织领

---

① 景跃进、陈明明、肖滨主编《当代中国政府与政治》,中国人民大学出版社,2016,第53页。

导下,市级人大、政府、政协、审判机关、检察机关以及社会系统中的工会、共青团、妇联等人民团体都能各司其职、协调一致地开展工作,使党的政治意图能够通过遍布政府和社会的组织网络与党员工作,落实到市域治理的全过程、全领域、各环节。

(一)同级领导组织

市域治理是一个复杂的系统,需要不同部门的通力协作,这就必然要求有一个领导核心。党的十九届三中全会通过的《中共中央关于深化党和国家机构改革的决定》提出,"强化党的组织在同级组织中的领导地位"。这一要求贯彻了党章规定,是深化党和国家机构改革的重要内容,是坚持和加强党的全面领导的重要保证。市级党委在上级党委的领导下开展工作,并在本地区发挥总揽全局、协调各方的领导核心作用,对本地区经济建设、政治建设、文化建设、社会建设、生态文明建设实行全面领导,对本地区党的建设全面负责。市级党委应当加强对同级人大、政府、政协等的领导,同级各个组织中的党组织和领导干部要自觉接受同级党委领导、向同级党委负责。一方面,党在市域国家机关、人民团体、经济组织、文化组织和其他非党组织的领导机关中设立党组,在本单位发挥领导作用;另一方面,党向各组织推荐优秀党员干部担任骨干职务,并通过党的方针路线、党的纪律对各组织进行引领和约束。

(二)党管干部

党管干部是我国干部选拔任用的首要原则,同时也是党实现全面领导的重要手段。通过党管干部,切实把"对党忠诚、一心为民"的干部、"经得起历史、实践和人民检验"的干部选拔出来,使用起来,建设一支高素质执政骨干队伍,充分发挥我们党中国特色社会主义事业坚强领导核心的作用。在市域治理中,党管干部主要体现在市级党委对市级各部门和区(县)政府机关内处级以上领导岗位人员的选拔、任用和监督上。党管干部首先要坚持民主集中的原则。党的领导是集体领导,在干部问题上必须集体主导、集体把关,同时必须在干部工作中充分发扬民主、听取群众意见。在干部选拔任用中,从酝酿动议到民主推荐,从组织考察到讨论决定等各个环节,党组织都要全程发挥主导和把关作用。其次党管干部要正确处理坚持党的领导与依法依规办事的关系。坚持用制度管人管钱管事，运用法治思维和法治方式抓好干部选拔和管理。

（三）组织协调

市域治理中往往存在分权化、部门化、碎片化现象和多元主体参与治理的情况，为整合资源，提升治理效能，需要发挥党的组织协调作用，做好部门之间的横向协调，统筹配置资源，推动部门协调联动，形成治理合力。组织协调的方式主要有：其一，政治动员机制，即通过形式多样的宣传工作、舆论引导工作、思想政治工作，广泛深入宣传党的理论和路线方针政策，把党的重大工作部署落实到基层，形成统一思想、统一意志、统一行动的强大合力；其二，工作小组机制，市域治理工作往往需要多个职能部门通力合作，在组织协调过程中市级党委作为领导核心通常会选择成立专门的议事协调机构，例如各种领导小组、委员会等，并安排党委强势部门来牵头协调，以整合资源、指挥行动；其三，联席会议机制，即围绕市域治理中心工作，召开全体成员会议或专题会议，研究重大政策、部署重大工作、督办重大事项。

第二节 市域政治领导的主要方式

一 市级党委常规领导

党的市级委员会（以下简称"市委"）是中国共产党设在市一级的地方领导机关，由党的市级代表大会选举产生，在党的市级代表大会闭会期间执行中央和上级党组织的指示以及同级党代表大会的决议，对地方重大问题作出决策，向地方政权机关推荐重要干部，全面领导地方工作，定期向党的上级委员会汇报工作；党的市级委员会的常务委员会（以下简称"市委常委"）主持市委日常工作，主要成员包括市委书记、副书记和市委常务委员，由党的市级委员会全体会议选举产生，报上级党委批准，在同级党的委员会全体会议闭会期间行使委员会的职权。

市委领导是市域政治领导的常规表现形式，市委的领导核心地位主要体现在整合部门机构、明确权责划分、讨论重大问题、推荐领导干部、监督执行过程上。党通过全面嵌入政府行政体系实现组织再造，实现依法执政，掌握政治领导权和核心决策权，与负责执行的行政机关等组成广义政府。新时代我国的党政关系既克服了传统党政不分党凌驾于行政部门之上包揽一切、行政能力全面弱化、行政体系缺乏活力的弊端，也最大限度地避免了党政分开可能产生的治理冲突和高行政成本，通过党和国家机构改革进一步贯彻落实党的常规领导。

二 党政合署办公

党政合署办公是指两个或者两个以上党政机构，因工作性质和职能高度相近或工作内容联系密切而在同一处所集中办公，更进一步地融合则称为合并设立，其外在表现是"一个机构，一套人马，两块牌子"。党政合署办公是党政组织机构改革的重要手段。党的十八大以来，党政组织机构改革向纵深发展，党政合署办公也日益朝着规范化、制度化、法治化的方向演进。党的十九大报告指出，"在省市县对职能相近的党政机关探索合并设立或合署办公",[①] 这是党政合署办公首次正式出现在党代会报告中。2018年《深化党和国家机构改革方案》正式提出，为全面发挥党的领导下党政职能部门的治理效能，"推进职责相近的党政机关合并设立或合署办公"，并鼓励地方推行，党政合署办公在市域治理中得到广泛试点。

党政合署办公或合并设立以组织间工作内容高度重合为基础，旨在打破党政部门间壁垒，提高行政效率，避免因机构设置较多产生的职能交叉、政出多头、相互推诿的现象，一般集中在综合性较强、直接关系党政机关整体运行的部门和领域，如纪检监察（市纪委和市监察委员会合署办公）、人事管理（市委组织部和市政府公务员局合并设立或合署办公）、宣传工作（市委宣传部对外加挂市新闻出版局牌子、市委宣传部和市文化和旅游局合署办公等）、统战工作（市民族宗教事务局并入市委统战部等）、信访工作（市委信访局和市政府信访局合署办公）等。一般而言，党政合署办公或合并设立有着组织制度保障和政治意志贯彻的双重面向。

[①] 习近平：《决胜全面建成小康社会 夺取新时代中国特色社会主义伟大胜利——在中国共产党第十九次全国代表大会上的报告》，人民出版社，2017，第39页。

在中国的国家政治结构中,"党组织是一个常量",[①] 合署往往以党的工作组织机构为主体,以此合并、整合相应的政府组织机构,合署的空间也取决于党委职能部门的数量和配置,市党委领导一般兼任市政府组织部门的主要领导,实现了市委对城市特定工作领域的全面领导和直接管理,例如,市委组织部和市政府公务员局合并设立之后,直接强化了对"党管干部"原则的贯彻和落实,强化了市党委对干部录用、考察、教育、管理的全面领导。合署办公或合并设立通过领导权的转移确保了市党委政治意志的集中和贯彻,在减少行政成本、分管摩擦的同时更凝聚提升了党政部门的领导合力,在市党委常规领导的过程中提升了政策沟通和执行的效率。

中国共产党历来重视组织机构改革,党政合署办公或合并设立标志着以政党为中心的领导市域治理的模式更加成熟,实现并加快了市委组织机构的改革和行政体制的调整,为党委常规领导提供了组织化、制度化的保障,奠定了党委常规领导的组织制度基础。

三 领导小组

领导小组是党在总结长期治理经验的基础上结合国家治理现代化目标创造的一项极具中国特色的技术性领导和决策机制,被广泛运用于市域治理的各个决策领域和政治过程,其主要组织形式包括领导小组、委员会、指挥部、联席会议等,承担着政治领导、决策议事、协调整合、改革发展等重要功能。

领导小组作为我国党政体系中独特的组织现象,最早形成于计划经济时代的中央工作部门,衍生于党委领导基础上的"归口管理"制度,目的在于强化党对国家事务的全面领导,避免"条块"分割造成的管理资源分散、职能重叠、政出多门、权威的碎片化状态。领导小组的组织形式常常与运动型治理机制相伴。在面对重大治理任务、推动重要改革和部署重点工作时,需要一种集中、高效的动员模式克服科层官僚制本位主义、

[①] 景跃进、陈明明、肖滨主编《当代中国政府与政治》,中国人民大学出版社,2016,第5页。

相互掣肘、效率低下的弊端，发挥党总揽全局、协调各方的领导核心作用，领导小组正是党统一意志、推动决策执行的重要抓手，实现了横向上治理资源和纵向上政治权威的集中和统合，是对政府科层制的补充和超越。

党的十八大以来，随着全面深化党和国家机构体制改革的不断推进，领导小组在市域治理现代化中被赋予了新的使命，集中体现在领导小组体制机制更加完善、角色定位更加明晰、结构功能更加全面、统一领导更加有效，以更加制度化的方式应对愈发复杂的市域治理议题与挑战。

在市域治理中，领导小组的机构设置以城市重大发展问题为导向，通过市政会议集体研究讨论决定，并以正式文件的形式向社会公布，其组织架构也呈现出可预测、模式化的特征。一般而言，领导小组是以"三层次"的模式化组织架构为内核，即"领导成员—部门成员（牵头部门成员）—办事机构"。[①] 一是领导成员，通常由党政一把手（市委书记或市长）或其他市委领导班子成员担任领导小组组长统一指挥并协调领导小组的运作，进而实现治理资源的集中，以强有力的政治权威为跨部门协作提供保障，助推市域治理目标的高效完成。二是部门成员，由相关市政职能部门的负责人构成，其中承担领导小组主要工作职责的职能部门会作为牵头部门，其部门负责人往往会担任领导小组的第一副职，在领导小组内部，作为各部门负责人的小组成员对小组长即地方党政一把手负责，接受小组长的领导。三是办事机构，以领导小组办公室为主导负责领导小组的日常工作和具体执行，将一把手和各部门负责人达成的共识性决策具象化，[②] 通过实证调查、指标设计、数据收集、任务分工、目标分解、结果反馈、奖惩监督等一系列工作推动决策方案保质保量地层层传递、贯彻落实。其中，会议制是领导小组发挥领导作用的重要制度安排。通常情况下，党的工作领导小组会议会采用"套会"的形式，即将领导小组会议与党委或政府工作会议一起以"套会"的形式召开，[③] 为重点工作的部署

[①] 周望：《大国治理中的领导小组：一项治理机制的演化与精化》，《中共天津市委党校学报》2019年第5期。

[②] 达尔罕：《领导小组机制的运行逻辑与优化建构》，《领导科学》2022年第6期。

[③] 原超：《中国式现代化视域下领导小组治理的制度逻辑》，《中国领导科学》2023年第3期。

最大限度地争取政治力量和权威供给，凝聚政治共识，破除党政部门间壁垒，压实部门责任，形成领导合力。

最后，可以从以下几个方面理解领导小组的功能优势和作用机制。一是权威领导下的政治动员机制（通常表现为专项工作领导小组）。党政权威的介入塑造了部门间的激励格局，有利于克服改革过程中的阻力，突破既有科层组织的约束和局限，以更加高效的方式完成阶段性的重点工作任务，将党的政治势能转化为市域治理效能。二是部门协调下的资源整合机制。通过领导小组这一领导治理平台，部门间的行政力量和治理资源能够被最大限度地调度，服务于城市重大发展和治理问题，助力组织攻坚克难、处置重大问题。三是压力传导下的部门问责机制。领导小组将市域职能部门的"条"和市党政机关的"块"通过责任链条联结起来，形成独特的领导小组工作责任制，即治理责任共同体，各部门负责人在利益捆绑和责任连带的情况下通力合作，把党中央和市委的决策部署贯彻落实到位。

四　内部领导

党的二十大通过《关于〈中国共产党章程（修正案）〉的决议》，新修正的党章指出"在中央和地方国家机关、人民团体、经济组织、文化组织和其他非党组织的领导机关中，可以成立党组。党组发挥领导作用"。部门内设党组是党实现对非党组织内部领导的重要组织制度安排，是新时代加强党的全面领导的重要载体，在党的组织体系中具有特殊地位。

作为党政市域治理内部领导机制的党组领导与常规领导机制的市委领导之间既有区别又存在联系。二者联系的共同点在于：同属于党的组织制度形态，必须坚持党的民主集中制原则，坚持集体领导和个人分工负责相结合的组织制度；党组成员与党委交叉任职的情况比较普遍，如担任市政府部门正职的政府党组成员须是市委副书记或常委会委员；都要严格贯彻落实党的方针、路线，发挥对一定单位或区域的领导作用。二者的区别在于：党组由相应的党委批准成立，党组的成员由批准成立党组的党组织决定，一般采取直接任命的形式，不需要通过选举产生，党组必须服从批准它成立的党组织领导,而市委由党的市级代表大会选举产生,市常务委员会由党的市委员会全体会议选举产生,向党的市级代表大会负责并汇报工作,接受上级党组织的领导;党组在部门内部发挥领导作用,领导本单位的业务和党建工作,而市委对整个城市的全方位发展负主要责任,主持区域发展大局,领导和促进市域治理现代化,并承担对重大事项、公共政策的决策权;党组没有发展党员和决定对党员纪律处分的权力,而市委承担着组织的人事职能,可以直接决定或批准对党员的纪律处分;党组与本单位机关党组织和下级党组织是指导关系,不是领导关系,而市委与同级或下级机关党组织存在领导和隶属关系,市委对同级或下级机关党组织具有领导权,市政府党组由市委批准成立,同样接受市委领导。

党通过部门内设党组实现对非党组织的政治领导本质上体现为党政关系。在这里,我们主要考察行政机关内部党组的基本形态与关系结构。

在党组的基本形态构成上,主要按照"分级分类"的原则在行政机关内部设立党组,县级以上每一级人民政府内部均设置相应的政府党组,在每一级政府的组成部门、直属机构以及派出机构中又设置与之相对应的部门党组,具有一定同构性。在地级市政府党组中,一个中等规模的地级市政府党组一般由7~9名领导干部构成,其中党组书记1名,由市长兼任;党组副书记1名,由常务副市长兼任;党组成员若干,由副市长和政府秘书长兼任。在部门党组中,其成员主要包括具有党员身份的局长(主任)、副局长(副主任)、派驻纪检监察组组长以及其他排名靠前的领导干部等,部门党组书记既可能由部门正职领导担任,也可能由副职领导担任。[①]

党组的关系结构,主要是指政府党组与政府常务会议和各部门党组之间的关系。在政府党组与政府常务会议的关系上,政府党组会根据议事范围和重点关注的问题提前酝酿和拟定比较详细的议事目录清单,决定需要通过党组指导讨论和由政府常务会议自行决定的事项,一般而言,市政府

---

① 李洪川:《坚持党的领导视域下中国共产党党组政治研究》,博士学位论文,吉林大学,2022,第160页。

党组不介入政府的具体行政事务，主要发挥市委与政府之间的桥梁纽带作用，在涉及意识形态、主题教育等党务工作或业务领域的重大事项时才会提交市政府党组研究、讨论和决定，除应由党组会议决定的事项外，其他重大问题应通过政府常务会议研究决定。在政府党组与各部门党组的关系上，二者之间并没有垂直的领导与被领导的关系，统一接受以市委为中心的各级党委领导，但政府党组对部门党组有一定的指导和协调作用。另外，值得一提的是，从各地方的组织实践和人员构成上看，政府决策机构以及各部门领导班子成员中党组成员的比例非常高，有效保证了党委的政治主张和决策意图在行政机关中得以通过组织程序化的方式贯彻和执行，形成了党政关系的良性互动。

党组通过组织、制度、功能的嵌入实现了党委对市域非党组织的政治领导，具有决策议事、协调整合、监督保障、价值引领的功能，充分发挥了党组把方向、管大局、保落实的领导作用，是党领导和推动市域治理现代化过程中强大的组织资源和动员力量。

五　外部监督

相较于中央、省级层面完善的党内巡视制度，市级层面的党内监督存在一定不足，巡察制度的相对缺失，使得市域基层党组织存在监督乏力等问题，鉴于此，党中央将巡视的成功经验引入市域基层党组织的监督和管理过程中，推动全面从严治党向纵深发展。2016年10月新修订的《中国共产党党内监督条例》将市县巡察制度作为党内监督制度正式加以规定："省、自治区、直辖市党委应当推动党的市（地、州、盟）和县（市、区、旗）委员会建立巡察制度，使从严治党向基层延伸。"2024年修订发布的《中国共产党巡视工作条例》规定，"党的市（地、州、盟）和县（市、区、旗）委员会建立巡察制度，设立巡察机构，在一届任期内，对所管理的党组织实现巡察全覆盖"，"其他党组织需要开展巡察工作的，应当通过上级党委（党组）巡视工作领导小组报党委（党组）批准"，"（地、州、盟）党委巡察对象是：党委工作部门领导班子，市一级国家机关部门、人民团体党组（党委），市（地、州、盟）管理的国有企业、事业单位党组织，以及党委要求巡察的其他党组织"，"巡察工作应当坚守政治监督定位,聚焦党中央决策部署在基层落实情况、群众身边不正之风和腐败问题、基层党组织和党员队伍建设、巡察整改和成果运用等加强监督检查",明确并细化了"中央—省—市县"三级巡视巡察格局。"央省巡视"与"市县巡察"相统一,强化了党内监督力度,打通全面从严治党"最后一公里"。

巡视巡察工作主要是对党的组织和党的领导干部执行《中国共产党章程》和其他党内法规,遵守党的纪律,落实全面从严治党主体责任和监督责任等情况进行监督,以发现问题、形成震慑,推动改革、促进发展,发挥从严治党利剑作用。

只有具备高效率与高实效的基层巡察制度,巡视巡察工作才能形成广泛、持久的威慑力。市级巡察监督是全面从严治党的重大举措,也是全面从严治党向基层延伸的重要制度安排,其根本政治任务是坚决做到"两个维护",确保党的路线方针政策和党中央的决策部署在市域中得到充分贯彻落实。市域巡察重在"察",即体察民情,掌握基层动态,重点发现"最后一公里"的问题,着力发现损害群众切身利益的腐败问题和不正之风以及党性观念淡漠、组织松散、管党治党宽松软等问题。从市级巡察机构组成来看,市委成立巡察工作领导小组,下设巡察工作领导小组办公室和巡察组,巡察组向巡察工作领导小组负责并报告工作。[1] 市级巡察监督的方式是自上而下进行监督,巡察组不受行政部门干涉,具有独立性。

当前市域巡察工作在市域治理现代化中被赋予了新的使命,集中体现在巡察工作向纵深发展,打通巡视巡察上下联动的监督网,健全监督体系,形成强大的监督合力。打通层级、接通地气,推动全面从严治党在市域彰显实效,厚植党执政的政治基础。

建立市级巡察制度,是提升市域治理水平、推进市域治理体系和治理能力现代化的必然要求,市委要把主体责任牢牢扛在肩上,责无旁贷当好巡察工作的领导者、执行者、推动者,切实发挥好党委在上下联动中的领导、统筹、协调、指导职责。充分发挥主观能动性,因地制宜创新巡察的

---

[1] 郭锐:《博弈论视角下机动式巡察的反腐效力评估》,《天府新论》2021年第3期。

方式方法，积极探索"交叉巡察""机动式巡察"等方式，① 实现巡察监督工作的制度化、常态化。

市级巡察制度是实现反腐"压力传导"、提升市级巡察工作实效的制度举措，也是反腐"减存量、遏增量"整体工作布局的组成部分。市委要落实好推动本市巡察工作的主体责任，及时制定规划，定期研究工作，实行市委书记专题会听取巡察汇报材料，并向上级巡视巡察工作领导小组报备的制度。市级巡察工作领导小组坚持对标对表、学思践悟，自觉把思想和行动统一到中央和省委对巡察工作的决策部署上来，准确把握巡察工作的指导思想、总体目标、基本原则、工作方针和主要任务，提升巡察工作质效。市委书记作为市级巡察的第一责任人，从政治高度准确把握巡察政治监督的职责定位要求，坚决防止巡察工作业务化、简单化，加强对巡察工作的组织领导，深入研究和谋划本地巡察工作，充分听取巡察工作组的工作汇报，为开展高质量的巡察监督提供有力保障，不断提升市域治理法治化、规范化水平。

六　市域基层组织建设

习近平总书记指出，中央和国家机关是贯彻落实党中央决策部署的"最初一公里"，地方党委是贯彻落实党中央决策部署的"中间段"，基层党组织是贯彻落实党中央决策部署的"最后一公里"。② 基层党组织是党的肌体的"神经末梢"，③ 是党执政大厦的地基，是有效实现党的领导的坚强战斗堡垒，为奋力谱写全面建设社会主义现代化国家篇章提供坚强组织保证。把市域基层党组织建设成为宣传党的主张、贯彻党的决定、领导基层治理、团结动员群众、推动改革发展的坚强战斗堡垒，对于坚持和加强党对市域工作的全面领导，夯实党在市域的执政基础，推动市域治理体系和治理能力现代化具有重要意义。

市域基层党建是一项系统工程，涉及群众工作与生活的各个方面，必

---

① 蔡志强：《交叉巡察的实践价值——破解基层"熟人社会"困扰的制度安排》，《人民论坛》2018年第31期。
② 《习近平谈治国理政》（第四卷），外文出版社，2022，第504页。
③ 布成良：《党建引领基层社会治理的逻辑与路径》，《社会科学》2020年第6期。

须广泛争取和依靠多方面的组织支持，形成共建合力。加强市域基层党建，一要"纵向到底"，二要"横向到边"，有效实现市域范围内党的组织和党的工作全覆盖。

"纵向到底"是指要将党的基层组织建设以及群团组织建设落实到街道、社区，强调与国家行政区划相对应的地域性纵向组织体系，即党组织内部的垂直领导体系，包括中央、地方、基层三级党委以及在城市基层的派出性工作委员会，均需与各级政府行政组织配套设立；"横向到边"强调市域各级党组织之间的协同合作和横向联系，按照国家条线管理体制设立组织体系，包括在各个企事业单位、专业管理部门、社会团体等组织中设立党组织。① 党在基层的组织体系呈现"纵向为主、横向为辅"的格局。"纵向到底"能够将党组织的政策和资源下达基层，推动各级党组织发挥组织优势。"横向到边"的治理体系能更好调动社会各方面的力量，从而激发基层党建的活力。各层级、各领域党组织协同并进，真正把基层党组织的政治优势、组织优势和密切联系群众优势转化为基层治理效能。

具体到市一级的实践，市域基层党组织的领导体制具有独特内涵，既有吸纳辖区内各机关、社区、"两新"组织的横向市域党建联盟，又有从街道党工委到党员中心户的纵向社区五级党组织架构。有机联结单位、行业及各领域党组织，充分发挥街道社区党组织领导作用，构建区域统筹、"条块"协同、上下联动，共建共享的市域基层党建工作新格局。

（一）市域党建联盟

党建联盟是以党建为引领、以党组织为主体的党建联合体或联盟性组织。② 党建联盟以共建、共融、共享、共治的理念，打破区域壁垒和"条块"分割，推动市域范围内单位、行业、区域党建的互联互动，提升基层党组织的组织力、凝聚力和战斗力，实现多元主体间的优势资源互补，引领带动市域各辖区单位、行业共谋发展、共解难题，凝聚市域治理合力。

---

① 林尚立等：《社区党建与群众工作——上海杨浦区殷行街道研究报告》，上海大学出版社，2000，第65页。
② 齐峰：《共同富裕中基层党组织主体协同探索——以宁波党建联盟为例》，《中共合肥市委党校学报》2022年第3期。

区域化党建延伸了党建工作的触角。通过辖区全覆盖、组织全联盟整合起辖区内的党建资源，将原本分散、零星的辖区党建工作进行有机整合，进一步推动区域公共事务、区域建设深度融合。通过党建联动机制拓宽辖区内单位、组织的发展思路，加强党建政治引领作用，激发辖区内企业、组织等主体的发展活力，实现党建工作与企业、组织和社会经济的发展共促多赢，多元主体共同为城市建设发展而服务。

市域党建联盟主要包括三种类型。一是党建联盟与跨区域主体协同。跨区域的党建联盟主体构成主要常见于城市基层社区，通过"分片联建""强弱联合""强强联合"等方式，打破行政区划界限，凝聚各方基层党组织的主体力量，推动共同治理。二是党建联盟与跨行业主体协同。跨行业的党建联盟也被称为"异业联盟"，相关主体主要来自各行各业的党组织，目标是让党建与市域经济走向、经济发展同频共振，充分发挥行业特色优势，实现行业间优势互补。三是党建联盟与跨领域主体协同。跨领域的党建联盟主体主要来自政府机关、事业单位、企业、社会等不同领域的党组织，其实质是为了解决具体问题而组建的党建共同体。[①]

（二）社区的五级党组织架构

社区是市域治理的基本单元，也是市域治理体系中的基础部分。社区治理事关党和国家大政方针贯彻落实，事关人民群众切身利益，事关城市基层和谐发展，推进国家治理体系和治理能力现代化，抓好基层治理现代化这项基础性工程，需要着力提升城市社区治理现代化水平。

社区党组织作为以全体社区党员为组织对象的党的基层组织，是党在城市社区的全部工作和战斗力的基础。在纵向上，根据党的基层组织建设原则，社区在符合条件的组织中，设立党支部或党小组，在垂直层面深入院落楼栋及单元楼层中，形成"街道党工委—社区大党委—网格党支部—楼栋党小组—党员中心户"的上下贯通的五级党组织架构和服务链条。街道党工委是"龙头"，社区党总支是"骨干"，网格党支部是"主阵地"，楼栋党小组是"纽带"。通过整合网格、人员，建立"条块"结

[①] 齐峰：《共同富裕中基层党组织主体协同探索——以宁波党建联盟为例》，《中共合肥市委党校学报》2022年第3期。

合、管理精细、服务多元、反应迅速、运行顺畅的"全链式"管理服务体系,全面搭建"街道党工委揽全局、社区大党委抓总体、网格党支部强服务、楼栋党小组优管理、党员中心户作表率"五级组织架构。街道党工委对社区大党委实行纵向领导,把社区党建工作的基础打牢,通过不断加强制度建设,建立基层党建责任制,细化相配套的监督、考核和奖惩制度,把基层党建目标责任制落到社区,形成层层抓落实,一级抓一级的工作机制。[①] 通过运用"五级组织"逐层研究解决问题、逐级上报未解决矛盾纠纷,问题解决后反向逐级反馈到党员中心户的闭环工作法,确保党小组覆盖到市域每个角落,确保党员遍布在市域所有网格中,紧密联结党的基层组织与城市社会建设管理,充分发挥社区基层党组织凝聚和动员党员、服务和管理群众、建设和管理社会的功能。

第三节 市域政治领导的功能

党政军民学,东西南北中,党是领导一切的。党的全面领导不同于以高度集权的方式对政府、市场、社会实行"包办一切"的领导,而是以人民为中心、以法治为基础、以德治为保障,以使党委发挥总揽全局、协调各方作用的领导。在市域社会治理中,党的全面领导体现在政治领导、思想领导和组织领导的过程中,即通过制定大政方针,提出立法建议,推荐重要干部,进行思想宣传,发挥党组织和党员作用,实现对政府建设和社会治理的全面领导。具体而言,从职能运行的角度分析,党对市域治理的全面领导发挥着顶层设计、组织建设、沟通协调和监督保障等功能。

一 顶层设计功能

党对市域治理全面领导的核心即在于对市域治理进行前瞻性思考、全局性规划、战略性布局、整体性推进,也就是顶层设计。顶层设计是中国共产党治国理政的重要方式,"进行顶层设计,需要深刻洞察世界发展大

[①] 吴晓燕、陈权科:《空间再造:治理融合发展的社区平台构建实践——以成都市清源社区为例》,《湖北民族大学学报》(哲学社会科学版) 2022年第2期。

势，准确把握人民群众的共同愿望，深入探索经济社会发展规律，使制定的规划和政策体系体现时代性、把握规律性、富于创造性，做到远近结合、上下贯通、内容协调"。① 在市域治理中，顶层设计的内容主要包括两个方面。一方面是制度建设，党的政治领导功能体现在其具有足够的权威和能力在国家的大政方针下制定市域治理的路线和政策，完善内外部的组织制度和治理制度，规范和引导各治理主体的行为。另一方面是能力建设，在党委的领导下，增强市域治理的战略前瞻性，敏锐洞悉市域治理可能出现的机遇和挑战，防范化解政治安全风险、社会治安风险、社会矛盾风险、公共安全风险、网络安全风险等方面，为提升政府治理能力发挥政治引领作用。总体而言，只有顶层设计更加明晰、框架体系更加健全、政治共识更加巩固，治理效能发挥才能更加充分。

二　组织建设功能

在市域治理中，党的组织建设包括两个方面。一是要贯彻党管干部原则，坚持德才兼备、以德为先、五湖四海、任人唯贤，坚持正确选人用人导向，着力建设忠诚干净担当的高素质专业化干部队伍。进而构建科学规范、开放包容、运行高效的人才发展治理体系，为推进中国特色社会主义事业提供坚强组织保证。二是坚持抓基层、打基础，加强基层组织建设、党员队伍建设，充分发挥基层党组织战斗堡垒作用和党员先锋模范作用，把党的路线方针政策和重大工作部署落实到基层，在社会层面通过建立党的各级组织和发挥党的领导核心作用，以整合社会力量。总体而言，加强党的组织体系建设，健全维护党的集中统一的组织制度，完善上下贯通、执行有力的组织体系，能够在市域治理过程中不断增强党的政治领导力、思想引领力、群众组织力、社会号召力。

三　沟通协调功能

总揽全局、协调各方，是对中国共产党领导地位的准确界定，有利于

---

① 《习近平在学习贯彻党的二十大精神研讨班开班式上发表重要讲话》，中国政府网，https://www.gov.cn/xinwen/2023-02/07/content_5740520.htm。

把党政军民学、东西南北中各方面智慧和力量整合起来，协调高效地解决市域治理过程中的各种矛盾和问题，充分发挥社会主义制度集中力量办大事的政治优势，有力推进市域善治的实现。市域治理体系是由众多子系统构成的复杂系统，不仅需要政府内部不同层级、不同条线部门的通力协作，同时还需要政府外部的人民团体、企事业单位、基层群众自治组织、社会组织等机构和组织的协同配合。"党的角色是总揽全局、协调各方，党对各类组织和各项重要事务负有领导责任，同时保证人大、政府、司法机关、政协、人民团体以及各类经济、社会组织依法依章开展工作。"[1] 党组织能够较好地协调在不同专业事务领域中的分工机构和组织资源，同时各个部门之间又能更好地协同统一，减少了党政之间、部门之间、政府与社会之间的协调交易成本，实现了党对各项工作的有效领导和协同管理。

四 监督保障功能

监督是权力正确运行的保证，是市域治理体系有效运转的重要支撑。习近平总书记在主持中共十九届中央政治局第十一次集体学习时的讲话中指出，"要强化政治监督，做实日常监督、靠前监督、主动监督，坚决破除空泛式表态、应景式过场、运动式造势等形式主义、官僚主义问题，维护党中央权威和集中统一领导，确保党中央重大决策部署落实到位"。[2] 市级党委是市域政治监督的核心主体，纪委监委是政治监督的专责机关。政治监督的对象则包括市域党政机关内部的党员、领导干部，以及所有行使公权力的公职人员。在监督内容范围上，政治监督不是对一般工作的监督，而主要是对党的路线方针政策和党中央重大决策部署执行情况、党的政治纪律和政治规矩贯彻执行情况、国家宪法和法律贯彻执行情况、党风廉政建设和反腐败情况，特别是执行中的政治立场、政治原则、政治态度等进行监督。在监督的方式方法上，以政治监督为主线统领党内监督和政府监督，综合运用纪律监督、监察监督、派驻监督、巡视监督等监督方式。

---

[1] 曾峻等：《坚持和加强党的全面领导研究》，人民出版社，2019，第50页。
[2] 习近平：《论坚持人民当家作主》，中央文献出版社，2021，第252页。

第十章 市域行政运行机制

第一节 市域决策机制

一 市域决策机制概述

（一）市域决策机制的含义

决策是组织或者人围绕特定目标，运用科学合理的方式，为具体活动选取相对最优的行动方案。而决策机制是指一系列有序的规则、流程。所谓市域决策机制是指市域决策主体按照法定的环节和方式，对市域的重要公共治理问题进行决策的流程。随着城市化、市场化进程中社会各阶层利益格局的不断分化和公众参与意愿的不断增强，以及公众对民主参与和透明决策的要求的不断提高，市域决策机制完善的重要目标在于建立一种开放、包容和协调的决策模式，其核心是通过广泛的参与协作，整合各方资源和智慧，形成共识、制定政策和解决问题。

（二）市域决策机制的要素

市域决策机制通常包括以下要素。

（1）决策主体：包括市级党委、人大、政协、政府等，在党委的统一领导下，各主体参与政策制定、项目规划，进行监督评估等。

（2）参与者：市域决策需要各利益相关方的参与，参与者通过信息共享、意见征询、协商合作等方式参与决策过程，提出意见和建议。

（3）决策程序：市域决策通常涉及特定的决策程序和流程，这些程序和流程一般包括问题识别、目标设定、方案制定、决策权衡、决策审议等环节，以确保决策的合法性、科学性和公正性。

(4) 信息和数据支持：市域决策需要充分的信息和数据支持，相关主体需获取和共享城市相关数据、研究报告、经济指标等，以保证决策科学性和可行性。

(5) 监督和评估：包括监测决策的实施情况、评估其对城市发展的影响，并根据评估结果进行调整改进。

二　市域决策的参与主体

市域决策参与主体可分为官方主体和非官方主体。在我国，官方主体有执政党、权力机关、行政机关、司法机关等。其中，市级党委是城市各项事业的领导核心，在决策过程中占主导地位。非官方主体主要包括企业、社会组织、公民等。

(一) 市级党委

市级党委的决策在我国市域内政策决策中具有至关重要的地位，并直接影响市域决策的效能。根据《中国共产党章程》和《中国共产党地方委员会工作条例》的规定，党的市级代表大会行使的职权之一是"讨论本地区范围内的重大问题并作出决议"；市级党委在代表大会闭会期间，执行上级党组织的指示和同级党代表大会的决议，领导本地方的工作；市级党委常务委员会，在委员会全体会议闭会期间，行使委员会职权。市级党委主要实行政治、思想和组织领导，把方向、管大局、作决策、保落实，对本地区重大问题作出决策；通过法定程序使党组织的主张成为地方性法规、地方政府规章或者其他政令。市级党委通过全会作出的决策，由常委会负责组织实施；常委会作出的决策，由常委会委员分工负责组织实施。市级应当建立有效的督查、评估和反馈机制，确保决策落实。决策执行过程中需作重大调整的，应当按照谁决策、谁调整的原则通过召开全会或者常委会会议决定。市级党委应当加强对市级人大、政府、政协等的领导，建立健全沟通协调机制，及时通报重要情况。注重通过国家机关、政协组织、民主党派、人民团体、基层单位等渠道，就经济社会发展重大问题和涉及群众切身利益实际问题，广泛协商、广集民智、增进共识、增强合力。

根据《中国共产党党组工作条例》的规定，县级以上人大常委会、政府、政协、法院、检察院，县级以上政府工作部门、派出机关（街道办事处除外）、直属事业单位，县级以上工会、妇联等人民团体，中管企业，县级以上政府设立的有关管委会的工作部门，其他有必要设立党组的单位，一般应当设立党组。市级党组的设立，应当由市级党委审批。党组必须服从批准其设立的党组织领导。市级党组是党在市级国家机关、人民团体、经济组织、文化组织和其他非党组织的领导机关中设立的领导机构，在本单位发挥领导作用。坚持党组发挥领导作用与本单位领导班子依法依章程履行职责相统一，把党的主张通过法定、民主程序转化为本单位领导班子的决定。党组讨论和决定本单位下列重大问题：贯彻落实党中央以及上级党组织决策部署的重大举措；制定拟订法律法规规章和重要规范性文件中的重大事项；业务工作发展战略、重大部署和重大事项；重大改革事项；重要人事任免等事项；重大项目安排；大额资金使用、大额资产处置、预算安排；职能配置、机构设置、人员编制事项；审计、巡视巡察、督查检查、考核奖惩等重大事项；重大思想动态的政治引导；党的建设方面的重大事项；其他应当由党组讨论和决定的重大问题。这些规定，进一步明确了党组的设立、职权职责和工作方式，使党组决策程序更加规范，进一步理顺了党组与所在机构组织的关系，既支持人大、政府、政协、司法机关、人民团体依照法律和各自章程独立负责、协调一致地开展工作，支持国有企业和事业单位依法运营，又发挥党组在这些机构组织中的领导作用，保证党的路线方针政策和决策部署得到落实。

（二）市级人大及其常委会

据《中华人民共和国宪法》和《中华人民共和国地方各级人民代表大会和地方各级人民政府组织法》的规定，市级人民代表大会是地方国家权力机关，市级人民代表大会常务委员会是本级人民代表大会的常设机关。从决策方面来看，设区的市、自治州的人民代表大会根据本行政区域的具体情况和实际需要，在不同宪法、法律、行政法规和本省、自治区的地方性法规相抵触的前提下，可以依照法律规定的权限制定地方性法规，报省、自治区的人民代表大会常务委员会批准后施行，并由省、自治区的人民代表大会常务委员会报全国人民代表大会常务委员会和国务院备案；在本行政区域内，保证宪法、法律、行政法规和上级人民代表大会及其常务委员会决议的遵守和执行，保证国家计划和国家预算的执行；审查和批准本行政区域内的国民经济和社会发展规划纲要、计划和预算及其执行情况的报告，审查监督政府债务，监督本级人民政府对国有资产的管理；讨论、决定本行政区域内的政治、经济、教育、科学、文化、卫生、生态环境保护、自然资源、城乡建设、民政、社会保障、民族等工作的重大事项和项目；改变或者撤销本级人民代表大会常务委员会的不适当的决议；撤销本级人民政府的不适当的决定和命令；等等。

（三）市级人民政府

政府在市域决策中起着关键作用。政府通过制定规范性文件和政策引导城市发展，调配资源和资金支持基础设施建设，协调利益冲突，进行监督评估，确保决策的透明合法有效。根据《中华人民共和国宪法》和《中华人民共和国地方各级人民代表大会和地方各级人民政府组织法》的规定，市级人民政府是市级权力机关的执行机关，是市级国家行政机关。市级人民政府对本级人民代表大会和上一级国家行政机关负责并报告工作。市级人民政府是国务院统一领导下的国家行政机关，服从国务院，实行重大事项请示报告制度。市级人民政府依照法律规定的权限，管理本行政区域内的经济、教育、科学、文化、卫生、体育事业、城乡建设事业和财政、民政、公安、民族事务、司法行政、计划生育等行政工作，发布决定和命令，任免、培训、考核和奖惩行政工作人员。在决策方面，市级人民政府执行本级人民代表大会及其常委会的决议；执行国务院和省、自治区人民政府的决议和命令；规定行政措施，发布决议和命令；全面领导和管理本行政区域内的经济文化建设和各项行政事务；领导并监督所属各工作部门和区、县人民政府的工作，改变或撤销它们不适当的命令、指示和决定；等等。市级人民政府应当坚持科学决策、民主决策、依法决策，提高决策的质量。

（四）市级政协委员会

根据《中国人民政治协商会议章程》的规定，市级政协全体会议可讨论并通过有关决议，并参与对国家和地方事务的重要问题的讨论，提出建议和批评。市级政协委员会政治协商、民主监督和参政议政的主要形式有：政协全体会议、常务委员会议、主席会议、常务委员专题座谈会、各专门委员会会议，以及根据需要召开的由各党派、无党派民主人士、人民团体、少数民族人士和各界爱国人士的代表参加的协商会议，等等。

（五）其他参与主体

1. 社会公众

公众参与决策是民主社会的核心原则之一，既能提升政府决策的质量，又能平衡各方社会利益，促进社会稳定与和谐。公众参与形式多样，如公众听证会、公开论坛、社区会议、公众咨询小组和专家小组等。

随着经济发展与社会转型，我国已进入一个利益多元化、矛盾复杂化的特殊时期。政府单一决策或政民单向互动已难以适应社会需求，政府与民众的双向互动模式成为必然趋势。基于此，需要改变由专家主导的政府决策路径依赖，开展充分的民主决策。[1]

2. 专家委员会和咨询机构

在市域决策中，专家委员会和咨询机构发挥着专业知识支撑决策的作用。

（1）专家委员会指在身份和组织上外在于政府决策体制，但因特定专业领域的优势而参与到政策制定过程的群体。[2] 专家能为政府提供专业建议，帮助其制定科学合理的政策。

（2）咨询机构由专业团队组成，提供策略性、管理性和技术性的咨询服务。决策咨询是政府公共政策系统的重要组成部分，通过决策咨询制度化提升公共决策的科学化、民主化，已经成为现代国家提升治理能力的重要举措。

3. 私营部门与非营利组织

伴随着市域治理现代化的不断推进，公共部门、私营部门和非营利组织之间的合作成为市域公共治理的重要方式。在教育、环境保护、社会福利、文化艺术、社区治理等广泛领域，公共部门、私营部门和非营利组织通过资源整合、知识共享、利益平衡，促进市域治理的协调与合作，实现

---

[1] 张书维、许志国：《行为公共管理学视角下政府决策的互动机制——基于环境型项目的分析》，《中国行政管理》2018年第12期。

[2] 肖滨、费久浩：《专家-决策者非协同行动：一个新的解释框架——以A市政府决策咨询专家的政策参与为例》，《公共管理学报》2020年第3期。

公共治理以及多方共赢的目标。因此，私营部门和非营利组织也是市域决策的重要参与主体。

三 市域决策的方式

决策会议是市域最重要的集体决策形式，其中包括市委全体会议和市委常务委员会会议、市政府全体会议和市政府常务会议等。

（一）市委全体会议和市委常务委员会会议

在议事和决策程序上，根据《中国共产党地方委员会工作条例》的规定，市委及其常委会议事决策应当坚持集体领导、民主集中、个别酝酿、会议决定，实行科学决策、民主决策、依法决策；应当健全决策咨询机制，重大决策一般应当在调查研究基础上提出方案，充分听取各方面意见，进行风险评估和合法合规性审查，经过市委全体会议或者市委常委会会议讨论和决定。

市委全体会议（以下简称"全会"）每年至少召开两次，遇有重要情况可以随时召开。全会由常委会召集并主持，议题一般由常委会征询党委委员、候补委员意见后确定。全会应当有三分之二以上党委委员到会方可召开。党委委员、候补委员因故不能参加会议的应当在会前请假，其意见可以用书面形式表达。根据工作需要，常委会可以确定有关人员列席全会。表决可以根据讨论和决定事项的不同，采用举手、无记名投票或者记名投票等方式进行，赞成票超过应到会党委委员半数为通过。未到会党委委员的意见不得计入票数。候补委员没有表决权。对党委委员、候补委员作出撤销党内职务以上党纪处分决定，必须由全会三分之二以上多数决定。在特殊情况下，可以先由常委会作出处理决定，待召开全会时予以追认。对党委委员、候补委员的上述处分，必须经上级党委批准。

市委常委会会议一般每月召开两次，遇有重要情况可以随时召开。常委会会议由党委书记召集并主持。书记不能参加会议的，可以委托副书记召集并主持。会议议题由书记提出，或者由常委会其他委员提出建议、书记综合考虑后确定。常委会会议应当有半数以上常委会委员到会方可召开。讨论和决定干部任免事项必须有三分之二以上常委会委员到会。常委会委员因故不能参加会议的应当在会前请假，其意见可以用书面形式表达。根据工作需要，会议召集人可以确定有关人员列席会议。表决可以根据讨论和决定事项的不同，采用口头、举手、无记名投票或者记名投票等方式进行，赞成票超过应到会常委会委员半数为通过。未到会常委会委员的意见不得计入票数。会议讨论和决定多个事项，应当逐项表决。常委会会议由专门人员如实记录，决定事项应当编发会议纪要。经常委会会议讨论通过、以党委名义上报或者下发的文件，由书记签发。遇重大突发事件、抢险救灾等紧急情况，不能及时召开常委会会议决策的，书记、副书记或者常委会其他委员可以临机处置，事后应当及时向常委会报告。

市委及其常委会可以根据工作需要召开扩大会议，但不得代替全会、常委会会议作出决策。需要提交常委会会议审议的重要事项，可以先召开书记专题会议进行酝酿。书记专题会议由书记主持，副书记和其他有关常委会委员等参加。书记专题会议不得代替常委会会议作出决策。常委会委员可以根据工作需要，在其职责范围内主持召开议事协调会议，研究解决有关问题，但不得超越权限作出决策。

（二）市政府全体会议和市政府常务会议

市级政府实行市政府全体会议和市政府常务会议制度。市政府工作中的重大问题，须经市政府全体会议或常务会议讨论决定。

市政府全体会议由市长、副市长和其他参与市政府分工的市领导，秘书长，市政府工作部门的主任、局长组成，由市长召集和主持。一般每年召开一次，必要时可随时召开。主要任务是：贯彻落实党中央、国务院、省委、省政府及市委的重要决策部署和指示决定；讨论决定市政府工作中的重大事项；部署市政府的重要工作等。

市政府常务会议由市长、副市长和其他参与市政府分工的市领导、秘书长组成，由市长或市长委托负责常务工作的副市长召集和主持。除传达贯彻上级决定，讨论市政府重要工作外，还需讨论向省政府报告或请示、提请市委研究决定、提请地方人大及常委会审议，以及其他需提请市人民政府常务会议讨论、决定、通报的重要事项等。

市政府根据需要召开市政府专题会议和学习会议。根据需要，由市长不定期主持召开政府专题会议，主要研究解决市政府领导分管工作中的具体问题，协调涉及多个分管领导或多个工作部门的事项。具体有：研究处理属于市政府领导分管职责范围、需要统筹协调的业务事项；研究突发性事件的处理意见；研究贯彻落实上级领导或市委、市政府领导所作的批示、指示；研究处理市政府日常工作中的其他事项。市政府学习会议由市长、副市长、秘书长、市政府工作部门的主任和局长等组成，根据需要可安排有关部门、单位负责人参加，由市长或副市长召集和主持。市政府学习会议的主要内容是学习政治、经济、科技、文化、法律、生态、社会管理等知识，一般采取专题学习形式定期组织。

此外，一些地方因地制宜，制定出符合本地情况的会议制度，如武汉市市长碰头会。该会议由市长、副市长、秘书长组成，由市长召集和主持。受市长委托，可由常务副市长召集和主持市长碰头会议。其主要任务有：通报、协调市人民政府工作；通报交流市人民政府年度目标任务和重点工作进展情况，研究阶段性重点工作任务及推进措施。市长碰头会一般每周召开一次，安排在市政府常务会议之前。再如赣州的市长办公会议。由市长主持，研究、处理市政府工作中的重要事项。议题由市长确定，与议题有关的市政府领导同志，有关县（市、区）、部门和单位负责人参加。市长办公会议纪要由市政府办公室起草，按程序报市长签发。

总体来说，市域社会流动性大，不同主体的利益、价值和观念差异大，往往难以在行动和决策方面形成共识，需要更多力量共同商议，提出解决问题和分歧的策略和办法。因此，应当秉持公共理性，建立健全完善的表达机制，为多元主体提供信息交流、观点传递的互动平台，同时增强政府回应性，建立市域治理决策的充分共商机制。

第二节　市域执行机制

一　市域执行机制的含义

我国市域公共事务治理的执行与决策密不可分。市级人民政府是市级权力机关的执行机关，是市级国家行政机关。执行主要是对决策的具体贯彻。市域执行机制是市域行政运行机制的重要一环，是指在市域治理的边界范围内，为贯彻落实政策目标所制定的一系列体系和程序的总和。它涵盖了政策协调、政策落实、资源整合、协调合作和反馈参与等方面，以确保政策的有效实施和市域治理的有效推进。

二　市域执行机制的重要组成

市域执行机制主要由以下四个部分组成：部门协调机制、政策执行机制、资源整合机制、绩效监测机制、反馈和参与机制。

（一）部门协调机制

部门协调机制是市域执行机制中的重要组成部分。市域治理涉及多个部门和机构的合作与协调。当前，城市管理体制不顺在我国是普遍存在的问题，比如存在职权交叉、相互扯皮的现象，造成城市管理责任主体不明，责任追究机制难以形成。同时，受本位观念影响和利益驱动，有些部门"画地为牢"，忙于自己的"主业"，而忽视了其他一些应该履行的职责。由于工作侧重点不同，着力点不同，各忙各的，加上缺乏自上而下的有机协调，步调很难一致，"齐抓共管"难以得到真正有效落实。建立健全部门协调机制十分重要。具体而言，可以建立定期会议制度，拓宽各部门的沟通渠道，例如通过召开联席会议、成立工作小组等形式，加强各部门之间的协作和信息共享。

（二）政策执行机制

政策执行机制是市域执行机制的关键一环，主要涉及政策传达与沟通、灵活应对与持续改进。首先，明确传达政策内容，将政策内容清晰地传达给相关部门、机构和民众，确保他们了解政策内容、目标和实施方式。其次，建立政策传达和沟通的渠道，包括召开会议、发布文件、媒体宣传等，确保政策信息的及时准确传达。最后，灵活应对变化并进行持续改进。针对实际情况的变化，需要有灵活的执行方式和调整机制，以适应社会的变化。与此同时，需要不断总结经验教训，对政策执行的过程、方式进行不断优化，以提高执行效率和效果。市域治理中的政策执行是一个复杂而综合的过程，需要协调机制、监督机制和反馈机制相互配合，以确保政策的有效执行，推动市域的健康发展和持续进步。

(三) 资源整合机制

资源整合机制是市域执行机制的关键环节。在市域治理的过程中需要协调和整合不同部门的资源,包括财政、人力、物资等。建立跨部门的资源整合机制,可以通过预算分配、人力资源的协调等方式,确保资源的合理配置和利用效率。资源整合机制应该考虑到资源的可持续性和长远发展,使资源能够最大限度地为城市发展和居民福祉服务。

随着改革开放和社会主义市场经济的发展,我国社会经济成分、组织形式、就业方式、利益关系和分配方式日益多样化,单位覆盖的范围越来越小,越来越多的"单位人"变成社会人。不仅如此,社会人的构成、诉求、阶层日益多元化,流动性日益增强,增加了社会管理的难度。由此需要一系列对变动中的"人"进行管理,以及对由"人"带来的物流和资金流进行管理的机制,管理的复杂性不断增强,必须抓紧建立相应的社会管理机制。要实现更好的管理,就要从高效执行入手,而"人"的因素在执行的过程中发挥着至关重要的作用。我国现阶段,与社会人的构成、诉求、阶层日益多元化相对应的是社会资源的分散化,因此资源整合机制的建立对于市域执行效率的提高有着积极的促进作用。

(四) 绩效监测机制

绩效监测机制是市域执行机制中的重要组成部分。基于有效的绩效监测指标和评估方法,对政策目标实施的进展和结果进行定量和定性的评估。通过绩效监测,可以评估政策的有效性,并及时进行调整和改进。绩效监测机制还可以提供决策支持和政策评估的依据,有助于提高政策的科学性和可行性。具体来看,可以通过将专项整治与日常管控相结合,进行常态化管理监测。监测过程中强调针对性、实效性,以监测促进日常基础工作。同时,可以将集中整治与长效治理相结合。在集中整治突出问题的同时,注重抓源头、打基础、管长远,建立健全长效机制。

(五) 反馈和参与机制

反馈和参与机制是市域执行机制的重要环节。市域执行机制应该建立起有效的反馈渠道和参与机制,使市民和利益相关方能够参与政策制定和实施的过程,并提出意见和建议。这一机制的建立有赖于政府的积极配合。一方面,政府应当明确政策执行中对于市民参与意见的吸收路径及反馈路径。另一方面，充分发挥由人大代表与政协委员、公益组织、媒体等的外部监督作用，监督政府部门认真听取与吸收市民意见，完善政策执行机制。此外，政府信息公开是市民参与的前提条件，公开越是充分，越能争取到更多市民参与到公共政策的讨论中来，扩大政策执行的民意基础。总之，建立反馈和参与机制十分重要，有助于保证政策的透明度和合法性，提高政策的可接受性和可持续性，进而有利于促进政策的有效执行。

三 市域执行的内容

（一）常规工作

常规工作是市政府及其职能部门日常业务性工作，具有长期性和经常性特征。主要分为以下五种类型：一是基础设施建设与维护，例如道路、桥梁、水利设施等的建设与维护，以促进当地经济发展和居民生活品质提升；二是提供教育医疗等公共服务，确保基本教育、医疗卫生等公共服务的普及，满足居民的基本需求；三是规划与管理，即合理规划市域内土地、城市建设等，确保发展的合理性和可持续性；四是环境保护与资源利用，即定期开展环境保护工作，推动资源的合理利用和可持续发展，保护当地的生态环境；五是经济发展和产业布局，即引导当地产业结构调整，促进经济发展，增加就业机会，提升市域整体经济水平。市域内的常规工作已经常规化和一般化，常规的科层体制投入一定的制度和资源就可以完成，并不需要全市范围内的政治动员。常规工作内容在市域政策执行过程中，占据了较大的工作比重。

（二）中心工作

中心工作是市级党委政府所重点关注的工作任务，具有高要求、全局性、政治性特征，往往需要通过高度动员，集中资源解决某方面的重点问题。由于中心工作常常是重难点工作，工作内容涉及面较广，涉及主体较多，需要党委政府协调各个部门以及下级政府，集中全市的治理资源在一定的时期内完成。市域内的中心工作根据完成的时间长短可以划分为阶段性中心工作、长期性中心工作和短期性中心工作。市域中心工作的来源不同，一般有以下几种来源：一是中央或省级党委政府对市级政府考核规定的任务；二是市域内重点或者涉及面较广的、通过市委常委会会议或市政府常务会议等重要会议决策形成的工作;三是市域主要领导团队重点关注,体现市域领导团队整体的治理方略和发展思路的工作任务。总体来看,由于中心工作往往是具有挑战性的工作,其内容涉及范围广泛、涉及主体众多,因此需要党委政府协调辖区内的治理资源,集多方力量合力完成。这些工作的有效执行是保障市域稳定发展和居民福祉的重要条件。

四 市域执行的过程

(一) 信息采集和分析

在市域治理执行过程中,充分的信息采集和分析是行动的基础。在这一阶段,首先搜集关于市域的各类信息,包括社会、经济、环境等多个方面的信息。接下来,运用数据分析技术,对采集到的信息进行深入分析,为行动决策提供科学依据。最后,确保信息采集和分析工作的持续性,以应对市域治理中不断变化的情况。

(二) 制定应对策略和措施

在市域治理执行过程中,面对复杂多变的情况,需要灵活应对。因此制定应对策略和措施尤为重要,这涉及风险评估、策略制定与社会参与等。首先风险评估即对可能出现的问题进行评估,及时采取措施预防或降低风险。接下来,根据信息分析结果,制定科学合理的应对策略,确保市域治理的执行能够取得实质性成果。最后,鼓励社会各界参与制定和调整策略,形成广泛的共识,提高政策的可行性和可持续性。

(三) 监督和评估

在市域治理执行的过程中必须建立有效的监督和评估体系,以确保执行过程的透明度和效果。建立监督机构,对市域治理执行过程进行监督,及时发现和纠正问题。与此同时,制定科学合理的评估标准,对市域治理的执行效果进行定期评估,为调整和优化提供依据。最后,鼓励公众对市域治理执行过程进行监督和评价,使治理更加公正有效。

未来,随着城市管理的不断发展和变化,市域执行机制也需要不断完善和创新,真正做到与时俱进。政府应积极推动市域执行机制的优化,加强政策实施的整体协调性。同时,注重公众参与和民主决策,加强与市民的互动和沟通,提高政策的可接受性。

第三节　市域考核机制

根据《党政领导干部考核工作条例》和《公务员考核规定》的规定，市域考核分为党政领导班子与领导干部考核和公务员考核，其中党政领导班子和领导干部考核是指党委（党组）及其组织（人事）部门按照干部管理权限，对党政领导班子和领导干部的政治素质、履职能力、工作成效、作风表现等所进行的了解、核实和评价，以此作为加强领导班子和领导干部队伍建设的重要依据。公务员考核是指机关按照规定的权限、标准和程序，对非领导成员公务员的政治素质、履职能力、工作实绩、作风表现等所进行的了解、核实和评价。

一　党政领导班子和领导干部考核机制

市域党政领导班子和领导干部考核工作的目的在于，坚持和加强党的全面领导，坚持党要管党、全面从严治党，推动各级党政领导班子和领导干部做到忠诚干净担当、带头贯彻落实党中央决策部署，完善干部考核评价机制，建设一支信念坚定、为民服务、勤政务实、敢于担当、清正廉洁的高素质党政领导干部队伍。根据《党政领导干部考核工作条例》的规定，市域党政领导班子和领导干部包括：县级以上地方各级党委、人大常委会、政府、政协、纪委监委、法院、检察院的领导班子和领导干部；县级以上地方各级党委、人大常委会、政府、政协工作部门或者有关工作机构的领导班子和领导干部；参照公务员法管理的县级以上党委和政府直属事业单位、群团组织的领导班子和领导干部。

（一）考核内容

1. 市域党政领导班子的考核内容

（1）政治思想建设。全面考核领导班子坚决维护习近平总书记党中央的核心、全党的核心地位，坚决维护党中央权威和集中统一领导，坚持和加强党的全面领导，执行党的理论和路线方针政策，增强"四个意识"，做到"四个服从"，遵守政治纪律和政治规矩的情况；用习近平新时代中国特色社会主义思想武装头脑，坚定理想信念，坚定"四个自信",不忘初心、牢记使命的情况;坚持民主集中制,执行新形势下党内政治生活的若干准则,发现和解决自身问题,营造风清气正政治生态的情况;践行新时代党的组织路线,贯彻新时期好干部标准,树立正确选人用人导向的情况。

(2) 领导能力。全面考核领导班子适应新时代要求、落实党中央决策部署、完成目标任务的能力,重点了解学习本领、政治领导本领、改革创新本领、科学发展本领、依法执政本领、群众工作本领、狠抓落实本领、驾驭风险本领。

(3) 工作实绩。全面考核领导班子政绩观和工作成效。考核政绩观,主要看是否恪守立党为公、执政为民理念,是否具有"功成不必在我"精神,以造福人民为最大政绩,真正做到对历史和人民负责。考核地方党委和政府领导班子的工作实绩,应当看全面工作,看推动本地区经济建设、政治建设、文化建设、社会建设、生态文明建设,解决发展不平衡不充分问题,满足人民日益增长的美好生活需要的情况和实际成效。考核其他领导班子的工作实绩,主要看全面履行职能、服务大局和中心工作的情况和实际成效。注重考核各级党委(党组)领导班子落实新时代党的建设总要求、抓党建工作的实绩。

(4) 党风廉政建设。全面考核领导班子履行管党治党政治责任,加强党风廉政建设,持之以恒正风肃纪,推进反腐败斗争等情况。

(5) 作风建设。全面考核领导班子坚持以人民为中心,贯彻党的群众路线,密切联系群众,为群众排忧解难,全心全意为人民服务的情况;结合实际落实党中央决策部署,增强人民获得感、幸福感、安全感的情况;深入改进作风,落实中央八项规定及其实施细则精神,反对"四风"特别是形式主义、官僚主义的情况;实事求是,真抓实干,察实情、出实招、办实事、求实效的情况。

2. 市域领导干部的考核内容

(1) 德。考核领导干部的政治品质,重点了解坚定理想信念、对党忠诚、尊崇党章、遵守政治纪律和政治规矩,在思想上政治上行动上同以习近平同志为核心的党中央保持高度一致等情况。考核领导干部的道德品行,重点了解坚守忠诚老实、公道正派、实事求是、清正廉洁等价值观,遵守社会公德、职业道德、家庭美德和个人品德等情况。

（2）能。全面考核领导干部履职尽责特别是应对突发事件、群体性事件过程中的政治能力、专业素养和组织领导能力等情况。

（3）勤。全面考核领导干部的精神状态和工作作风，重点了解发扬革命精神、斗争精神，坚持"三严三实"，勤勉敬业、恪尽职守、认真负责、紧抓快办、锐意进取、敢于担当、艰苦奋斗、甘于奉献等情况。

（4）绩。全面考核领导干部坚持正确政绩观、履职尽责、完成日常工作、承担急难险重任务、处理复杂问题、应对重大考验的情况和实际成效。考核党委（党组）书记的工作实绩，首先看抓党建工作的成效，考核领导班子其他党员领导干部的工作实绩应当加大抓党建工作的权重。

（5）廉。全面考核领导干部落实党风廉政建设"一岗双责"政治责任，遵守廉洁自律准则，带头落实中央八项规定及其实施细则精神，秉公用权，树立良好家风，严格要求亲属和身边工作人员，反对"四风"和特权思想、特权现象等情况。

此外，《党政领导干部考核工作条例》还规定，具体考核内容的确定必须以贯彻党中央精神为前提，根据党中央决策部署及时调整优化。落实新发展理念，突出高质量发展导向，构建推动高质量发展指标体系，改进推动高质量发展的政绩考核，因地制宜合理设置经济社会发展实绩考核指标和权重，突出对打好重点任务攻坚战的考核，加强对深化供给侧结构性改革、保障和改善民生、加强和创新社会治理、推动创新发展、加强法治建设、促进社会公平正义等工作的考核，加大安全生产、社会稳定、新增债务等约束性指标的考核权重。坚持从实际出发，实行分级分类考核。考核内容应当体现不同区域、不同部门、不同类型、不同层次领导班子和领导干部特点。根据不同岗位职责要求，明确领导班子和领导干部不担当不作为的具体情形和评价标准，推动工作落实和担当尽责。建立健全可量化、能定责、可追责的领导班子和领导干部工作目标以及岗位职责规范，作为确定考核内容的重要依据。

（二）考核方式

1. 平时考核

平时考核是对领导班子日常运行情况和领导干部一贯表现所进行的经

常性考核，及时肯定鼓励、提醒纠偏。平时考核应当突出重点。考核领导班子的日常运行情况，重点了解政治思想建设、执行民主集中制、贯彻党的群众路线、科学决策、完成重点任务和反对"四风"等情况。考核领导干部的一贯表现，重点了解政治态度、担当精神、工作思路、工作进展，特别是对待是与非、公与私、真与假、实与虚的表现等情况。

平时考核主要结合领导班子和领导干部日常管理进行，可以采取下列途径：列席领导班子民主生活会、理论学习中心组学习、重要工作会议，参加重要工作活动等；与干部本人或者知情人谈心谈话，到所在单位听取干部群众意见；开展调研走访、专题调查、现场观摩等；结合党内集中学习教育、纪委监委日常监督、巡视巡察、工作督查、干部培训等进行深入了解；其他适当方法。

平时考核可以根据实际情况形成考核结果。考核结果可以采用考核报告、评语、等次或者鉴定等形式确定。建立平时考核工作档案，将相关材料整理归档，作为了解评价领导班子日常运行情况和领导干部一贯表现的重要依据。

2. 年度考核

年度考核是以年度为周期对领导班子和领导干部所进行的综合性考核，一般在每年年末或者次年年初组织开展。根据工作需要，各级党委（党组）每年可以选定部分领导班子和领导干部进行重点考核。

年度考核一般按照下列程序进行。①总结述职。召开会议，领导班子总结报告全年工作，领导干部进行个人述职。②民主测评。根据对领导班子和领导干部考核内容的要求设计测评表，由参加民主测评的人员填写评价意见。参加测评的人员范围，按照知情度、关联度、代表性原则，结合实际确定。③个别谈话。与领导班子成员、相关干部群众以及其他需要参加的人员个别谈话了解情况。④了解核实。根据需要采取查阅资料、采集有关数据和信息、实地调研等方式，核实考核对象有关情况。⑤形成考核结果。对领导班子和领导干部进行综合分析，形成考核结果并及时反馈。

领导班子年度考核结果一般分为优秀、良好、一般、较差四个等次。领导干部年度考核结果分为优秀、称职、基本称职、不称职四个等次。优秀是指综合表现突出，出色履行领导职责或者岗位要求，圆满地完成了年度工作任务，成绩显著。良好、称职是指综合表现好，认真履行领导职责或者岗位要求，较好地完成了年度工作任务。一般、基本称职是指综合表现勉强达到领导职责或者岗位要求，或者在某个方面存在明显不足、有较大问题。较差、不称职是指综合表现达不到领导职责或者岗位要求，或者在某个方面存在严重问题、出现重大错误。市级党委（党组）应当结合实际，制定考核等次具体评定标准。

3. 专项考核

专项考核是对领导班子和领导干部在完成重要专项工作、承担急难险重任务、应对和处置重大突发事件中的工作态度、担当精神、作用发挥、实际成效等情况所进行的针对性考核。根据平时掌握情况，对表现突出或者问题反映较多的领导班子和领导干部，可以进行专项考核。专项考核一般按下列程序进行。①制定方案。明确考核对象、考核内容指标、程序步骤和工作要求等。②听取考核对象的总结汇报。③了解核实。采取查阅资料、实地调研、舆情分析、个别谈话、民主测评等方式，核实印证有关情况，必要时可以向纪检监察机关或者审计、信访等部门了解情况。④形成考核结果。对领导班子和领导干部作出评价。专项考核结果可以采用考核报告、评语、等次或者鉴定等形式确定。

4. 任期考核

任期考核是对实行任期制的领导班子和领导干部在一届任期内总体表现所进行的全方位考核，一般结合换届考察或者任期届满当年年度考核进行。任期考核应当突出对完成届期目标或者任期目标情况的考核，一般应当按照总结述职、民主测评、个别谈话、了解核实、实绩分析、形成考核结果等程序进行。任期考核结果可以采用考核报告、评语、等次或者鉴定等形式确定。

（三）考核结果的确定

考核结果确定应当加强综合分析研判，坚持定性与定量相结合，全面、历史、辩证地分析个人贡献与集体作用、主观努力与客观条件、增长速度与质量效益、显绩与潜绩、发展成果与成本代价等情况，注重了解人民群众对经济社会发展的真实感受和评价，防止简单以地区生产总值以及增长率排名或者以民主测评、民意调查得票得分确定考核结果。平时考核、年度考核、专项考核、任期考核情况应当相互补充印证,坚持考人与考事相结合,注重吸收运用巡视巡察、审计、绩效管理、工作督查、相关部门业务考核、个人有关事项报告查核等成果,把敢不敢扛事、愿不愿做事、能不能干事作为识别干部、评判优劣的重要标准,增强考核结果的真实性、准确性。考核结果应当全面准确反映考核对象情况,以考核报告、评语、鉴定等形式确定结果的,应当明确具体肯定成绩和优点,指出问题和不足。年度考核结果以平时考核结果为基础,年度考核优秀等次应当在平时考核结果好的考核对象中产生。

领导班子年度考核优秀等次比例一般不超过参加考核领导班子总数的30%,领导干部年度考核优秀等次比例一般不超过参加考核领导干部总人数的25%。领导班子为优秀等次的,其领导成员评为优秀等次的比例可以适当上调,最高不超过30%;领导班子为一般等次的,其领导成员评为优秀等次的比例不得超过20%,主要负责人一般不得确定为优秀等次;领导班子为较差等次的,其领导成员评为优秀等次的比例不得超过15%,主要负责人一般不得确定为称职及以上等次。

有下列情形之一,领导班子和领导干部年度考核结果不得确定为优秀等次:贯彻落实党中央决策部署成效不明显的;干事创业精气神不够,拈轻怕重、患得患失,不敢直面矛盾、不愿动真碰硬,不担当不作为的;受到上级党委和政府通报批评,责令检查的;工作实绩不突出的;组织领导能力较弱,年度工作目标任务完成不好的;履行管党治党责任不力,违反廉洁自律规定的;其他原因不宜确定为优秀等次的。在上级党组织开展的基层党建述职评议考核工作中,党委(党组)书记抓基层党建工作情况综合评价等次未达到好的,其年度考核结果不得确定为优秀等次。

有下列情形之一,领导班子年度考核结果应当确定为较差等次,领导干部年度考核结果应当确定为不称职等次:违反政治纪律和政治规矩,政治上出现问题的;不执行民主集中制,领导班子运行状况不好,不能正常发挥职能作用,领导干部闹无原则纠纷,影响较差的;责任心差、能力水平低,不能履行或者不胜任岗位职责要求,依法履职出现重大问题的;表态多调门高,行动少落实差,敷衍塞责、庸懒散拖,作风形象不佳,群众意见大,造成恶劣影响的;不坚守工作岗位,擅离职守的;其他原因应当确定为较差或者不称职等次的。

领导班子和领导干部在履职担当、改革创新过程中出现失误错误，经综合分析给予容错的，应当客观评价，合理确定考核结果。考核对象对考核结果有异议的，可以按照有关规定提出复核或者申诉。

（四）考核结果运用

考核结果的运用坚持考用结合，将考核结果与选拔任用、培养教育、管理监督、激励约束、问责追责等结合起来，鼓励先进、鞭策落后，推动能上能下，促进担当作为，严厉治庸治懒。考核结果采取个别谈话、工作通报、会议讲评等方式，实事求是地向领导班子和领导干部反馈，肯定成绩、指出不足，督促整改，传导压力、激发动力。

依据考核结果，有针对性地加强领导班子建设：领导班子作出重要贡献的，按照有关规定记功、授予称号，给予物质奖励；领导班子表现突出或者年度考核结果为优秀等次的，按照有关规定给予嘉奖；领导班子运行状况不好、凝聚力战斗力不强、不担当不作为、干部群众意见较大的，应当进行调整；领导班子年度考核结果为一般等次的，应当责成其向上级党组织写出书面报告，剖析原因、进行整改；领导班子年度考核结果为较差或者连续两年为一般等次的，应当对主要负责人和相关责任人进行调整。

依据考核结果，激励约束领导干部：领导干部作出重大贡献的，可以按照有关规定记功、授予称号，给予物质奖励；表现突出或者年度考核结果为优秀等次的，按照有关规定给予嘉奖；连续三年为优秀等次的，记三等功，同等条件下优先使用。领导干部年度考核结果为称职及以上等次的，按照有关规定享受年度考核奖金、晋升工资级别和级别工资档次。领导干部年度考核结果为基本称职等次的，应当对其进行诫勉，限期改进。领导干部年度考核结果为不称职等次的，按照规定程序降低一个职务或者职级层次任职。不参加年度考核、参加年度考核不确定等次或者年度考核结果为基本称职以下等次的，该年度不计算为晋升职务职级的任职年限，不计算为晋升工资级别和级别工资档次的考核年限。领导干部不适宜担任现职的，应当根据有关规定对其进行调整。

依据考核结果加强干部教育培养，按照"缺什么补什么"的原则，对领导干部进行调学调训、安排实践锻炼，补齐能力素质短板。对有潜力的优秀年轻干部加强针对性培养。

考核中发现领导班子和领导干部存在问题的，区分不同情形，予以谈话提醒直至组织处理；发现违纪违法问题线索，移送纪检监察、司法机关处理。

二　公务员考核机制

根据《公务员考核规定》的规定，公务员考核目的是准确评价公务员的德才表现和工作实绩，规范公务员考核工作，建设信念坚定、为民服务、勤政务实、敢于担当、清正廉洁的高素质专业化公务员队伍。

公务员考核工作坚持以马克思列宁主义、毛泽东思想、邓小平理论、"三个代表"重要思想、科学发展观、习近平新时代中国特色社会主义思想为指导，贯彻新时代党的组织路线和干部工作方针政策，着眼于加强党对公务员队伍的集中统一领导、推进国家治理体系和治理能力现代化，把政治标准放在首位，突出考核公务员做好本职工作的实际成效，树立讲担当、重担当、改革创新、干事创业的鲜明导向，坚持下列原则：注重实绩、群众公认；客观公正、精准科学；分级分类、简便易行；奖惩分明、有效管用。

（一）考核内容与标准

对公务员的考核，以公务员的职位职责和所承担的工作任务为基本依据，全面考核德、能、勤、绩、廉，重点考核政治素质和工作实绩。①德。全面考核政治品质和道德品行，重点了解学习贯彻习近平新时代中国特色社会主义思想，坚定理想信念，坚守初心使命，忠于宪法、忠于国家、忠于人民，增强"四个意识"、坚定"四个自信"、做到"两个维护"的情况；带头践行社会主义核心价值观，恪守职业道德，遵守社会公德、家庭美德和个人品德等情况。②能。全面考核适应新时代要求履职尽责的政治能力、工作能力和专业素养，重点了解政治鉴别能力、学习调研能力、依法行政能力、群众工作能力、沟通协调能力、贯彻执行能力、改革创新能力、应急处突能力等情况。③勤。全面考核精神状态和工作作风，重点了解忠于职守，遵守工作纪律，爱岗敬业、勤勉尽责，敢于担当、甘于奉献等情况。④绩。全面考核坚持以人民为中心，依法依规履行职位职责、承担急难险重任务等情况，重点了解完成工作的数量、质量、效率和所产生的效益等情况。⑤廉。全面考核遵守廉洁从政规定，落实中央八项规定及其实施细则精神等情况，重点了解秉公用权、廉洁自律等情况。

（二）考核方式与结果类型

1. 考核方式

公务员的考核分为平时考核、专项考核和定期考核等方式。定期考核以平时考核、专项考核为基础。

平时考核是对公务员日常工作和一贯表现所进行的经常性考核，一般按照个人小结、审核评鉴、结果反馈等程序进行。

专项考核是对公务员完成重要专项工作、承担急难险重任务和关键时刻的政治表现、担当精神、作用发挥、实际成效等情况所进行的针对性考核，可以按照了解核实、综合研判、结果反馈等程序进行，或者结合推进专项工作灵活安排。

定期考核采取年度考核的方式，是对公务员一个自然年度内总体表现所进行的综合性考核，在每年年末或者翌年年初进行。

2. 结果类型

年度考核结果分为优秀、称职、基本称职和不称职四个等次。

确定为优秀等次应当具备下列条件：思想政治素质高；精通业务，工作能力强；责任心强，勤勉尽责，工作作风好；圆满完成年度工作任务，工作实绩突出；清正廉洁。

确定为称职等次应当具备下列条件：思想政治素质较高；熟悉业务，工作能力较强；责任心强，工作积极，工作作风较好；能够完成本职工作；廉洁自律。

公务员有下列情形之一的，应当确定为基本称职等次：思想政治素质一般；履行职责的工作能力较弱；责任心一般，工作消极，或者工作作风方面存在明显不足；能基本完成本职工作，但完成工作的数量不足、质量和效率不高，或者在工作中有较大失误；能基本做到廉洁自律，但某些方面存在不足。

公务员有下列情形之一的，应当确定为不称职等次：思想政治素质较差；业务素质和工作能力不能适应工作要求；责任心缺失，工作不担当、不作为，或者工作作风差；不能完成工作任务，或者在工作中因严重失误、失职造成重大损失或者恶劣社会影响；存在不廉洁问题，且情形较为严重。

公务员有受相应处分等特殊情形的，按照有关规定参加年度考核，不确定等次。公务员年度考核优秀等次人数，一般掌握在本机关应参加年度考核的公务员总人数的20%以内；经同级公务员主管部门审核同意，可以掌握在25%以内。优秀等次名额应当向获得表彰奖励以及基层一线、艰苦岗位公务员倾斜。县级以上公务员主管部门对综合表现突出或者问题较多的机关，可以适当提高或者降低其优秀等次比例。

（三）考核程序

公务员考核由其所在机关组织实施。党委（党组）承担考核工作主体责任，组织（人事）部门承担具体工作责任。机关在年度考核时可以设立考核委员会。考核委员会由本机关领导成员、组织（人事）部门、纪检监察机关及其他有关部门人员和公务员代表组成。

年度考核一般按照下列程序进行。①总结述职。公务员按照职位职责、年度目标任务和有关要求进行总结，在一定范围内述职，突出重点、简明扼要填写公务员年度考核登记表。②民主测评。对担任机关内设机构领导职务的公务员，在一定范围内进行民主测评。根据需要，可以对其他公务员进行民主测评。③了解核实。采取个别谈话、实地调研、服务对象评议等方式了解核实公务员有关情况。根据需要，听取纪检监察机关意见。④审核评鉴。主管领导对公务员表现以及有关情况进行综合分析，有针对性地写出评语，提出考核等次建议和改进提高的要求。⑤确定等次。由本机关负责人或者授权的考核委员会确定考核等次。对优秀等次公务员在本机关范围内公示，公示时间不少于5个工作日。考核结果以书面形式通知公务员，由公务员本人签署意见。

年度考核确定为优秀等次的，应当从当年平时考核、专项考核结果好的公务员中产生。公务员对年度考核确定为不称职等次不服的，可以按照有关规定申请复核、申诉。各机关应当将公务员年度考核登记表存入公务员本人干部人事档案，同时将本机关公务员年度考核情况报送同级公务主管部门。

（四）考核结果运用

公务员年度考核结果作为调整公务员职位、职务、职级、级别、工资以及公务员奖惩、培训、辞退的依据。

公务员年度考核确定为优秀等次的，按照下列规定办理。当年给予嘉奖，在本机关范围内通报表扬；晋升上一职级所要求的任职年限缩短半年。连续三年确定为优秀等次的，记三等功；晋升职务职级时，在同等条件下优先考虑。

公务员年度考核确定为称职以上等次的，按照下列规定办理。累计两年确定为称职以上等次的，在所定级别对应工资标准内晋升一个工资档次。累计五年确定为称职以上等次的，在所任职务职级对应级别范围内晋升一个级别。本考核年度计算为晋升职务职级的任职年限，同时符合规定的其他任职资格条件的，具有晋升职务职级的资格。享受年度考核奖金。

公务员年度考核确定为基本称职等次的，按照下列规定办理。对其进行诫勉，责令作出书面检查，限期改进。本考核年度不计算为按年度考核结果晋升级别和级别工资档次的考核年限。本考核年度不计算为晋升职务职级的任职年限；下一年内不得晋升职务职级。不享受年度考核奖金。连续两年确定为基本称职等次的，予以组织调整或者组织处理。

公务员年度考核确定为不称职等次的，按照下列规定办理。本考核年度不计算为晋升职务职级的任职年限；降低一个职务或者职级层次任职。本考核年度不计算为按年度考核结果晋升级别和级别工资档次的考核年限。不享受年度考核奖金。连续两年确定为不称职等次的，予以辞退。

参加年度考核不确定等次的，按照下列规定办理。本考核年度不计算为按年度考核结果晋升级别和级别工资档次的考核年限。不享受年度考核奖金。本考核年度不计算为晋升职务职级的任职年限；连续两年不确定等次的，视情况调整工作岗位。

公务员主管部门和公务员所在机关应当根据考核情况，有针对性地对公务员进行教育培训，帮助公务员改进提高。

第四节　市域问责机制

一　市域问责机制的含义

问责概念具有广义和狭义之分，从广义上来讲，问责是一种普遍的社会关系形式，存在于许多社会环境和社会关系之中。广义上的问责既包括正式问责，如行政问责、政治问责等，也包括非正式问责，如民众问责、网络问责等。从狭义上来讲，问责与公共行政联系在一起，被视为一种行政结构和治理方式，即行政问责。[1] 本部分侧重从狭义的角度来阐释问责。行政问责是指"法定主体对行使公共权力的组织与个人在履行法定职责以及绩效等方面实施监督、质疑与责任追究的制度规范"。[2] 市域问责机制的运行则包括问责主体基于相关责任内容采取多维问责方式对行使公共权力的个人和组织进行过程性和结果性的监督和责任追究。

作为民主政治时代行政民主控制的一种制度安排，市域问责机制强调政府在履行社会义务和职责过程中通过制度化的设计加强对公权力的监督和控制，以达到社会利益最大化的目标。这一制度安排涉及权力机关的监督、司法机关的监督、国家机关自身的监督及非国家机关的监督，涵盖内外两个层面。[3] 具体而言，在效果和作用上，市域问责表现为一种监督控制机制，其作用是实现社会和自身对于行政效率和效果的价值期望；在问责对象和问责主体上，二者的责任关系往往为政治理念和法律、规章制度所规定，这使得行政问责过程表现为强制性执行过程；在问责内容和实现机制上，市域问责一般涉及法律问责、政治问责、等级管理问责和职业道德问责等方面。在四种问责机制中，每种问责机制都有其自身的含义。法律问责是指公共行政必须遵守宪法、法律和行政管理规章的有关规定。政治问责是指行政部门或机构管理者必须对来自外部的重要问责意见给予回

---

[1] 宋涛：《行政问责概念及内涵辨析》，《深圳大学学报》（人文社会科学版）2005年第2期。
[2] 姜晓萍：《行政问责的体系构建与制度保障》，《政治学研究》2007年第3期。
[3] 吴爱明：《当代中国政府与政治》，中国人民大学出版社，2004，第323页。

应。等级管理问责是指在公共行政所形成的等级权力管理的组织结构中，每一个等级的人员都有相应的职责并需接受其来自上级的工作绩效评估。职业道德问责是指行政人员必须按照职业标准和职业道德的要求进行自我反省，以自觉的意识来更好地胜任工作、履行职责。[1]

二 市域问责的内容

党的十八大以来，党中央坚持党要管党、全面从严治党，深入推进党风廉政建设和反腐败斗争，将全面从严治党纳入"四个全面"战略布局，开创了党的建设新局面。习近平总书记强调，"有权必有责、有责要担当、失责必追究"。[2] 党中央紧紧抓住落实主体责任这个"牛鼻子"，把问责作为从严治党利器，先后对一批在党的建设和党的事业中失职失责典型问题严肃问责，强化问责成为管党治党、治国理政的鲜明特色。为规范和强化党的问责工作，2016年7月，中共中央印发了《中国共产党问责条例》（以下简称《条例》）。《条例》以党章为根本遵循，全面贯彻党的十八大和十八届三中、四中、五中全会精神，深入贯彻习近平总书记系列重要讲话精神，聚焦全面从严治党，突出管党治党政治责任，着力解决一些党组织和党的领导干部党的领导弱化、党的建设缺失、全面从严治党不力，党的观念淡漠、组织涣散、纪律松弛、不担当、不负责等突出问题，体现了党的十八大以来管党治党理论和实践创新成果，是全面从严治党重要的制度遵循，对于统筹推进"五位一体"总体布局和协调推进"四个全面"战略布局，实现党的历史使命，具有十分重要的意义。《条例》为党的问责工作提供了制度遵循，推动失责必问、问责必严成为常态，发挥了全面从严治党的利器作用。

2019年9月，根据新的形势、任务和要求，党中央对《条例》予以修订。此次修订的《条例》，全面贯彻习近平新时代中国特色社会主义思想和党的十九大精神，以党章为根本遵循，把坚决维护习近平总书记党中央

---

[1] 宋涛：《行政问责概念及内涵辨析》，《深圳大学学报》（人文社会科学版）2005年第2期。

[2] 中共中央党史和文献研究院编《习近平关于依规治党论述摘编》，中央文献出版社，2022，第88页。

的核心、全党的核心地位，坚决维护党中央权威和集中统一领导作为根本原则和首要任务，聚焦管党治党政治责任，坚持严字当头，针对实践中出现的问责不力、泛化简单化等问题，着力提高党的问责工作的政治性、精准性、实效性。要求各级党委（党组）增强"四个意识"、坚定"四个自信"、做到"两个维护"，担负起全面从严治党政治责任，坚持有权必有责、有责要担当、失责必追究。各级纪委（纪检组）要履行好监督专责，党的工作机关要立足本职，敢于问责、善于问责，提高制度化、规范化水平。

根据《条例》的规定，党委（党组）应当履行全面从严治党主体责任，加强对本地区本部门本单位问责工作的领导，追究在党的建设、党的事业中失职失责党组织和党的领导干部的主体责任、监督责任、领导责任。纪委应当履行监督专责，协助同级党委开展问责工作。纪委派驻（派出）机构按照职责权限开展问责工作。党的工作机关应当依据职能履行监督职责，实施本机关本系统本领域的问责工作。问责对象是党组织、党的领导干部，重点是党委（党组）、党的工作机关及其领导成员，纪委、纪委派驻（派出）机构及其领导成员。

党组织、党的领导干部违反党章和其他党内法规，不履行或者不正确履行职责，有下列情形之一，应当予以问责：党的领导弱化，"四个意识"不强，"两个维护"不力，党的基本理论、基本路线、基本方略没有得到有效贯彻执行，在贯彻新发展理念，推进经济建设、政治建设、文化建设、社会建设、生态文明建设中，出现重大偏差和失误，给党的事业和人民利益造成严重损失，产生恶劣影响的；党的政治建设抓得不实，在重大原则问题上未能同党中央保持一致，贯彻落实党的路线方针政策和执行党中央重大决策部署不力，不遵守重大事项请示报告制度，有令不行、有禁不止，阳奉阴违、欺上瞒下，团团伙伙、拉帮结派问题突出，党内政治生活不严肃不健康，党的政治建设工作责任制落实不到位，造成严重后果或者恶劣影响的；党的思想建设缺失，党性教育特别是理想信念宗旨教育流于形式，意识形态工作责任制落实不到位，造成严重后果或者恶劣影响的；党的组织建设薄弱，党建工作责任制不落实，严重违反民主集中制原则，不执行领导班子议事决策规则，民主生活会、"三会一课"等党的组织生活制度不执行，领导干部报告个人有关事项制度执行不力，党组织软弱涣散，违规选拔任用干部等问题突出，造成恶劣影响的；党的作风建设松懈，落实中央八项规定及其实施细则精神不力，"四风"问题得不到有效整治，形式主义、官僚主义问题突出，执行党中央决策部署表态多调门高、行动少落实差，脱离实际、脱离群众，拖沓敷衍、推诿扯皮，造成严重后果的；党的纪律建设抓得不严，维护党的政治纪律、组织纪律、廉洁纪律、群众纪律、工作纪律、生活纪律不力，导致违规违纪行为多发，造成恶劣影响的；推进党风廉政建设和反腐败斗争不坚决、不扎实，削减存量、遏制增量不力，特别是对不收敛、不收手，问题线索反映集中、群众反映强烈，政治问题和经济问题交织的腐败案件放任不管，造成恶劣影响的；全面从严治党主体责任、监督责任落实不到位，对公权力的监督制约不力，好人主义盛行，不负责不担当，党内监督乏力，该发现的问题没有发现，发现问题不报告不处置，领导巡视巡察工作不力，落实巡视巡察整改要求走过场、不到位，该问责不问责，造成严重后果的；履行管理、监督职责不力，职责范围内发生重特大生产安全事故、群体性事件、公共安全事件，或者发生其他严重事故、事件，造成重大损失或者恶劣影响的；在教育医疗、生态环境保护、食品药品安全、扶贫脱贫、社会保障等涉及人民群众最关心最直接最现实的利益问题上不作为、乱作为、慢作为、假作为，损害和侵占群众利益问题得不到整治，以言代法、以权压法、徇私枉法问题突出，群众身边腐败和作风问题严重，造成恶劣影响的；其他应当问责的失职失责情形。

三 市域问责的方式

对党组织的问责，根据危害程度以及具体情况，可以采取以下方式。①检查。责令作出书面检查并切实整改。②通报。责令整改，并在一定范围内通报。③改组。对失职失责，严重违犯党的纪律、本身又不能纠正的，应当予以改组。

对党的领导干部的问责，根据危害程度以及具体情况，可以采取以下方式。①通报。进行严肃批评，责令作出书面检查、切实整改，并在一定范围内通报。②诫勉。以谈话或者书面方式进行诫勉。③组织调整或者组织处理。对失职失责、危害较重，不适宜担任现职的，应当根据情况采取停职检查、调整职务、责令辞职、免职、降职等措施。④纪律处分。对失职失责、危害严重，应当给予纪律处分的，依照《中国共产党纪律处分条例》追究纪律责任。

上述问责方式，可以单独使用，也可以依据规定合并使用。问责方式有影响期的，按照有关规定执行。

四　市域问责的程序

发现《条例》第七条所列问责情形（即上文列出的情形），需要进行问责调查的，有管理权限的党委（党组）、纪委、党的工作机关应当经主要负责人审批，及时启动问责调查程序。其中，纪委、党的工作机关对同级党委直接领导的党组织及其主要负责人启动问责调查，应当报同级党委主要负责人批准。应当启动问责调查未及时启动的，上级党组织应当责令有管理权限的党组织启动。根据问题性质或者工作需要，上级党组织可以直接启动问责调查，也可以指定其他党组织启动。对被立案审查的党组织、党的领导干部问责的，不再另行启动问责调查程序。

启动问责调查后，应当组成调查组，依规依纪依法开展调查，查明党组织、党的领导干部失职失责问题，综合考虑主客观因素，正确区分贯彻执行党中央或者上级决策部署过程中出现的执行不当、执行不力、不执行等不同情况，精准提出处理意见，做到事实清楚、证据确凿、依据充分、责任分明、程序合规、处理恰当，防止问责不力或者问责泛化、简单化。

查明调查对象失职失责问题后，调查组应当撰写事实材料，与调查对象见面，听取其陈述和申辩，并记录在案；对合理意见，应当予以采纳。调查对象应当在事实材料上签署意见，对签署不同意见或者拒不签署意见的，调查组应当作出说明或者注明情况。

调查工作结束后，调查组应当集体讨论，形成调查报告，列明调查对象基本情况、调查依据、调查过程，问责事实，调查对象的态度、认识及其申辩，处理意见以及依据，由调查组组长以及有关人员签名后，履行审批手续。

问责决定应当由有管理权限的党组织作出。对同级党委直接领导的党组织，纪委和党的工作机关报经同级党委或者其主要负责人批准，可以采取检查、通报方式进行问责。采取改组方式问责的，按照党章和有关党内法规规定的权限、程序执行。对同级党委管理的领导干部，纪委和党的工作机关报经同级党委或者其主要负责人批准，可以采取通报、诫勉方式进行问责；提出组织调整或者组织处理的建议。采取纪律处分方式问责的，按照党章和有关党内法规规定的权限、程序执行。

问责决定作出后，应当及时向被问责党组织、被问责领导干部及其所在党组织宣布并督促执行。有关问责情况应当向纪委和组织部门通报，纪委应当将问责决定材料归入被问责领导干部廉政档案，组织部门应当将问责决定材料归入被问责领导干部的人事档案，并报上一级组织部门备案；涉及组织调整或者组织处理的，相应手续应当在1个月内办理完毕。

被问责领导干部应当向作出问责决定的党组织写出书面检讨，并在民主生活会、组织生活会或者党的其他会议上作出深刻检查。建立健全问责典型问题通报曝光制度，采取组织调整或者组织处理、纪律处分方式问责的，应当以适当方式公开。被问责党组织、被问责领导干部及其所在党组织应当深刻吸取教训，明确整改措施。作出问责决定的党组织应当加强督促检查，推动以案促改。

需要对问责对象作出政务处分或者其他处理的，作出问责决定的党组织应当通报相关单位，相关单位应当及时处理并将结果通报或者报告作出问责决定的党组织。实行终身问责，对失职失责性质恶劣、后果严重的，不论其责任人是否调离转岗、提拔或者退休等，都应当严肃问责。

有下列情形之一的，可以不予问责或者免予问责：在推进改革中因缺乏经验、先行先试出现的失误，尚无明确限制的探索性试验中的失误，为推动发展的无意过失；在集体决策中对错误决策提出明确反对意见或者保留意见的；在决策实施中已经履职尽责，但因不可抗力、难以预见等因素造成损失的。对上级错误决定提出改正或者撤销意见未被采纳，而出现《条例》所列问责情形的，可以不予问责或者免予问责。上级错误决定明显违法违规的，应当承担相应的责任。

有下列情形之一，可以从轻或者减轻问责：及时采取补救措施，有效挽回损失或者消除不良影响的；积极配合问责调查工作，主动承担责任的；党内法规规定的其他从轻、减轻情形。

有下列情形之一，应当从重或者加重问责：对党中央、上级党组织三令五申的指示要求，不执行或者执行不力的；在接受问责调查和处理中，不如实报告情况，敷衍塞责、推卸责任，或者唆使、默许有关部门和人员弄虚作假，阻扰问责工作的；党内法规规定的其他从重、加重情形。

问责对象对问责决定不服的，可以自收到问责决定之日起1个月内，向作出问责决定的党组织提出书面申诉。作出问责决定的党组织接到书面申诉后，应当在1个月内作出申诉处理决定，并以书面形式告知提出申诉的党组织、领导干部及其所在党组织。申诉期间，不停止问责决定的执行。

问责决定作出后，发现问责事实认定不清楚、证据不确凿、依据不充分、责任不清晰、程序不合规、处理不恰当，或者存在其他不应当问责、不精准问责情况的，应当及时予以纠正。必要时，上级党组织可以直接纠正或者责令作出问责决定的党组织予以纠正。党组织、党的领导干部滥用问责，或者在问责工作中严重不负责任，造成不良影响的，应当严肃追究责任。正确对待被问责干部，对影响期满、表现好的干部，符合条件的，按照干部选拔任用有关规定正常使用。

第十一章 市域依法治理机制

市域依法治理是市域治理体系建设的重要内容，也是推进国家治理体系和治理能力现代化征程上的重要环节。在全面推进依法治国，法治国家、法治政府、法治社会一体化建设的要求和理想追求之下，如何推进市域依法治理，如何在法治的轨道上加快推进市域治理现代化，事关市域治理的质量和国家的长治久安，是当前完善市域治理体系的重要课题之一。

第一节 市域依法治理的内涵

一 依法治理

依法治理在源头上并不是一个学术用语，而是在普法实践中产生的法治活动，它包括以下内容：一是对公共权力的治理，即通过法律对权力进行制约；二是对社会事务的治理，即通过依法对社会事务进行治理，促进社会有序发展；三是基层组织的依法自治，即基层组织依据法律法规服务和管理群众。[1] 因此，依法治理是一个广义的概念，并非仅仅指政府依靠法律法规开展法治活动。

从概念构成来看，依法治理包含了"法治"和"治理"两个要件。法治的内涵包括法律至上、良法之治、保障人权、司法公正、依法行政等。治理的本质是多元主体的合作。依法治理要求将法治内化于治理活动之中，强调治理理念、治理结构和治理行为的法治化。

---

[1] 王称心主编《依法治理评价理论与实践研究》，中国法制出版社，2006，第24~47页。

依法治理贯穿于治理的各领域各方面各环节，具有基础性的地位和全局性的影响。[①] 依法治理要坚持依法执政、依法治国、依法行政共同推进，法治国家、法治政府、法治社会一体化建设。

在治理层面，党中央提出了"四维治理"。党的十八届四中全会提出要"坚持系统治理、依法治理、综合治理、源头治理"。党的十九届四中全会进一步指出要"加强系统治理、依法治理、综合治理、源头治理，把我国制度优势更好转化为国家治理效能"。其中，依法治理作为"四维治理"中的一个重要维度，强调对法律的敬畏感，避免陷入"人治"的窠臼，维护"法治"的神圣，体现治理的科学性、公平性和公正性。[②] 依法治理是推进国家治理体系和治理能力现代化的重要前提，法治化是国家治理体系和治理能力现代化的重要依归，没有法治化，就不可能有国家治理体系和治理能力现代化。

二 市域依法治理

市域是人口等各类要素的聚集地，具有相对完备的立法、行政、司法权限，涵盖党委、政府、社会、公众等多元治理主体。我国的市按照行政等级可以划分为直辖市、副省级城市、地级市以及县级市等。除此之外，还有计划单列市和镇级市等时代的特殊产物。根据全国市域社会治理现代化工作会议的精神，本书的市域范围为设区的市，主要是地级市一级的行政区域范围。据此，市域依法治理就是在市域范围内，各治理主体将法律法规视为最高行动准则，利用法治思维、法治方式推进市域治理，所有治理活动都纳入法治轨道的治理实践。

市域依法治理是依法治国在市域治理层面的具体表现。市域依法治理既是推进依法行政、建设法治政府的内在要求，又是提高行政效能、创造治理绩效的有效途径。在市域层面推行依法治理，要求落实法治制度、法治思维和法治方式，使法治成为市域经济社会发展的核心竞争力。

坚守法治秩序是全体市民的责任，不仅包括公民自身守法懂法，还包

[①] 张文显：《法治与国家治理现代化》，《中国法学》2014 年第 4 期。
[②] 胡象明：《"四维治理"："中国之治"的创新建构》，《国家治理》2019 年第 46 期。

含政府工作人员遵从法治准则，知法守法。坚守法治秩序要求推动政府各项工作实现标准化、规范化、法治化。要善于总结市域内和其他市域依法治理的好经验、好做法，及时通过政府立法或制定规范性文件，形成一系列依法治理的制度成果。要抓好制度机制的落实，坚持制度面前人人平等、执行制度没有例外，用严明的制度、严格的执行、严密的监督，维护制度的严肃性和权威性。

树立法治思维就是遵从法治的规制，确保对权力的使用、对权利的维护都以法律法规为依据，对"法无明文规定不可为"与"法无禁止即可为"所指代事项应有清楚认知。树立法治思维要求在市域治理中坚守合法性底线，凡事要从是否合法考虑，合法的可做，不合法的就是不能做；要坚持规则先导，凡事有预制规则，主要靠规则办事，而不是主要靠文件办事，让人们生活在可预期的环境之中；要坚持平等原则，做到规则面前人人平等，实现社会公平公正；要坚持正当程序原则，将办事纳入法定程序和正当程序之内，以正当程序实现公正实体目标。

运用法治方式，就是遵从法治的原则，强调办事准则的规范化、标准化，处事公平、公正、公开、民主，保证制度体系的廉洁清明。同时，强调法治主体的主动性，在社会问题的影响未演化成社会稳定风险之前，及时响应、展开讨论，主动面对问题、处理问题、化解问题，树立法治主体的权威性，将法治理念植入人心、融入社会行为之中，进而增加法治理念的覆盖维度，力求实现公众知法守法、懂法用法，用法律武器保护自己；公务人员依法行政，不违规、不违法、不犯法，形成风清气正的法治社会，进而推进治理结构的法治化、治理体系和治理能力的现代化。

从法治视角来看，市域依法治理具有以下优势和特点。

第一，市域依法治理的立法优势。2015年3月15日，十二届全国人大三次会议修订了《中华人民共和国立法法》，赋予所有设区的市地方立法权，规定设区的市可以对"城乡建设与管理、环境保护、历史文化保护"等方面的事项制定地方性法规和地方政府规章。2023年3月13日，十四届全国人大一次会议对《中华人民共和国立法法》进行了第二次修订，为了适应实践中地方不断增长的立法需求，增加规定设区的市可以对

"基层治理"事项制定地方性法规和地方政府规章,扩大了设区的市立法权限。设区的市也是市域依法治理的范围,根据《中华人民共和国立法法》第81条、82条的规定,① 市域的人大及其常务委员会不仅可以为执行法律、行政法规的规定,根据本行政区域的实际情况进行执行性立法,而且可以针对地方性事务进行创设性立法。根据《中华人民共和国立法法》第93条的规定,② 市域的地方人民政府可以在不同宪法、法律、行政法规、地方性法规相抵触的情况下制定地方规章。这意味着市域的人大和政府可以根据自身的实际需要,对生态文明建设、历史文化保护、城乡建设与管理、基层治理等方面的事项制定适合本地特点的地方性法规和规章,为本地经济发展、社会建设和法治化的深入发展提供有力的支撑与保障。我国幅员辽阔,不同地区的政治、经济、文化等发展不平衡,差异较大,国家立法无法对不同地域之间的差异性事项进行全面统一的规定。作为中央立法的补充,市域立法可以紧密结合本地区的政治、经济、文化和社会发展的具体需要量身定制解决市域地方事务的法规和规章。因此,市域依法治理能够从本地的实际出发,抓住本市域急需解决的痛点、难点和焦点,从立法层面进行规范,有针对性地进行治理。

第二,市域依法治理的复杂性。市域治理从属于国家治理体系,是国家治理体系在市域层面的落实,这一点可以从许多"规定动作"中体现出来;同时,市域治理又具有鲜明的地方特色,通过市域立法形式呈现出

---

① 《中华人民共和国立法法》第81条规定,"设区的市的人民代表大会及其常务委员会根据本市的具体情况和实际需要,在不同宪法、法律、行政法规和本省、自治区的地方性法规相抵触的前提下,可以对城乡建设与管理、生态文明建设、历史文化保护、基层治理等方面的事项制定地方性法规,法律对设区的市制定地方性法规的事项另有规定的,从其规定"。第82条规定,"地方性法规可以就下列事项作出规定:(一)为执行法律、行政法规的规定,需要根据本行政区域的实际情况作具体规定的事项;(二)属于地方性事务需要制定地方性法规的事项"。

② 《中华人民共和国立法法》第93条规定,"省、自治区、直辖市和设区的市、自治州的人民政府,可以根据法律、行政法规和本省、自治区、直辖市的地方性法规,制定规章。地方政府规章可以就下列事项作出规定:(一)为执行法律、行政法规、地方性法规的规定需要制定规章的事项;(二)属于本行政区域的具体行政管理事项。设区的市、自治州的人民政府根据本条第一款、第二款制定地方政府规章,限于城乡建设与管理、生态文明建设、历史文化保护、基层治理等方面的事项。已经制定的地方政府规章,涉及上述事项范围以外的,继续有效"。

的"自选动作"的差异性，表现出不同市域的独特性。这意味着市域依法治理不仅要向上承接中央和省域治理的法律法规、大政方针，也要向下统筹谋划、部署引导县域和乡镇基层治理，还要横向对接同级市域的制度安排和规则体系，同时妥善处理市域范围内的社会矛盾、安全风险，承担着承上启下、左右互通的功能和作用，这些均彰显了市域依法治理的复杂性。

第三，市域依法治理的可操作性强。市域依法治理的可操作性是相对国家治理的原则性而言的。国家治理要统筹考虑我国各地区、各民族的发展实际，对差异极大的经济、文化作统一的规划，不可避免地要在原则性上强一些。落实在法治化上，国家层面的治理，往往在一些最基本、最重要的问题上给出明确的方向，但并没有在千差万别的地方事务上规定太细。市域依法治理和市级层面的地方立法正是在这一广阔活动空间内发挥效能。市域治理的实践性强，各市的地方性法规和规章立足于本行政区域的具体情况而制定。由于同一市的经济和社会发展条件较为接近，法治化的实施基础差异较小，因而可以制定较为明确且具体的治理法规，较强的操作性也增强了市域治理的力度和效度。

第二节 市域依法治理的方式

依法治理是市域治理方式的现代形态，是以法律法规为制定和执行为重要内容的治理模式，是依法治国、建设法治中国的现实需要和实现途径。市域依法治理机制包含治理与法治建设两个要素。从治理的角度来看，市域依法治理需要党、政府、社会组织与公民勠力同心。从法治建设的视角来看，市域依法治理包括科学立法、严格执法、公正司法、全民守法等环节。

一 推动多元主体共同参与

一般意义上，治理强调多主体参与，共同解决公共问题和处理公共事务。《法治社会建设实施纲要（2020—2025年）》提出将"坚持社会治理共建共治共享"作为主要原则之一。从内涵上讲，依法治理也并非仅仅指政府依靠法律法规开展法治活动，也指党委、政府、社会、公众等多元治理主体参与合作，共同推进市域治理法治化。

（一）坚持党建引领，充分发挥党委领导的核心作用

市域依法治理不仅涉及上下级行政机关之间的职权划分，还涉及横向行政机关之间的职能协调。其所涉及的内容和领域比县域更广，所触及的矛盾和利益更多，推进法治化所面临的问题和挑战也更多。越是如此，越需要一个强有力的领导力量，形成推进依法治理的合力。[①]

党的领导、党发挥的政治引领作用与市域依法治理的根本是一致的，这既体现在始终坚持以人民为中心、代表最广大人民群众的利益上，又体现在党内法规与市域依法治理都要求平等公正、有法必依。党的领导是市域依法治理的内在要求，这源于市域依法治理内容的复杂性、系统全局性特征。因此，不论就从内部本质性而言还是就外部一致性而言，都必须坚持将政治引领贯穿于市域依法治理全过程。

党建引领要求将党建同法治建设相结合，形成"党建+法治"的市域依法治理体系。市域层面的党政负责人始终要坚持依法办事、依法行使职权，这不仅是依法治国基本方略的要求，也是党内法规的要求。2016年由中共中央办公厅、国务院办公厅印发了《党政主要负责人履行推进法治建设第一责任人职责规定》，该规定属于党内法规，明确规定了党委及政府的主要负责人在推进法治建设中所应当承担的第一责任人职责，其中党委不仅要发挥领导核心作用，还要提高党内法规制度执行力，依法依规决策、依法依章履职。该规定适用于县级以上地方党委和政府主要负责人，与市域依法治理所对应的行政级别相符，可以作为市域依法治理的党内法规依据。

（二）坚持政府主导，构建职责明确、依法行政的政府治理体系

政府在市域依法治理中占据重要地位，发挥积极作用，是市域依法治理的主要推动力，承担着推进市域依法治理的主要职责。

市域依法治理要求地方政府运用法治思维和法治方式优化组织结构、

---

① 周振超、侯金亮：《市域社会治理法治化：理论蕴含、实践探索及路径优化》，《重庆社会科学》2021年第8期。

规范行政行为、提高治理效能，具体措施如下。

（1）以法定方式进一步明确政府的机构设置和职权划分，使机构设置更加科学合理，机构的职能、权限、责任对等统一，各机构间的职权划分既清晰明确又利于协同，以此推动治理组织结构向科层化方向发展。

（2）强化对政府行政过程的法律约束，提高程序的公平性和透明度，使行政行为严格遵循法定程序和法定方式，以此推进治理方式的制度化、标准化和规范化。

（3）突出治理的问题导向，严格行政问责，借助法律的普遍性、稳定性和权威性实现权力、责任和激励三者之间的动态平衡，使地方政府敢做事、能做事又能做成事，以此提高治理效能。①

（三）引导社会组织协同参与市域法治建设工作

社会组织是市域依法治理的重要主体和依托，要引导社会组织协同参与市域法治建设工作，充分发挥社会组织在法治建设中的作用。

第一，充分发挥社会组织在立法中的积极作用，提高立法的公平性与科学性。一要善于发挥社会组织公益性、非营利性的优势，让其积极代表民意，有序参与立法，推动立法民主化。要多征求社会组织对立法的意见、建议，让社会组织多参加立法听证、论证、质询；甚至可委托某些有资质、有能力的社会组织作为第三方，提出法律草案，避免立法被部门"绑架"。二要善于发挥社会组织的调查研究优势，让其帮助调研立法中存在的主要问题和当前面临的新形势，为地方立法提供现实依据。

第二，充分发挥社会组织在普法中的积极作用，提高公民的法治意识，推动法治建设。社会组织作为一种民间力量，具有先天的"亲民性""草根性""本土性"，要积极发挥其在"法治宣传教育，引导全民自觉守法、遇事找法、解决问题靠法"工作方面的独特功能。一方面，要将社会组织作为普法的重要主体，弥补党委和政府普法的缺漏。社会组织可结合自身的组织目标、会员特征，参与普法。比如，老年协会可积极宣传普及老年人权益保障相关法律。另一方面，要善于发挥社会组织普法渠道的

---

① 郭晓雨：《地方政府依法治理的运作技术与制度逻辑》，博士学位论文，西南政法大学，2020，第7页。

优势。加强对城乡社区基层社会组织的培育与扶持，建立发展普法志愿者队伍，引导他们结合本土文化，运用本土语言，开展以案释法、法律知识竞赛、法律情景剧等活动，让更多人了解法律、走近法律、热爱法律、运用法律。

第三，充分发挥社会组织在执法中的积极作用，提高法律的执行力。当前，选择性执法现象仍然存在，执法司法不规范、不严格、不透明、不文明等问题依然存在。社会组织在协助解决这些问题上大有可为。一是可以发挥监督作用。各级纪委和监察部门可聘任一些信誉好、能力强、资质优、具有法学背景的社会组织负责人担任人民监督员，让他们协助调查"有法不依、执法不严、违法不究"的现象，并及时公布处理结果。二是可以参与执法。扩大社会组织公益诉讼范围，让符合条件的社会组织协助公安机关调查取证、监督法院审判的公正性和执法的公平性。在这方面，社会组织可以要求审判公开、检务公开、警务公开、狱务公开。三是可以发挥沟通协调作用。调动社会组织引导和支持人民群众表达利益、依法维权、合理维权的积极性。

第四，充分发挥社会组织在法律公共服务供给中的积极作用，增强"法律福利"的可及性。一方面，可选择一些条件成熟的社会组织（如社会工作服务机构）作为法律公共服务体系内的基层平台。以这些社会组织为载体，整合法律资源，帮助需要法律救助的群众。另一方面，加大公共财政投入力度，推广政府向社会组织购买法律公共服务，对"打不起官司"的弱势群体提供无偿或低偿的法律服务，使他们在碰到法律难题时能享受到"法律福利"。

（四）倡导公民融入，共同推动市域法治建设

人民群众是法治建设的生力军，是促进市域依法治理不可或缺的重要力量，要积极倡导公民融入，共同推动法治建设。

首先要大力拓展和优化公民参与渠道，提供灵活多样的参与方式，并为新的参与方式提供制度支撑。一要建立多元诉求表达机制。政府部门可以探索并采用公民行政参与的多种方法，如深入交流，开展公民训练、基层意见搜集，运用价值取向法等。公民可以通过各种途径和形式来表达利益诉求，在现实实践中，有的通过具有公益性质的行政复议或诉讼方式来表达利益诉求，有的通过参与听证会、讨论或提出法律法规草案等形式参与立法工作并表达利益诉求，有的公民通过人民建议征集制度，参与国家和地方立法事项，参与政治生活和管理社会、经济、文化事务。例如，广东、北京等地规定公民可以对红头文件提出意见或质疑，又如公民对法律草案的讨论、提出意见和建议，这些都不失为公民参与方式的有益尝试和借鉴。二要完善公民互联网参与渠道。随着网络技术的发展，行政决策除借助传统的信息收集方式外也越来越多地利用网络。网络的蓬勃发展为公民行政参与增加了新的途径，又能使政府快速便捷地获知相关的信息、完善决策机制、丰富决策手段、保证决策内容的公正性和广泛性。

其次要健全公民行政参与制度。建立公正科学的行政参与程序是行政程序规范化的重要内容。政府应通过法律法规明确公民行政参与社会事务的范围，包括参与人的范围和参与事项的范围，参与途径如决策参与、执法参与、争议裁决参与、监督参与等，参与方式如座谈会、论证会、听证会、电子邮件、走访提出意见和建议或直接参与行政决策等。同时，为保障公民行政参与的有效性与公正性，应以法律法规明确规定不同类型、不同形式公民行政参与的程序和方法。

二 加强市域法治政府建设

法治政府建设是全面依法治国的重点任务和主体工程，是推进国家治理体系和治理能力现代化的重要支撑。市域依法治理是依法治国方略在市域范围内的落实，因此在市域层面建设法治政府必然是市域依法治理的重要路径。

"法律是治国之重器，良法是善治之前提。"[1] 良法是善治的前提，但善治未必是良法的必然结果。"徒法不足以自行"，将良法转化为善治，还需要社会各方身体力行，以切实的行动来将良法落到实处，使得良法中所体现的社会主义核心价值观、人民意志、科学意见、时代精神能够真正彰显出来。因此，市域依法治理需要从立法、执法、司法、守法四个环节

---

[1] 中共中央党史文献研究室编《十八大以来重要文献选编》（中），中央文献出版社，2016，第160页。

推动法治政府建设。唯有如此，才能实现良法善治。

（一）科学立法，夯实治理根基

《中共中央关于全面推进依法治国若干重大问题的决定》指出，"建设中国特色社会主义法治体系，必须坚持立法先行，发挥立法的引领和推动作用，抓住提高立法质量这个关键"。国家治理的基础在于建立一套科学完备的法律规范体系，而作为国家治理组成部分的市域治理，也必须回应这一要求。

"科学立法"是社会主义法治的题中之义，也是市域依法治理的根基。要充分发挥地方立法的作用，以立法引领市域治理，促进市域治理规范化、制度化、体系化。同时，要将"科学"之理念融入市域立法过程之中，统筹国家治理整体布局与市域治理具体需求。全面落实"高质量立法、惠民立法、环保立法、弘德立法、协同立法"新理念，加强重点领域、新兴领域立法。围绕数字治理、营商环境，制定完善城市大脑赋能城市治理、社会信用等方面的法规规章。围绕基层治理、民生保障，制定完善矛盾纠纷多元化解、医疗养老、住房保障、突发事件应对等方面的法规规章。围绕城市建设、规划管理，制定土地管理、不动产登记等方面的法规规章。围绕生态治理、环境保护，制定完善生态功能区、地方特色保护、湿地公园保护、污染防治等方面的法规规章。围绕文化繁荣、遗产保护，制定完善世界文化遗产保护等方面的法规规章。把握法制统一与地方特色之间的辩证关系，充分发挥地方立法服务地方改革发展的作用，推动地方先行立法、特色立法、创新立法，充分体现地方立法在法律体系中的补充性、探索性功能，为具体的治理活动奠定坚实的法律基础、提供充分的法律依据，让市域治理扎根于沃土之中，真正做到良法善治。

科学立法还应保持法律的与时俱进，建立地方性法规、政府规章和行政规范性文件动态清理机制。按照"谁起草谁清理，谁清理谁负责"的原则，根据全面深化改革、经济社会发展需要，以及上位法制定、修改、废止情况，及时清理有关地方性法规、政府规章和行政规范性文件。实行地方性法规、政府规章和行政规范性文件目录和文本动态化、信息化管理，市、区政府及其部门要根据规范性文件立改废情况及时作出调整并向社会公布，未经公布、未被列入继续有效目录的政府规章、规范性文件，不得作为行政管理的依据。

（二）严格执法，扶正治理轨道

执法是法律实施的主要阶段，是法律的权威与生命所在，也是全面推进依法治国的重点。要推进市域依法治理，必须保证法律的严格实施，将法律规范体现在市域治理中的具体要求落到实处。

首先，恪守法无授权不可为、法定职责必须为的原则，依法全面履行政府职能。一方面，推进综合行政审批改革，全面整顿行政审批事项，按照应减必减、能放则放的原则，做好取消和下放行政审批事项的落实和衔接工作，最大限度精简行政审批事项，减少政府对微观事务的管理。另一方面，优化政府部门权责清单，并实行动态管理。按照法定职责必须为的要求，在全面梳理、清理调整、审核确认、优化流程的基础上，将政府职能、法律依据、实施主体、职责权限、管理流程、监督方式等事项以权力清单的形式向社会公开。按照权责一致的要求，制定行政权力运行流程图，对权力行使的实施程序、办理时限、监督方式等进行分解细化，逐一厘清与行政权力相对应的责任事项、责任主体、责任方式，建立与权力相统一的责任清单。

其次，推进城市综合治理与执法活动规范化，做到有法必依、执法必严、违法必究，严守执法程序与执法标准，秉公执法、尽职尽责。要在市域范围内全面贯彻执法公示制度，实现执法活动透明化、公开化，使国家与社会能够有效地进行执法监督，将权力置于阳光之下。要针对不严格、不文明、不作为、乱作为等执法乱象，总结市域治理经验，结合市域治理特征，对症下药、扶正轨道，在法治的框架中有条不紊地开展治理活动。

再次，开展行政执法改革。一是科学划分市、区两级执法权限，理顺市、区行政执法职责，加快形成权责明确、行为规范、监督有效、保障有力的行政执法体制，做到行政执法职能下放到位，人员编制落实到位。二是完善行政执法程序。健全完善行政裁量权基准制度，通过制定基准、完善程序、评查行政执法案卷等方式规范行政裁量权。建立执法全过程记录制度，推行行政执法文书电子化，实现对立案、调查取证、执行等行政执法活动全过程的跟踪记录，确保所有执法工作都有据可查。三是全面落实行政执法责任制。严格确定不同部门及机构、岗位执法人员的执法责任，建立行政执法用工制度，建立健全常态化的责任追究机制。加强执法监督，充分利用"互联网+"资源优势，加快建立统一的行政执法监督网络平台，建立健全投诉举报、情况通报等制度，坚决避免对执法活动的干预，防止和克服部门利益和地方保护主义，防止和克服执法工作中的利益驱动行为，惩治执法腐败现象。四是坚持行政执法案卷评查制度，规范案卷评查范围、方式、程序，提高案卷评查能力，强化评查结果运用，对评查结果予以反馈并进行通报。

（三）公正司法，坚守治理底线

司法是法律实施的重要环节，是社会公正的最后保障，是处理社会矛盾纠纷的最后一道防线，其在市域依法治理中具有极其重要的地位，公正司法是推动市域依法治理的重要方式。

必须严格规范市域范围内的审判与检察工作，贯彻落实司法的基本原则，以事实为依据、以法律为准绳，避免司法不公、严惩司法腐败，在法治的轨道上切实保障人民的合法权益。要加强司法工作队伍建设，提高法官、检察官等司法工作人员素养，加强司法服务与司法保障，充分满足市民对于司法资源的需求。

深入贯彻司法责任制，落实综合配套改革，优化司法职权配置，健全司法监督机制，确保司法公正、透明。充分发挥人民法院审判职能，加强市域范围内中级人民法院对区基层法院的审判监督。推行类案与关联案件强制检索制度。强化"谁审理谁裁判，谁裁判谁负责"的归责原则，落实责任追查制度。全面充分履行检察机关法律监督职责，持续深化检察改革，充分保护国家利益和社会公共利益。充分发挥公安机关刑事侦查职能，加强执法办案中心建设。

推进行政诉讼制度改革。落实立案登记制度，充分保障公民、法人和其他组织的诉权；落实人民法院跨行政区域管辖行政案件制度，扩大行政案件集中管辖范围；推行行政诉讼法律适用指引和典型案例指导，做好行政诉讼、行政检察、行政复议、纪检监察之间的衔接工作，推进行政机关依法行政；加强对滥用诉权行为的甄别和规制；充分发挥行政审判"白皮书"作用；加强非诉行政案件执行工作；健全裁执分离机制。

将市域范围内的法官、检察官以及司法行政人员等纳入法治框架中，群策群力，共同构建公平、正义的防线，使市民受损的权益能够得到及时、有效的救济，同时划清司法权力边界，加强司法活动的自律与他律，坚守市域治理的底线。

（四）全民守法，营建治理环境

守法是法治国家与法治社会建设必不可少的要素，也是全面依法治国的基础性工作。要推进市域依法治理，必须推进市域范围内的全民守法，将守法的观念植入市域人民心中，由此方可形成共建法治的合力。通过公职人员学法用法、全民普法、法治宣传、公共法律服务供给等措施构建优良的法治文化，促进法律与市民生活形成良性互动，使法治精神走近群众、深入人心，营造良好的法治氛围，为市域治理提供法治环境。

（1）通过公职人员学法用法带动市民遵法守法。通过党委（党组）理论学习中心组学法、政府常务会议学法、国家工作人员法治培训、执法人员法治培训等形式，全面深入学习习近平法治思想和法律法规，切实提高运用法治思维与法治方式解决问题的能力。落实部门主要负责人政府常务会议讲法制度。坚持和完善领导干部任前法律知识考试制度。

（2）加强市域法治宣传，扎实推进全民普法。坚持把全民普法和守法作为法治城市建设的长期基础性工作，营造"守法者得利、违法者受罚"的法治正气，推动敬畏法律、严守法度成为广大人民群众的共同追求。进一步健全普法宣传教育机制，创新普法宣传方式，加强普法讲师团、普法志愿者队伍建设。全面落实"谁主管谁负责，谁执法谁普法，谁服务谁普法"责任制。深化社会大普法格局，推进普法教育主体多元化、资源集约化。建立法官、检察官、行政复议人员、行政执法人员、律师等法律职业者以案释法制度。加强突发事件应对法治宣传教育。推进社会主义法治文化建设，推动宪法法律融入日常生活。加强青少年法治教育，落实中小学法治知识必修课程，建设一批青少年法治教育实践基地，提升青少年法治教育质量。加强公民道德建设，完善失信惩戒机制。

（3）优化公共法律服务供给。进一步完善以实体、热线和网络三大平台为载体的公共法律服务体系建设，加大三大平台的融合和对人工智能的运用力度，构建全业务、全时空，普惠均等、便捷高效、智能精准的公共法律服务体系。加强公共法律服务标准化建设，提高人民群众的满意度。扩大法律援助覆盖面,提高法律援助质量。壮大法律服务行业,整合律师、基层法律服务、公证、调解、仲裁、司法鉴定等公共法律服务资源,拓展服务领域,优化服务产品供给。培育和引进高端律师人才,加大中小律师事务所培育、青年律师培养、法律服务资源不足地区律师人才培育力度。深化互联网公证、互联网仲裁建设。加强涉外法律服务机构和队伍建设,满足市域发展建设对涉外法律服务的需求。

第三节 市域执法改革的实践

《法治政府建设实施纲要(2021—2025年)》明确提出:"着眼提高人民群众满意度,着力实现行政执法水平普遍提升,努力让人民群众在每一个执法行为中都能看到风清气正、从每一项执法决定中都能感受到公平正义。"法治政府建设是全面依法治国的重点任务和主体工程,是推进国家治理体系和治理能力现代化的重要支撑。健全市域执法工作体系,全面推进严格规范公正文明执法是市域依法治理的关键环节。我国的法律有80%以上要通过行政机关予以实施。可以说,行政机关是国家体制中机构最庞大、行使职权最多、与人民生产生活关系最为紧密的主体,因此,推进市域依法治理,提高执法水平,关键是要对市域行政执法进行改革。

一 行政执法与行政执法体制改革

行政执法的实质是一种行政活动。之所以取"行政执法"之名,是表示行政对法律的依附和服从,因为在法治主义下,行政的一切活动都被视为对法律的贯彻执行。名称的改变,象征着一种观念的转换及其背后制度的变革。

广义的行政执法通常包括行政立法、行政执法和行政司法,但这里讨论的范围限于狭义的执法,即国家行政机关为实现行政管理职能,依据法律、法规、规章以及其他规范性文件的规定,通过发布命令、许可、处罚、强制、提供指导、订立合同等方式,针对特定事务所做的影响特定相对人权利义务的行为。行政执法量大面广、方法方式多样。依法治理对行政机关的所有要求,主要围绕行政执法展开,最终也体现为行政执法,因此在这个意义上，市域行政执法状况是市域依法治理状况的主要标志。

当前我国行政执法实践深受权责交叉、多头执法、执法扰民和悬浮执法等一系列问题的困扰，呈现出执法密集地带过度执法与执法空白地带执法缺位、总体机构林立与个体机构单薄、"七八个大盖帽管不住一个小草帽"的执法悖论，既威胁到公民合法权益的保护、社会与市场秩序的维护，也给政府治理体系变革和治理能力提升带来了严峻挑战。[1] 为应对行政执法困境，党的十八届三中、四中全会明确强调，要深化行政执法体制改革，积极推进综合行政执法，建立权责统一、权威高效的行政执法体制和以人民为中心的法治政府。

行政执法体制是行政执法机关的组织结构、职能配置、工作制度、机制、效能、程序的总称，是行政管理体制的重要组成部分。行政执法体制改革对于理顺政府与市场的关系，规范行政权力的行使，扎实推进法治政府建设具有重大意义。随着依法行政、法治政府建设的不断推进，我国行政执法体制也经历了几个阶段的改革。吕普生根据行政执法权责配置的调整变化将行政执法体制改革分为四个阶段。[2]

第一阶段：分散赋权阶段（1978~1996年）。

这个阶段，我国法制建设工作全面恢复和迅速发展，制定了大量法律、行政法规和规章。为确保行政执法权的独立稳定行使，各级政府开始根据行政法律法规的规定和授权，自上而下设置专门的行政执法机构，行政执法机构因法而设，出台一部行政法律法规就设置相对应的行政执法机构或队伍，使得执法权也分散在数量众多的行政执法机构当中，引发了执法权分散、多头交叉执法和重复执法的问题。这一阶段行政执法机构设置和权责配置的特点主要有三个：一是执法机构主要设置在地级市以上政府层级，专门执法机构的设置较为完备，而在县级以下政府层级，执法机构的设置相当薄弱；二是省级行政执法机构承担了较为繁重的执法任务，市级执法任务繁重但缺乏相应的执法权限和人员；

---

[1] 吕普生：《中国行政执法体制改革40年：演进、挑战及走向》，《福建行政学院学报》2018年第6期。

[2] 吕普生：《中国行政执法体制改革40年：演进、挑战及走向》，《福建行政学院学报》2018年第6期。

三是行政执法机构与职能部门的人员交叉任职，导致二者权责不清，执法队伍力量薄弱。

第二阶段：相对集中行政处罚权改革阶段（1997~2002年）。

1996年3月通过的《中华人民共和国行政处罚法》第十六条规定："国务院或者经国务院授权的省、自治区、直辖市人民政府可以决定一个行政机关行使有关行政机关的行政处罚权。"该条款明确了行政处罚权的具体行使可以在政府内部进行调整，并第一次以法律形式确立了相对集中行政处罚权制度。为了克服分散赋权和多头执法的弊端，从1997年到2002年，全国23个省、自治区的79个城市和3个直辖市经批准开展了相对集中行政处罚权试点工作，试点工作的展开对深化行政执法体制改革、改进行政执法状况起到了积极作用。2002年8月，《国务院关于进一步推进相对集中行政处罚权工作的决定》指出："实行相对集中行政处罚权的领域，是多头执法、职责交叉、重复处罚、执法扰民等问题比较突出，严重影响执法效率和政府形象的领域，目前主要是城市管理领域。"

第三阶段：从相对集中过渡到综合执法阶段（2002~2012年）。

1997年到2002年8月之前的改革主要是围绕相对集中行政处罚权进行的，而且局限于城市管理领域，其他领域改革力度并不大。2002年10月，国务院办公厅转发中央编办《关于清理整顿行政执法队伍 实行综合行政执法试点工作的意见》（国办发〔2002〕56号，以下简称56号《意见》），决定在广东省、重庆市开展清理整顿行政执法队伍、实行综合行政执法的试点工作，其他省、自治区、直辖市各选择1~2个具备条件的市（地）、县（市）进行试点。自此以后，行政执法体制改革的侧重点开始从相对集中行政处罚权逐步过渡到综合行政执法，而且改革领域也突破城市管理领域，在文化市场监管、农业管理、交通运输管理等更多领域探索综合执法模式。

第四阶段：全面探索综合行政执法阶段（2013年至今）。

党的十八大以来，综合行政执法体制改革成为我国全面深化改革的重点和政府治理创新的重点和难点。2013年11月，《中共中央关于全面深化改革若干重大问题的决定》就深化综合行政执法体制改革作出新的部署，明确要求必须"整合执法主体，相对集中执法权，推进综合执法，着力解决权责交叉、多头执法问题,建立权责统一、权威高效的行政执法体制"。2015年4月,中央编办印发了《关于开展综合行政执法体制改革试点工作的意见》,确定在全国22个省(自治区、直辖市)的138个城市开展综合行政执法体制改革试点。2018年3月,中共中央印发《深化党和国家机构改革方案》,单独列出一节,将深化行政执法体制改革确定为深化机构改革的重要任务,要求在多个领域建立综合执法队伍。综合行政执法体制改革力度空前加大。

二 市域综合行政执法改革

综合行政执法体制是行政执法体制的一种创新形式。相对集中行政执法权、推进综合行政执法体制改革是深化行政执法体制改革的重要任务。

党的十八届四中全会审议通过的《中共中央关于全面推进依法治国若干重大问题的决定》中提出:"推进综合执法,大幅减少市县两级政府执法队伍种类,重点在食品药品安全、工商质检、公共卫生、安全生产、文化旅游、资源环境、农林水利、交通运输、城乡建设、海洋渔业等领域内推行综合执法,有条件的领域可以推行跨部门综合执法。"《法治政府建设实施纲要(2021—2025年)》提出要"继续深化综合行政执法体制改革,坚持省(自治区)原则上不设行政执法队伍,设区市与市辖区原则上只设一个行政执法层级,县(市、区、旗)一般实行'局队合一'体制,乡镇(街道)逐步实现'一支队伍管执法'的改革原则和要求"。

从文件的精神来看,综合行政执法改革旨在通过整合执法职责和队伍,科学设置执法机构,不断强化执法能力,塑造职责明确、边界清晰、运行高效的综合行政执法体制。从执法职责来看,行政执法职责主要由市、县两级承担。

就市域行政执法而言,设区市与市辖区原则上只设一个执法层级,如果市级设置,则区级不再承担相关执法责任;如果区级设置,则市级主要强化监督指导和组织协调。① 也就是说,行政执法工作应成为市域治理工作的重点。以农业领域为例,市域执法和县域执法的职责区分主要体现为:日常执法检查、一般违法案件查处以县级为主,设区的市级主要承担法律法规直接赋予本级的执法职责,并负责组织查处辖区内跨县域和具有全市影响的复杂案件、监督指导辖区内农业综合行政执法体系建设和农业执法工作。

在市域范围,设区的市与市辖区只设一个执法层级。具体选择哪个层级,不同地方、不同领域的情况有所不同。城市执法职责配置需要统筹考虑多种因素,如经济社会发展阶段、城市规模、人口集聚程度、管理半径等,各领域行业的特殊性也是重要因素之一。因此,不同地区的改革实践既有共性也有差异。

在市场监管领域,由于市场监管执法最贴近基层,与人民群众的日常生产生活联系也最为密切,因此,各地多采取以市辖区为主的执法体制,将执法层级设定在市辖区一级。

在生态环境领域,《关于深化生态环境保护综合行政执法改革的指导意见》明确副省级城市、省辖市原则上组建市级生态环境保护综合执法队伍。因此,市域生态环境领域的行政执法多实行以市级为主的执法体制。例如,厦门在市一级设置生态环境保护综合执法支队,实行市以下垂直管理体制。

在文化市场领域,《关于进一步深化文化市场综合执法改革的意见》明确副省级城市、省辖市原则上组建市级文化市场综合执法队。例如,江苏省各设区的市均选择以市为主的执法体制。当然,各地也可根据自身实际选择执法层级。例如,厦门市岛内思明、湖里两区不设执法队伍,实行以市级为主的执法体制;岛外集美、海沧、同安、翔安四区实行以区为主的执法体制,设立文化和旅游市场综合执法大队。

在交通运输领域,由于交通运输活动具有线性特征,如果机械地按照行政区划进行分段式管理,无疑会影响交通连贯性和执法效率。因此,将

---

① 具体设置在市一级还是市辖区一级,不同领域各有差异,各地也可根据实际情况自主确定。

执法层级设在设区的市一级更为合理。例如，厦门市在市级设立交通运输综合执法支队和港航综合行政执法支队，实行以市级为主的执法体制，区级不承担相关执法责任；南京市的四个中心城区也是由市级交通运输综合执法监督局代管，其他辖区由区级承担。

在农业领域，执法层级的选择主要考虑地方的产业结构特征。比如江苏苏南地区，产业以工商业和服务业为主，涉及农业农村领域的执法案件相对较少，执法层级往往设在设区的市一级。例如，常州在市一级设立农业农村综合行政执法监督局，中心城区不设执法队伍。而苏北地区仍存在较大比例的农业产业，涉农执法案件相对较多，因此执法层级多设在市辖区一级。

三 典型案例：温州市综合行政执法改革实践

在我国的综合行政执法改革进程中，浙江省争当改革开路先锋，争取国家改革试点，而温州作为改革开放的先行市，也积极响应国家和浙江省的政策方针，在行政执法体制改革方面率先作出探索。

（一）温州市综合行政执法改革的发展阶段

温州市综合行政执法改革历经三个阶段，从在市域层级上的单个城市管理领域延伸到其他部门、其他多个领域内部的体制改革，到最后实现跨部门、跨领域，从而使全市构建一个纵向贯通、横向协同的"金字塔"形执法监管结构，将全市相关部门执法事项的行政处罚权及相关行政检查、行政强制职权集中到市域综合行政执法部门。其中，跨部门、跨领域的行政执法改革是根据全国"大综合一体化"行政执法改革试点要求，坚持执法事项综合集成、执法队伍应统尽统、数字赋能协同高效等改革方向，对部门执法职责进行整合，对执法资源进行重新配置的创新尝试。

第一阶段，温州市成立了温州市城市管理与行政执法局，采取局队合一的形式，新增市容环卫、市政设施、园林绿化（部分）、公用事业（部分）等管理职责，行使行政处罚权的范围新增城市规划管理、交通占道管理等。第一阶段的综合行政执法改革主要集中在城市管理领域，将城市管理职能归并到单一部门，同时将原来分散在多个部门涉及城市管理领域的行政处罚权交由新成立的城市管理行政执法部门行使。

第二阶段，温州市综合行政执法局正式成立，继续实行局队合一的办公形式，挂温州市城市管理局牌子，新增土地和矿产资源、建筑业等13个方面的行政处罚权及相关行政监督检查、行政强制职权，开始尝试探索城市管理领域之外的综合行政执法改革。2019年，根据中央深化综合行政执法改革的决策部署，温州市开始推进市场监管、文化市场、生态环境、交通运输、农业农村五大领域的综合行政执法改革。通过这个阶段的综合行政执法改革，温州基本建立起了"综合行政执法+五大领域专业执法"的执法体系架构。

第三阶段，温州市通过三个步骤，将全市相关部门执法事项的行政处罚权及相关行政检查、行政强制职权集中由市、县综合行政执法部门行使，初步实现了部门间、区域间、层级间的一体联动。第一步是划转没有执法队伍的经信、教育、民宗、档案、科技、退役军人、粮食、气象、住建等部门执法事项以及有执法队伍但力量不强的发展改革、人力社保、民政、水利等部门执法事项到市综合行政执法部门；第二步是梳理出各领域高频率、高综合、高需求的执法事项，把易发现处置、部门执法力量薄弱、专业要求适宜的执法事项进行汇集，建立地方特色扩展事项目录，适时划转到综合执法部门；第三步对中央和省规定的8个领域的专业执法事项，按照"有利执法、方便实操、综合高效"原则进行跨部门跨领域优化调整划转。

（二）温州市综合行政执法改革的内容

温州市综合行政执法体制改革内容具体包含以下四个方面。

一是调整市域执法组织结构。根据《关于调整温州市综合行政执法局内设机构等事项的批复》（温市编〔2022〕10号），温州市综合行政执法局加挂温州市综合行政执法指导办公室牌子，并增加内设机构执法综合处，承担市综合行政执法指导办公室日常工作，具体职责如下。其一，牵头全市"大综合一体化"行政执法改革工作，制定年度工作计划，协调推动、督促落实各项工作任务。其二，牵头推进省"大综合一体化"执法监管数字应用平台的全面使用，研究分析行政执法动态，提出加强行政执法工作的建议。其三，建立行政执法协调衔接机制，组织跨部门、跨区域、跨层级行政执法工作业务交流，协调开展联合执法行动。其四，指导全市综合行政执法队伍规范化建设，统筹推进全市行政执法制度建设。

二是整合执法职责。温州市梳理了市级执法目录清单，形成了"执法总目录+综合执法+专业执法+乡镇执法"的"1+3"事项清单，包括总执法事项4773项、综合执法事项1497项、专业执法事项2771项、乡镇建议清单594项，执法职责更加清晰明确。温州市共计划转25个领域行政处罚事项1497项至综合行政执法部门，划转领域占比62.5%，行政处罚事项占比31%。①

三是配置执法资源。温州市借助改革东风，全面规范了各专业执法队伍人员编制，推进了全市106家执法单位参公重新认定。同时将市文化、农业、市场监管三个领域执法层级由市级调整为区级，实行以区为主的执法体制，同步下放人员编制，全面构建执法力量主要在县乡的"金字塔"形执法队伍结构。市、县两级精简水政、殡葬、能源、劳动等领域62支执法队伍，减少执法人员569名，形成"1+8"（一支综合行政执法队伍+市场监管、交通运输、生态环境保护、农业、文化市场、应急管理、自然资源、卫生健康）的执法架构，实现了执法队伍和执法人员数量双下降目标，重新配置了执法资源，整合了执法力量。②

四是执法监管数字化。温州在全市推广使用"大综合一体化"执法监管数字应用，联动打通了42个执法领域，纵向贯通省、市、县、乡四级，使得执法协同更为高效便捷。全市入驻执法人员20000余人，乡镇执法人员占比52%以上，实施非现场执法、掌上执法、移动执法，推动执法主体、执法事项、执法活动100%上平台。按照"大综合一体化"执法监管数字应用建设新要求，增量开发本地应用，建设市级数据驾驶舱，构建完善指挥中枢，开发执法E助力应用，迭代升级打造"智慧e监督（码上监督）"子场景，创设社会监督码、行政相对人监督子场景和乡镇数字法治场景，运行"法智"一网通，规范基层合法性审查。此外，还针对社会关注、群众关切、"多头管"、"三不管"等领域，在"大综合一

---

① 《温州市综合行政执法局2022年法治政府建设年度报告》，温州市综合行政执法局网站，http://wzzhzhfj.wenzhou.gov.cn/art/2023/3/2/art_1229253426_4153123.html。

② 麻颖泽：《温州市综合行政执法改革研究》，硕士学位论文，长春工业大学，2023，第15页。

体化"执法监管数字应用上，梳理"监管一件事"项目库。[1]

（三）温州市综合行政执法改革存在的问题

一是部门之间没有充分形成改革合力。很多部门认为综合行政执法改革仅仅涉及市县综合行政执法部门，没有考虑到这次的改革涉及政府内部的几十个行政执法部门，对改革整体的认识不足，更多的是站在单一部门的角度来看待综合行政执法改革，认为改革之后，会拿掉自己部门的执法权力，导致自己部门的地位下降，所以在涉及职能划转、队伍合并时，不配合、不主动，被动消极应对，导致改革一直是由牵头的综合执法部门独立推动，很多改革成效没有明显地显现出来，分散执法、多头执法、交叉执法的问题仍然存在。

二是执法队伍素质能力不足。行政执法领域的专业化培养体系尚未建立，专业执法能力欠缺的问题比较突出，与正规化、专业化、现代化的要求还有较大差距。综合执法事项从原来的488项（后因法律调整变更为485项）激增到1497项，赋权（街道）的事项从十几项到900多项不等，[2] 都对执法人员的素质提出了极高的要求，而且综合执法部门的人员构成大部分是原城市管理人员和退伍军人，法律专业人员不足。大批的执法辅助人员（协管员）整体专业素养、能力不足，缺乏从业前指导和从业中长短线培训机制。虽然很多地方开展了"大军训""大培训""大轮训"的整体培训，提升现有执法人员专业执法水平，但改革的快进程与人员的素质提升速度不匹配，仍然存在阵痛期。

三是数字应用平台实操性不高。数字化平台支撑力度不够，信息来源智能化水平不高，大数据预测预警和辅助决策能力还不强，跨应用场景亟待拓展深化。特别是目前"1+8"执法部门中，除综合执法部门外，其他部门因条线业务的流程特殊性等原因，各部门之间审批、监管、服务、执法系统尚未实现横向贯通，案件移送、信息共享、证据互认、行刑衔接等数字化流转渠道尚未健全，导致相关信息数据无法实时共享，造成信息壁

---

[1] 《温州市综合行政执法局2022年法治政府建设年度报告》，温州市综合行政执法局网站，http://wzzhzfj.wenzhou.gov.cn/art/2023/3/2/art_1229253426_4153123.html。

[2] 麻颖泽：《温州市综合行政执法改革研究》，硕士学位论文，长春工业大学，2023，第15页。

垒和监管执法协同困难。

四是监管执法职能边界尚未理顺。改革的职能交接后,部分部门主观上认为没有执法权,就不需要付出精力行使监管职能和配合执法工作。监管的缺位将更大的压力传导给了末端执法。监管与执法分离后,因监管不到位致使相对人违法行为法律后果的承担主体难以确定,执法部门承担更大的复议诉讼风险。有的执法权的划转没有相应地带来专业资质和技术的同步转移,由此导致部分需要技术手段来确认是否违法的案件在执法部门和监管部门之间来回流转,一来二去造成案件办理效率低下,群众满意度下降。有些事项原先涉及多个部门职责的,在处罚权划转的过程中却只划转了一部分部门的职能,还有一些部门的职能尚未划转,这就使得在末端的执法权行使过程中出现"踢皮球"现象。

第十二章　市域监督监察机制

第一节　市域监督监察的内涵与类型

一　市域监督监察的内涵

市域监督监察指的是为了确保市域公权力的正确行使，由各类监督主体依法对市域公权力的行使主体及其权力行使过程所进行的监督监察。"权力监督的目的是保证公权力正确行使，更好促进干部履职尽责、干事创业。一方面要管住乱用滥用权力的渎职行为，另一方面要管住不用弃用权力的失职行为，整治不担当、不作为、慢作为、假作为，注意保护那些敢于负责、敢于担当作为的干部，对那些受到诬告陷害的干部要及时予以澄清，形成激浊扬清、干事创业的良好政治生态。"[①]

市域监督监察的对象是市域公权力的行使主体。按照《中华人民共和国监察法》的界定，当前我国行使公权力的人员范围极其广泛，包括：①中国共产党机关、人民代表大会及其常务委员会机关、人民政府、监察委员会、人民法院、人民检察院、中国人民政治协商会议各级委员会机关、民主党派机关和工商业联合会机关的公务员，以及参照《中华人民共和国公务员法》管理的人员；②法律、法规授权或者受国家机关依法委托管理公共事务的组织中从事公务的人员；③国有企业管理人员；④公办的教育、科研、文化、医疗卫生、体育等单位中从事管理的人员；⑤基层群众性自治组织中从事管理的人员；⑥其他依法履行公职的人员。市域

---

① 习近平：《论坚持人民当家作主》，中央文献出版社，2021，第251页。

监督监察的对象覆盖市域内上述所有类型的组织及人员。

市域监督监察的主体具有多样性。新中国成立以来，我国的权力监督体系经历了一系列重要的变迁。① 大体来说，1949 年到 1956 年间是党的纪律检查机关、行政监察机关、审计监督机关、人民代表大会、民主党派和政协制度、新闻舆论监督制度、群众监督制度等相继建立并初步发挥作用的时期。1957 年到 1976 年间，是党内外各种政治监督机构日趋萎缩并陷于瘫痪的时期。改革开放以后，中央领导集体逐步恢复了我国政治监督的基本制度框架。党的十八大以后，我国的权力监督体系进入一个快速发展期。目前，我国已经形成由各类监督共同构成的全方位、多层次中国特色社会主义权力监督体系。作为中国特色社会主义权力监督的重要一环，我国的市域监督监察体系也在变革中前行。

二　市域监督监察的类型

权力监督是一项系统工程，包括监督主体、监督客体、监督内容、监督标准、监督方式、监督结果等基本要素。因此，可以从不同的角度对市域监督监察进行划分。党的十九届四中全会通过的《中共中央关于坚持和完善中国特色社会主义制度　推进国家治理体系和治理能力现代化若干重大问题的决定》主要是从监督主体的角度对新时代党和国家监督体系中的各类监督进行了划分。与此相一致，本书依据监督主体的不同将我国的市域监督监察分为党内监督、国家机关监督、民主监督和社会监督四大类。

（一）市域党内监督

市域党内监督是指为了确保党章党规党纪的有效执行，维护党的团结统一，由市域党委、纪委、党的工作部门、基层党组织和党员等依照党章党规党纪对市域各级党组织和所有党员所实施的监督。

市域党内监督的任务是确保党章党规党纪的有效执行，维护党的团结统一。现阶段的重点任务是解决党的领导弱化、党的建设缺失、全面从严

---

① 何增科：《中国政治监督 40 年来的变迁、成绩与问题》，《中国人民大学学报》2018 年第 4 期。

治党不力，党的观念淡漠、组织涣散、纪律松弛，管党治党宽松软问题，保证党的组织充分履行职能、发挥核心作用，保证全体党员发挥先锋模范作用，保证党的领导干部忠诚干净担当。市域党内监督的对象包括市域各级党组织和所有党员。现阶段，党内监督的重点对象是党的领导机关和领导干部特别是主要领导干部。

市域党内监督中处于第一位的是党委监督。党委对党内监督负主体责任，党委书记是第一责任人，党委常委会委员和党委委员在职责范围内履行监督职责。党委监督是全方位的监督，包括对党员的批评教育、组织处理、纪律处分等工作。党的工作部门是党委主体责任在不同领域的载体和抓手，严格执行各项监督制度，加强职责范围内党内监督工作，既加强对本部门本单位的内部监督，又强化对本系统的日常监督。党的各级纪律检查委员会是党内监督的专责机关，履行监督执纪问责职责。党的基层组织和党员也应当依规履行相应监督职责和义务。

（二）市域国家机关监督

市域国家机关监督是指由市域国家机关按照法定的权限、程序和方式对市域公权力的行使主体及其权力行使过程所进行的监督。2018年宪法修正案通过之后，我国正式确立了人大之下"一府一委两院"的政治格局。由市域各级人大、政府、监察委员会、法院和检察院等国家机关按照法定的权限、程序和方式所实施的监督均属于市域国家机关监督。

在市域国家机关监督中，人大监督作为国家权力机关的监督，是最高层次的监督；监察监督对所有行使公权力的公职人员全覆盖，且监察委员会同党的纪律检查机关合署办公，是覆盖面最为广泛的监督；司法监督是强制性程度最高的一种监督，在推进全面依法治国、建设社会主义法治国家中发挥着重要作用；行政监督是体系最为复杂的监督。按照行政监督主体的性质和监督的内容，又可分为层级监督、职能监督和专门监督。其中，层级监督包括一级政府对本级政府所属部门、下级政府及其所属部门等实施的监督，也包括上级行政主管部门对下级相应部门的监督。职能监督指主管某方面工作的行政部门在职能范围内对其他部门或单位所实施的监督，如统计部门实施的统计监督，财政部门实施的财会监督等。专门监督指的是专门从事监督工作的行政机关所实施的监督，如审计机关实施的审计监督。我国国家监察体制改革以前，行政监察机关也属于专门行政监督机关。

（三）市域民主监督

市域民主监督指的是市域范围内由民主党派和人民政协按照法定的权限、程序和方式对公权力的行使主体及其权力行使过程所实施的监督。

中国共产党领导的多党合作和政治协商制度，是一项具有鲜明中国特色的政党制度，也是我国的一项基本政治制度，是中国特色社会主义民主政治的重要组成部分。民主党派是中国共产党领导的爱国统一战线的重要组成部分，中国人民政治协商会议是中国人民爱国统一战线的组织，是中国共产党领导的多党合作和政治协商的重要机构，是我国政治生活中发扬社会主义民主的重要形式。充分发挥民主党派和政协的民主监督职能是加强社会主义民主建设的重要方面。

党的十八大以来，以习近平同志为核心的党中央高度重视同各民主党派和无党派人士的团结合作，高度重视人民政协工作，强调要继续加强民主监督，从制度上保障和完善民主监督，探索开展民主监督的有效形式。

（四）市域社会监督

市域社会监督是指市域范围内由国家机关和政党以外的公民、法人或其他组织依据宪法和法律赋予的权利对公权力的行使主体及其权力行使过程所实施的监督。在我国，社会监督主要是指群众监督和舆论监督。

群众监督指的是国家机关和政党以外的公民、法人或其他组织对党和国家机关及其工作人员的监督。人民群众是国家的主人，对国家机关特别是对行政机关进行监督，是宪法赋予公民的基本权利之一，是社会主义民主的重要体现。高度重视群众监督，是中国共产党的优良传统，是党密切联系群众、全心全意为人民服务的重要体现。

舆论监督即国家机关和政党以外的公民、法人或其他组织通过运用舆论手段对公权力的行使主体及其权力行使过程进行的监督。在舆论监督中，最主要、最常用也最有效的一种方式是新闻舆论监督。在我国，舆论监督主要指的就是人民群众或新闻从业人员通过新闻媒体和各种宣传工具而进行的监督。

第二节 市域监督监察的制度

制度是一个宽泛的概念，其最一般的含义是在特定社会范围内要求成员共同遵守的规则。这些规则可能是明文规定的正式规则，也可能是约定俗成的非正式规则，但是都对成员的行为具有一定的约束力。本书所述的市域监督监察制度指的是由党和国家机关制定和发布的、对市域监督监察具有约束作用的党规国法，以及在一定期限内反复适用的决定、命令、决议和指示等规范性文件。这些制度都属于正式制度，效力有所不同，同时制度本身也处于变化和调整过程中。

一 市域党内监督制度

《中国共产党章程》规定了党内监督的基本原则和根本制度。根据党章制定的、与党内监督有关的基本法规还有《关于新形势下党内政治生活的若干准则》《中国共产党党内监督条例》《中国共产党纪律处分条例》《中国共产党纪律检查委员会工作条例》《中国共产党巡视工作条例》等。它们都由中共中央发布，要求各地区各部门遵照执行，对市域党内监督具有基本规范作用。

（一）党章对党内监督的基本规定

党章是党的各级组织和全体党员必须遵守的基本准则和规定，具有最高党法、党内根本大法的效力。中国共产党成立后，党的一大通过了《中国共产党纲领》。在此基础上，党的二大制定了《中国共产党章程》。此后，历次党的全国代表大会都会对党章作出修订。

党章强调党内监督的意义和重要性，指出中国共产党要领导全国各族人民实现第二个百年奋斗目标、实现中华民族伟大复兴的中国梦，必须紧密围绕党的基本路线，坚持和加强党的全面领导，坚持党要管党、全面从严治党，以改革创新精神全面推进党的建设新的伟大工程，以党的政治建设为统领，全面推进党的思想建设、组织建设、作风建设、纪律建设，把制度建设贯穿其中，深入推进反腐败斗争。

党章强调，全面从严治党永远在路上，党的自我革命永远在路上。要把严的标准、严的措施贯穿于管党治党全过程和各方面。坚持依规治党、标本兼治，不断健全党内法规体系，坚持把纪律挺在前面，加强组织性纪律性，在党的纪律面前人人平等。强化全面从严治党主体责任和监督责任，加强对党的领导机关和党员领导干部特别是主要领导干部的监督，不断完善党内监督体系。深入推进党风廉政建设和反腐败斗争，以零容忍态度惩治腐败，一体推进不敢腐、不能腐、不想腐。党章要求，党的干部必须正确行使人民赋予的权力，坚持原则，依法办事，清正廉洁，勤政为民，以身作则，艰苦朴素，密切联系群众，坚持党的群众路线，自觉地接受党和群众的批评和监督，加强道德修养，讲党性、重品行、作表率，做到自重、自省、自警、自励，反对形式主义、官僚主义、享乐主义和奢靡之风，反对特权思想和特权现象，反对任何滥用职权、谋求私利的行为。

（二）党内监督的基本法规

2016年10月党的十八届六中全会审议通过的《中国共产党党内监督条例》是党的历史上第一部正式的党内监督条例，也是规范党内监督的基本法规，其前身是2003年制定的《中国共产党党内监督条例（试行）》。该条例以党章为依据，对党内监督的指导思想、基本原则、监督主体、监督内容、监督对象、监督方式等重要问题作出明确规定。

《中国共产党党内监督条例》明确规定，信任不能代替监督，有权必有责、有责要担当，用权受监督、失责必追究。在监督对象上，明确把"党的领导机关和领导干部特别是主要领导干部"作为党内监督的重点对象，要求加强对党组织主要负责人和关键岗位领导干部的监督。在监督主体上，要求"建立健全党中央统一领导，党委（党组）全面监督，纪律检查机关专责监督，党的工作部门职能监督，党的基层组织日常监督，党员民主监督的党内监督体系"。以监督责任为主轴，针对不同主体，明确监督职责，规定具体制度。在监督方式方法上，强调运用监督执纪"四种形态"，以实现惩前毖后、治病救人，抓早抓小、防微杜渐。在监督成果的运用上，要求党委（党组）、纪委（纪检组）加强对履行党内监督责任和问题整改落实情况的监督检查，对不履行或者不正确履行党内监督职责，以及纠错、整改不力的，严肃追责，以倒逼更好履行党内监督责任、倒逼监督发现的问题得到切实整改。

(三) 纪检监督制度

党的纪律是党的各级组织和全体党员必须遵守的行为规则，是维护党的团结统一、完成党的任务的保证。"坚持把纪律挺在前面，加强组织性纪律性，在党的纪律面前人人平等"是党在从严管党治党方面的基本要求。党的各级纪律检查委员会是党内监督专责机关，主要任务是：维护党的章程和其他党内法规，检查党的路线、方针、政策和决议的执行情况，协助党的委员会推进全面从严治党、加强党风建设和组织协调反腐败工作，推动完善党和国家监督体系。

《中国共产党纪律处分条例》是关于党的纪律最为具体、系统、完善的法规，是党内处理违纪案件的基本依据。该条例于 2003 年 12 月发布施行，其前身是 1997 年 2 月发布的《中国共产党纪律处分条例（试行）》。党的十八大后，该条例又进行过三次修订。2015 年的修订把党的纪律要求整合为政治纪律、组织纪律、廉洁纪律、群众纪律、工作纪律和生活纪律六项纪律；把落实中央八项规定精神的要求转化为纪律规范，使党的纪律成为管党治党的尺子和全体党员的行为底线。2018 年的修订增写了以习近平新时代中国特色社会主义思想为指导、"两个坚决维护"、"四个意识"、"四种形态"等内容。2023 年的修订将党的十九大以来习近平总书记相关重要论述转化为纪律要求，在指导思想中增写"坚持自我革命""推动解决大党独有难题、健全全面从严治党体系""为以中国式现代化全面推进强国建设、民族复兴伟业提供坚强纪律保障"等内容；在工作原则中增写"把严的基调、严的措施、严的氛围长期坚持下去"。2023 年修订后的《中国共产党纪律处分条例》进一步严明政治纪律和政治规矩，带动各项纪律全面从严，并强化了纪法衔接。

2021 年 12 月，中共中央发布的《中国共产党纪律检查委员会工作条例》，是党的历史上首部全面规范纪委工作的条例。该条例以习近平新时代中国特色社会主义思想为指导，深入贯彻党的十九大和十九届历次全会精神，以党章为根本遵循，充分运用党的十八大以来全面从严治党、推进党风廉政建设和反腐败斗争、深化纪检监察体制改革的理论成果、实践成果、制度成果，对党的纪律检查委员会的领导体制、产生运行、任务职责、自身建设等作出全面规范。

（四）巡视制度

党的十七大第一次将巡视制度写入党章，作出了"党的中央和省、自治区、直辖市委员会实行巡视制度"的规定。党的二十大对巡视制度作了进一步的拓展，在党章中规定"党的中央和省、自治区、直辖市委员会实行巡视制度，在一届任期内，对所管理的地方、部门、企事业单位党组织实现巡视全覆盖。中央有关部委和国家机关部门党组（党委）根据工作需要，开展巡视工作。党的市（地、州、盟）和县（市、区、旗）委员会建立巡察制度"。

《中国共产党巡视工作条例》是为了规范巡视工作、强化党内监督而根据党章制定的重要基础性法规，是党章巡视制度规定的具体化。此前，中共中央曾于2009年7月印发《中国共产党巡视工作条例（试行）》。试行的工作条例对推动巡视工作制度化、规范化发挥了重要作用。党的十八大以来，巡视实践深入发展。2015年8月，中共中央印发《中国共产党巡视工作条例》（2017年、2024年作出修订），要求派出巡视组的党组织及巡视机构要严格依照条例开展工作，认真履行职责，充分发挥巡视利剑作用；被巡视党组织领导班子及其成员要自觉接受巡视监督，积极配合巡视工作，认真抓好整改落实；有关机关和职能部门要按照条例规定，积极为巡视组开展工作提供信息、人员、专业等支持；广大党员干部要深刻理解条例精神，切实增强党章意识，严格遵守党规党纪，模范遵守国家法律法规；中央巡视工作领导小组要抓好条例的贯彻落实，适时对条例实施情况进行专项检查，确保各项规定要求落到实处。

除了上述规范党内监督的法规以外，还存在一些由党中央的工作部门依据党章和相关法律，结合改革和工作实践所制定的规则。例如，《中国共产党纪律检查机关监督执纪工作规则》是为了加强党对纪律检查和国家监察工作的统一领导，加强党的纪律建设，推进全面从严治党，规范纪检监察机关监督执纪工作，根据党章和有关法律，结合纪检监察体制改革和监督执纪工作实践所制定的规则。该规则于2019年1月中共中央办公厅发布，其前身则是2017年1月由中央纪委发布的《中国共产党纪律检查机关监督执纪工作规则（试行）》。此外，《纪检监察机关派驻机构工作规则》是为了加强和规范纪检监察机关派驻机构工作，根据《中国共产党纪律检查委员会工作条例》和《中华人民共和国监察法》制定的规则。该规则于 2022 年 6 月由中共中央办公厅发布。

二 市域国家机关监督制度

宪法确立了我国国家机关监督监察的基本原则和根本制度。根据宪法制定的、与国家机关监督密切相关的法律法规还有《中华人民共和国各级人民代表大会常务委员会监督法》《中华人民共和国统计法》《中华人民共和国审计法》《中华人民共和国监察法》《中华人民共和国行政诉讼法》《政府督查工作条例》《中华人民共和国监察法实施条例》《财政部门监督办法》等。

（一）宪法对国家机关监督的基本规定

《中华人民共和国宪法》是我国的根本大法，是中国政治制度和国家其他重要制度的最高法律依据，拥有最高法律效力。中华人民共和国成立后，在不同的历史时期先后制定、颁布过四部宪法。现行的第四部宪法在 1982 年由五届全国人大五次会议通过，并先后进行过五次修订。其中，2018 年的宪法修正案正式确立了人大之下"一府一委两院"的政治格局，并对各种国家机关的性质和关系作了如下规定。中华人民共和国的一切权力属于人民。人民行使国家权力的机关是全国人民代表大会和地方各级人民代表大会。人民依照法律规定，通过各种途径和形式，管理国家事务，管理经济和文化事业，管理社会事务。全国人民代表大会和地方各级人民代表大会都由民主选举产生，对人民负责，受人民监督。国家行政机关、监察机关、审判机关、检察机关都由人民代表大会产生，对它负责，受它监督。中央和地方的国家机构职权的划分，遵循在中央的统一领导下，充分发挥地方的主动性、积极性的原则。

（二）人大监督制度

人大监督指由全国人民代表大会和地方各级人民代表大会及其常务委员会所实施的监督。《中华人民共和国各级人民代表大会常务委员会监督法》是依据宪法制定的、规范人大监督工作的基本法规。六届全国人大期间开始酝酿研究起草，2006 年 8 月 27 日由十届全国人大常委会第二十三次会议表决通过，该法的制定经历了漫长的过程，其颁布实施，对于推动各级人大常委会依法履行监督职权，加强和改进人大监督工作，促进依法行政和公正司法，完善人民代表大会制度发挥了重要作用。

党的十八大以来，以习近平同志为核心的党中央高度重视人大监督工作。党的十九大报告指出，"加强人民当家作主制度保障。……支持和保证人大依法行使立法权、监督权、决定权、任免权"。党的十九届四中全会提出要健全人大对"一府一委两院"的监督。2021年10月，习近平在中央人大工作会议上的讲话中指出，人大要"坚持围绕中心、服务大局、突出重点，聚焦党中央重大决策部署，聚焦人民群众所思所盼所愿，推动解决制约经济社会发展的突出矛盾和问题。人大要统筹运用法定监督方式，加强对法律法规实施情况的监督，确保各国家机关都在宪法法律范围内履行职责、开展工作。要完善人大监督制度，健全人大对执法司法工作监督的机制和方式。各级'一府一委两院'要严格执行人大及其常委会制定的法律法规和作出的决议决定，依法报告工作，自觉接受人大监督"。[①] 2022年，修改《中华人民共和国各级人民代表大会常务委员会监督法》被列入全国人大常委会年度立法工作计划。2024年11月，全国人大常委会作出关于修改《中华人民共和国各级人民代表大会常务委员会监督法》的决定。

（三）行政监督制度

行政监督是指由各级国家行政机关（即各级人民政府）按照法定的权限、程序和方式所实施的监督活动。行政监督体系复杂、种类繁多。党的十八大以来，随着党和国家监督体系的改革和完善，行政监督的相关领域也一直处于快速变革和发展的进程之中。

1. 政府督查制度

政府督查指的是政府在法定职权范围内根据工作需要组织开展的监督检查。为了加强和规范政府督查工作，保障政令畅通，提高行政效能，推进廉政建设，健全行政监督制度，2020年12月国务院通过了《政府督查工作条例》。《政府督查工作条例》是我国政府督察领域对政府督查对象进行规范的第一部行政法规，它厘清了政府督查的职责边界，明确了督查

[①] 《习近平谈治国理政》（第四卷），人民出版社，2022，第254~255页。

主体、内容、对象、保障制度等,为政府督查工作提供了遵循。根据该条例的规定,政府督查内容包括党中央、国务院重大决策部署落实情况;上级和本级人民政府重要工作部署落实情况;督查对象法定职责履行情况;本级人民政府所属部门和下级人民政府的行政效能。政府督查机构包括国务院办公厅督查机构和县级以上地方人民政府督查机构。其中,国务院办公厅督查机构承担国务院督查有关具体工作。县级以上地方人民政府督查机构组织实施本级人民政府督查工作。县级以上人民政府可以指定所属部门按照指定的事项、范围、职责、期限开展政府督查,根据工作需要可以派出督查组。县级以上人民政府所属部门未经本级人民政府指定,不得开展政府督查。国务院办公厅指导全国政府督查工作,组织实施国务院督查工作。

2. 审计监督制度

我国宪法于1982年明确了审计监督的独立地位,规定"国务院设立审计机关,对国务院各部门和地方各级政府的财政收支,对国家的财政金融机构和企业事业组织的财务收支,进行审计监督。审计机关在国务院总理领导下,依照法律规定独立行使审计监督权,不受其他行政机关、社会团体和个人的干涉"。《中华人民共和国审计法》于1994年8月颁布,后于2006年、2021年进行修订。该法的颁布实施,对于保障审计机关依法独立行使审计监督权,促进国家重大决策部署贯彻落实,维护国家经济安全,推进廉政建设具有重要作用。

党的十八届四中全会提出审计是"科学有效的权力运行制约和监督体系"的重要组成部分,要求完善审计制度。党的十九大以来,党中央作出改革审计管理体制的重大决策部署,组建中央审计委员会,加强党对审计工作的集中统一领导;整合优化审计监督力量,将国家发展改革委的重大项目稽查、财政部的中央预算执行情况和其他财政收支情况的监督检查、国务院国资委的国有企业领导干部经济责任审计和国有重点大型企业监事会的职责划入审计署。2021年10月,《中华人民共和国审计法》作了第二次修正。此次修正力图在保持审计法规定的基本制度不变的情况下,贯彻落实党中央、国务院关于审计工作的决策部署,将改革成果法治化,在宪法框架下扩展审计范围,强化审计监督手段,增强审计监督的独立性和公信力。

3. 统计监督制度

统计是党和国家重要的综合性基础性工作，其基本任务是对经济社会发展情况进行统计调查、统计分析，提供统计资料和统计咨询意见，实行统计监督。新中国成立后，为适应迅速恢复国民经济并推进工业化建设的需要，国家建立起全国统一的统计体系。1952年国家统计局成立。《中华人民共和国统计法》于1983年12月颁布，后于1996年、2009年、2024年进行修订。该法的颁布实施为科学、有效地组织统计工作，保障统计资料的真实性、准确性、完整性和及时性，发挥统计监督职能作用起到了重要作用。

党的十八大以来，党中央多次就加强和改进统计工作作出重要指示，要求坚决反对和抵制、打击各类统计造假行为。2017年5月，国务院发布《中华人民共和国统计法实施条例》。党的十九大将统计工作纳入了党和国家监督体系，明确提出要完善统计体制。党的十九届四中全会要求发挥"统计监督职能作用"。2021年12月，中共中央办公厅、国务院办公厅印发《关于更加有效发挥统计监督职能作用的意见》，提出要强化统计监督职能，提高统计数据质量，加快构建系统完整、协同高效、约束有力的统计监督体系。2021年12月国家统计局制定了《"十四五"时期统计现代化改革规划》，提出了加快统计现代化改革的指导方针、基本原则和总体目标，以及"十四五"期间的具体任务。

4. 财会监督制度

财会监督是为了保障财政资金安全规范有效使用，维护国家财经秩序，由政府财政部门依法对单位和个人涉及财政、财务、会计等事项所实施的监督。为了规范财政部门监督行为，2012年财政部颁布了《财政部门监督办法》。该办法规定，县级以上人民政府财政部门依法对单位和个人涉及财政、财务、会计等事项实施监督。省级以上人民政府财政部门派出机构在规定职权范围内依法实施监督。乡镇财政机构在规定职权范围内，或者受上级政府财政部门委托，依法实施监督工作。

党的十八大以来，财会监督在推进全面从严治党、维护中央政令畅通、规范财经秩序、促进经济社会健康发展等方面发挥了重要作用。2023

年2月，中共中央办公厅、国务院办公厅印发了《关于进一步加强财会监督工作的意见》，该意见扩展了财会监督的范围，将其界定为"依法依规对国家机关、企事业单位、其他组织和个人的财政、财务、会计活动实施的监督"，要求到2025年构建起财政部门主责监督、有关部门依责监督、各单位内部监督、相关中介机构执业监督、行业协会自律监督的财会监督体系。

（四）监察监督制度

监察监督指由国家各级监察委员会按照法定的权限、程序和方式所实施的监督活动。习近平总书记在党的十九大报告中指出："深化国家监察体制改革，将试点工作在全国推开，组建国家、省、市、县监察委员会，同党的纪律检查机关合署办公，实现对所有行使公权力的公职人员监察全覆盖。"[①] 按照2018年宪法修正案的规定，我国设立国家监察委员会和地方各级（省、自治区、直辖市、自治州、县、自治县、市、市辖区）监察委员会。2018年3月，《中华人民共和国监察法》颁布实施，其规定了我国监察制度的基本原则和总体目标，并对监察范围和管辖、监察权限、监察程序、对监察机关和监察人员的监督、法律责任、反腐败国际合作等作出了较为详细的规定。

为了加强党对纪律检查和国家监察工作的统一领导，深化国家监察体制改革的重要制度安排是新组建的监委不设党组，与纪委合署办公，履行纪检、监察两项职能，实行一套工作机构、两个机关名称。2019年1月，中共中央办公厅印发的《中国共产党纪律检查机关监督执纪工作规则》，对地方党委、纪委、监委的关系作了进一步规定：地方各级纪律检查委员会和基层纪律检查委员会在同级党的委员会和上级纪律检查委员会双重领导下进行工作。中央纪委和地方各级纪委贯彻党中央关于国家监察工作的决策部署，审议决定监委依法履职中的重要事项，把执纪和执法贯通起来，实现党内监督和国家监察的有机统一。

2021年9月，《中华人民共和国监察法实施条例》颁布，它是国家监察委员会成立后制定的第一部监察法规，也是一部全面系统规范监察工作的

[①] 《习近平谈治国理政》（第三卷），外文出版社，2020，第53页。

基础性法规。该条例依据宪法和监察法，遵循坚持正确政治方向、职责法定、问题导向、系统集成的原则，把坚持和加强党的全面领导落实到制度设计各方面，进一步对我国监察制度进行科学化、体系化集成。该条例对于进一步强化监察机关的政治机关属性，加强党对监察工作统一领导，不断完善中国特色国家监察体制，健全集中统一、权威高效的监察体系具有重要作用。

（五）司法监督制度

司法监督指由各级司法机关（包括检察机关和审判机关）依照法定职权和程序所实施的监督活动。

在审判机关的法律监督方面，1989年颁布的《中华人民共和国行政诉讼法》为人民法院监督行政机关依法行使职权和维护公民合法权益提供了有力保障，对于推动政府依法行政和法治政府建设发挥了无法替代的巨大作用。2014年修订的《中华人民共和国行政诉讼法》在扩大受案范围、保障诉讼权利、加强法院监督、实质性解决争议及完善管辖制度、证据制度、诉讼程序、监督和制裁机制等方面均取得了突破与进步。

在检察机关的法律监督方面，2017年修订的《中华人民共和国行政诉讼法》确立了行政公益诉讼制度，并将行政公益诉讼起诉权赋予检察机关。"人民检察院在履行职责中发现生态环境和资源保护、食品药品安全、国有财产保护、国有土地使用权出让等领域负有监督管理职责的行政机关违法行使职权或者不作为，致使国家利益或者社会公共利益受到侵害的，应当向行政机关提出检察建议，督促其依法履行职责。行政机关不依法履行职责的，人民检察院依法向人民法院提起诉讼。"2021年7月，最高人民检察院发布了《人民检察院行政诉讼监督规则》，为人民检察院依法履行行政诉讼监督职责提供了保障和规范。

2021年6月15日，为进一步加强党对检察工作的绝对领导，确保检察机关依法履行宪法法律赋予的法律监督职责，中共中央发布了《关于加强新时代检察机关法律监督工作的意见》。该意见要求检察机关以高度的政治自觉依法履行刑事、民事、行政和公益诉讼等检察职能，实现各项检察工作全面协调充分发展，推动检察机关法律监督与其他各类监督有机贯通、相互协调。在行政检察监督方面，该意见要求"全面深化行政检察监督。检察机关依法履行对行政诉讼活动的法律监督职能,促进审判机关依法审判,推进行政机关依法履职,维护行政相对人合法权益;在履行法律监督职责中发现行政机关违法行使职权或者不行使职权的,可以依照法律规定制发检察建议等督促其纠正;在履行法律监督职责中开展行政争议实质性化解工作,促进案结事了"。

三　市域民主监督制度

(一)　民主监督的依据

民主监督作为民主党派和人民政协的基本职能之一,是根据毛泽东同志于1956年在《论十大关系》中提出的中国共产党和民主党派要"长期共存,互相监督"的方针确定的。党的八大正式将"长期共存,互相监督"确立为中国共产党同民主党派关系的基本方针。党的十二大在此基础上将方针确立为"长期共存,互相监督","肝胆相照,荣辱与共"。2022年新修订的党章明确规定:中国共产党同全国各民族工人、农民、知识分子团结在一起,同各民主党派、无党派人士、各民族的爱国力量团结在一起,进一步发展和壮大由全体社会主义劳动者、社会主义事业的建设者、拥护社会主义的爱国者、拥护祖国统一和致力于中华民族伟大复兴的爱国者组成的最广泛的爱国统一战线。

2018年宪法修正案也明确规定,社会主义的建设事业必须依靠工人、农民和知识分子,团结一切可以团结的力量。在长期的革命、建设、改革过程中,已经结成由中国共产党领导的,有各民主党派和各人民团体参加的,包括全体社会主义劳动者、社会主义事业的建设者、拥护社会主义的爱国者、拥护祖国统一和致力于中华民族伟大复兴的爱国者的广泛的爱国统一战线,这个统一战线将继续巩固和发展。

(二)　民主监督的相关规定

党的十八大以来,以习近平同志为核心的党中央继续加强同各民主党派和无党派人士的团结合作。2015年2月中共中央印发《关于加强社会主义协商民主建设的意见》,要求"充分发挥人民政协作为协商民主重要渠道和专门协商机构的作用,坚持团结和民主两大主题,推进政治协商、民主监督、参政议政制度建设,不断提高人民政协协商民主制度化、规范化、程序化水平"。

当前，关于民主监督的制度规定主要是《中国人民政治协商会议章程》和《中国共产党统一战线工作条例》。1982年12月通过的《中国人民政治协商会议章程》明确提出，人民政协要"根据中国共产党同各民主党派和无党派人士'长期共存、互相监督'，'肝胆相照、荣辱与共'的方针，对国家的大政方针和群众生活的重要问题进行政治协商，并通过建议和批评发挥民主监督作用"。2023年3月修订的《中国人民政治协商会议章程》规定，中国人民政治协商会议全国委员会和地方委员会的主要职能是政治协商、民主监督、参政议政，要把加强思想政治引领、广泛凝聚共识贯穿履职工作之中。2020年12月中共中央发布的《中国共产党统一战线工作条例》规定，"民主党派的基本职能是参政议政、民主监督、参加中国共产党领导的政治协商"，"中国共产党和各民主党派实行互相监督。中国共产党处于领导和执政地位，自觉接受民主党派的监督"。

四　市域社会监督制度

（一）社会监督的依据

我国宪法为实施社会监督提供了基本依据。我国宪法规定，中华人民共和国的一切权力属于人民。中华人民共和国公民对于任何国家机关和国家工作人员，有提出批评和建议的权利，中华人民共和国公民有言论、出版、集会、结社、游行、示威的自由。宪法的相关规定为社会监督提供了根本依据和基本保证。

高度重视群众监督和舆论监督，也是党章对各级党组织和所有党员的基本要求。党章指出：党在任何时候都把群众利益放在第一位，同群众同甘共苦，保持最密切的联系，坚持权为民所用、情为民所系、利为民所谋，不允许任何党员脱离群众，凌驾于群众之上。党章对党的各级领导干部的基本要求之一是：正确行使人民赋予的权力，坚持原则，依法办事，清正廉洁，勤政为民，以身作则，艰苦朴素，密切联系群众，坚持党的群众路线，自觉地接受党和群众的批评和监督。党的十九大报告更是将群众监督提升到增强党自我净化能力根本之一的全新高度，指出"增强党自我净化能力，根本靠强化党的自我监督和群众监督"。

（二）社会监督的相关规定

在党内规章方面，2016年通过的《中国共产党党内监督条例》明确规定坚持党内监督和人民群众监督相结合的原则，要求"各级党组织和党的领导干部应当认真对待、自觉接受社会监督，利用互联网技术和信息化手段，推动党务公开、拓宽监督渠道，虚心接受群众批评。新闻媒体应当坚持党性和人民性相统一，坚持正确导向，加强舆论监督，对典型案例进行剖析，发挥警示作用"。

《信访工作条例》和《纪检监察机关处理检举控告工作规则》是党的十八大后党和国家在推进群众监督制度建设方面的重要成果。2022年中共中央、国务院印发的《信访工作条例》深入贯彻习近平总书记关于加强和改进人民信访工作的重要思想，总结党长期以来领导和开展信访工作经验特别是党的十八大以来信访工作制度改革成果，坚持和加强党对信访工作的全面领导，理顺信访工作体制机制，是新时代信访工作的基本遵循。2020年中共中央办公厅印发的《纪检监察机关处理检举控告工作规则》，建立健全"信、访、网、电"四位一体的受理体系，党员、群众可以通过邮寄信件、当面反映、电话举报、网络平台等方式反映检举控告问题，对实名检举控告优先受理，及时反馈，为群众监督提供了支持。

舆论监督方面，2005年中共中央办公厅发布了《关于进一步加强和改进舆论监督工作的意见》，该意见就高度重视舆论监督工作的作用、坚持舆论监督工作的原则要求、把握舆论监督工作的重点，以及做好新闻舆论监督工作等方面作了阐述。2016年，习近平总书记在党的新闻舆论工作座谈会上发表重要讲话强调，"做好党的新闻舆论工作，营造良好舆论环境，是治国理政、定国安邦的大事"。[1] 在新的时代条件下，党的新闻舆论工作必须把政治方向摆在第一位，牢牢坚持党性原则，牢牢坚持马克思主义新闻观，牢牢坚持正确舆论导向，牢牢坚持正面宣传为主。

---

[1] 中共中央文献研究室编《习近平关于全面建成小康社会论述摘编》，中央文献出版社，2016，第124页。

第三节　市域监督监察的方式

市域监督监察的方式指的是各类监督监察主体履行自身监督监察职责，依法对监督监察对象实施监督监察时所采用的方法或手段。根据监督监察主体、监督监察职责和具体监督监察对象的不同，市域监督监察的方式是多种多样的。

一　市域党内监督的方式

（一）监督执纪四种形态

党的十八大以来，以习近平同志为核心的党中央在党风廉政建设和反腐败工作中，不断深化党的纪律检查体制改革、健全党内法规制度，提出一系列新理念新思路新举措。2015年9月，中共中央政治局常委、中央纪委书记王岐山在福建调研并主持召开座谈会时强调，发挥党的领导核心作用，落实管党治党主体责任，严明政治纪律和政治规矩、组织纪律，要运用好监督执纪的"四种形态"。党内关系要正常化，批评和自我批评要经常开展，让咬耳扯袖、红脸出汗成为常态；党纪轻处分和组织处理要成为大多数；对严重违纪的重处分、作出重大职务调整应当是少数；而严重违纪涉嫌违法立案审查的只能是极少数。

监督执纪"四种形态"依据纪律的尺子将所有可能发生的违纪情形按照违纪轻重和处置层次进行了划分并提出了相应的工作要求，构成了一个环环相扣的完整体系。它是对长期以来党风廉政建设和反腐败斗争实践经验的深刻总结，也是对党内监督工作的重要理论创新。2016年10月，运用监督执纪"四种形态"被写入《中国共产党党内监督条例》，此后，又被写入《中国共产党章程》《中国共产党纪律处分条例》《中国共产党纪律检查机关监督执纪工作规则》《中共中央关于党的百年奋斗重大成就和历史经验的决议》《中国共产党纪律检查委员会工作条例》。

其中，《中国共产党纪律检查委员会工作条例》对如何精准有效用好监督执纪"四种形态"作出明确规定，党员、干部有作风纪律方面的苗头性、倾向性问题或者轻微违纪问题，或者有一般违纪问题但具备免予处分情形的,运用监督执纪第一种形态,按照规定进行谈话提醒、批评教育、责令检查等,或者予以诫勉;党员、干部有一般违纪问题,或者违纪问题严重但具有主动交代等从轻减轻处分情形的,运用监督执纪第二种形态,按照规定给予警告、严重警告处分,或者建议单处、并处停职检查、调整职务、责令辞职、免职等处理;党员、干部有严重违纪问题,或者严重违纪并构成严重职务违法的,运用监督执纪第三种形态,按照规定给予撤销党内职务、留党察看、开除党籍处分,同时建议给予降职或者依法给予撤职、开除公职、调整其享受的待遇等处理;党员、干部严重违纪、涉嫌犯罪的,运用监督执纪第四种形态,按照规定给予开除党籍处分,同时依法给予开除公职、调整或者取消其享受的待遇等处理,再移送司法机关依法追究刑事责任。

(二) 不同党内监督主体的监督方式

在具体运用监督执纪"四种形态"时,不同党内监督主体所采用的监督方式有所区别。根据《中国共产党章程》《中国共产党党内监督条例》《中国共产党巡视工作条例》等的相关规定,党委(党组)在党内监督中负主体责任,书记是第一责任人,党委常委会委员(党组成员)和党委委员在职责范围内履行监督职责。党委(党组)的主要监督方式如下。①听取下级工作报告或汇报。②检查和督促下级工作。③坚持党内谈话制度,认真开展提醒谈话、诫勉谈话。④严格执行干部考察考核制度,对班子成员实事求是作出评价。⑤执行党的组织生活制度,召开民主生活会,开展批评和自我批评。⑥每年在党委常委会(或党组)扩大会议上述责述廉,接受评议。⑦按规定报告和请示。如按规定如实报告个人有关事项,及时报告个人及家庭重大情况,事先请示报告离开岗位或者工作所在地等;领导班子成员发现班子主要负责人存在问题,应当及时向其提出,必要时可以直接向上级党组织报告;建立健全党的领导干部插手干预重大事项记录制度,发现利用职务便利违规干预干部选拔任用、工程建设、执纪执法、司法活动等问题,应当及时向上级党组织报告。⑧对上级党委、纪委工作提出意见和建议。⑨开展巡察。

纪委可以采用的监督方式主要有如下几种。一是派驻纪检组。纪委派驻纪检组加强对被监督单位领导班子及其成员、其他领导干部的监督。二是约谈。如《中国共产党党内监督条例》规定，派出纪检组的纪委要定期约谈被监督单位党组织主要负责人、派驻纪检组组长，督促其落实管党治党责任。三是评价。严把干部选拔任用"党风廉洁意见回复"关，综合日常工作中掌握的情况，加强分析研判，实事求是评价干部廉洁情况，防止"带病提拔""带病上岗"。四是处理信访举报，做好问题线索分类处置。五是受理对干部违纪问题的反映，进行谈话提醒、约谈函询等。六是依规依纪进行执纪审查，出具审理报告。七是向上级纪委报告和述职。

党的基层组织履行监督职责的主要方式是：严格党的组织生活，开展批评和自我批评，监督党员切实履行义务，保障党员权利不受侵犯；了解党员、群众对党的工作和党的领导干部的批评和意见，定期向上级党组织反映情况，提出意见和建议；维护和执行党的纪律，发现党员、干部违反纪律问题及时教育或者处理，问题严重的应当向上级党组织报告。党员行使权利、履行监督义务的主要方式是：加强对党的领导干部的民主监督，及时向党组织反映群众意见和诉求；在党的会议上有根据地批评党的任何组织和任何党员，揭露和纠正工作中存在的缺点和问题；参加党组织开展的评议领导干部活动，勇于触及矛盾问题、指出缺点错误，对错误言行敢于较真、敢于斗争；向党负责地揭发、检举党的任何组织和任何党员违纪违法的事实，坚决反对一切派别活动和小集团活动，同腐败现象作坚决斗争。

二　市域国家机关监督的方式

依据国家机关性质的不同，不同市域国家机关所采用的监督方式也存在差别。

（一）市域人大监督方式

根据《中华人民共和国各级人民代表大会常务委员会监督法》，各级人民代表大会常务委员会行使监督权的方式如下。一是听取和审议专项工作报告。各级人民代表大会常务委员会每年选择若干关系改革发展稳定大局和群众切身利益、社会普遍关注的重大问题，有计划地安排听取和审议本级人民政府、监察委员会、人民法院和人民检察院的专项工作报告。二是财政经济工作监督。县级以上地方各级人民政府应当在每年六月至九月期间，将上一年度的本级决算草案提请本级人民代表大会常务委员会审查和批准。三是法律法规实施情况的检查。各级人民代表大会常务委员会参照本法第十二条规定的途径，每年选择若干关系改革发展稳定大局和群众切身利益、社会普遍关注的重大问题，有计划地对有关法律、法规或者相关法律制度实施情况组织执法检查。四是规范性文件的备案审查。县级以上地方各级人民代表大会常务委员会审查、撤销下一级人民代表大会及其常务委员会作出的不适当的决议、决定和本级人民政府、监察委员会、人民法院、人民检察院制定的不适当的规范性文件的程序，由省、自治区、直辖市的人民代表大会常务委员会参照《中华人民共和国立法法》和全国人民代表大会常务委员会的有关决定，作出具体规定。五是询问、专题询问和质询。各级人民代表大会常务委员会会议审议议案和有关报告时，本级人民政府或者有关部门、监察委员会、人民法院或者人民检察院应当派有关负责人员到会，听取意见，回答询问。六是特定问题调查。各级人民代表大会常务委员会对属于其职权范围内的事项，需要作出决议、决定，但有关重大事实不清的，可以组织关于特定问题的调查委员会。七是撤职案的审议和决定。

（二）市域行政监督方式

1. 政府督查的方式

2020年国务院发布的《政府督查工作条例》规定，县级以上人民政府可以对本级人民政府所属部门、下级人民政府及其所属部门、法律法规授权的具有管理公共事务职能的组织、受行政机关委托管理公共事务的组织等就党中央国务院重大决策部署落实情况、上级和本级人民政府重要工作部署落实情况、督查对象法定职责履行情况，以及本级人民政府所属部门和下级人民政府的行政效能等内容，组织开展综合督查、专项督查、事件调查、日常督办、线索核查等政府督查工作。政府督查可采取以下方式：要求督查对象自查、说明情况；听取督查对象汇报；开展检查、访谈、暗访；组织座谈、听证、统计、评估；调阅、复制与督查事项有关的资料；通过信函、电话、媒体等渠道收集线索；约谈督查对象负责人或者相关责任人；运用现代信息技术手段开展"互联网+督查"。

《政府督查工作条例》还规定，政府督查机构在政府督查工作结束后应当作出督查结论，并向督查对象反馈与督查对象有关的督查结论。对于督查结论中要求整改的事项，政府督查机构可以根据工作需要对督查对象整改情况进行核查。此外，政府督查机构可以根据督查结论，提出改变或者撤销本级或者下级人民政府及其所属部门不适当的决定、命令等规范性文件的建议；可以针对督查结论中反映的突出问题开展调查研究；可以根据督查结论或者整改核查结果，提出对督查对象依法依规进行表扬、激励、批评、依法追究责任等建议。政府督查机构应当将督查工作中发现的公职人员涉嫌贪污贿赂、失职渎职等职务违法或者职务犯罪的问题线索移送监察机关依法处理，将发现涉嫌其他犯罪的问题线索移送司法机关依法处理。

2. 审计监督的方式

《中华人民共和国审计法》规定，国务院和县级以上地方人民政府设立审计机关，对国务院各部门和地方各级人民政府及其各部门的财政收支，国有的金融机构和企业事业组织的财务收支，以及其他依法规定应当接受审计的财政收支或者财务收支的真实、合法和效益，依法进行审计监督。审计机关可以对被审计单位依法应当接受审计的事项进行全面审计，也可以对其中的特定事项进行专项审计。审计机关有权对与国家财政收支有关的特定事项，向有关地方、部门、单位进行专项审计调查，并向本级人民政府和上一级审计机关报告审计调查结果。审计机关履行审计监督职责，发现经济社会运行中存在风险隐患的，应当及时向本级人民政府报告或者向有关主管机关、单位通报。社会审计机构审计的单位依法属于被审计单位的，审计机关按照国务院的规定，有权对该社会审计机构出具的相关审计报告进行核查。

3. 统计监督的方式

《中华人民共和国统计法》规定，县级以上人民政府统计机构在调查统计违法行为或者核查统计数据时，有权采取下列措施：发出统计检查查询书，向检查对象查询有关事项；要求检查对象提供有关原始记录和凭证、统计台账、统计调查表、会计资料及其他相关证明和资料；就与检查有关的事项询问有关人员；进入检查对象的业务场所和统计数据处理信息系统进行检查、核对；经本机构负责人批准，登记保存检查对象的有关原始记录和凭证、统计台账、统计调查表、会计资料及其他相关证明和资料；对与检查事项有关的情况和资料进行记录、录音、录像、照相和复制。县级以上人民政府统计机构履行监督检查职责时，有关单位和个人应当如实反映情况，提供相关证明和资料，不得拒绝、阻碍检查，不得转移、隐匿、篡改、毁弃原始记录和凭证、统计台账、统计调查表、会计资料及其他相关证明和资料。

4. 财会监督的方式

按照财政部发布的《财政部门监督办法》，财政部门实施监督，可以采取监控、督促、调查、核查、审查、检查、评价等方法，采取专项监督和日常监督相结合的方式。财政部门在实施监督时，可依法采取的措施有：要求监督对象按照要求提供与监督事项有关的资料；调取、查阅、复制监督对象有关预算编制、执行、调整和决算资料，会计凭证和账簿、财务会计报告、审计报告、账户信息、电子信息管理系统情况，以及其他有关资料；经县级以上人民政府财政部门负责人批准，向与被监督单位有经济业务往来的单位查询有关情况，向金融机构查询被监督单位的存款；在证据可能灭失或者以后难以取得的情况下，经县级以上人民政府财政部门负责人批准，先行登记保存证据，并在7日内及时作出处理决定；对正在进行的财政违法行为，责令停止；拒不执行的，暂停财政拨款或者停止拨付与财政违法行为直接有关的款项；已经拨付的，责令暂停使用；法律法规规定的其他措施。

（三）市域监察机关的监督方式

《中华人民共和国监察法》规定，国家监察机关依照宪法和监察法等的规定对所有行使公权力的公职人员履行监督、调查、处置三项职责。《中华人民共和国监察法》对国家监察机关履行调查和处置职责的方式作了具体规定，但对如何履行监督职责未作明确规定。2019年1月，中共中央办公厅印发《中国共产党纪律检查机关监督执纪工作规则》，重申要把执纪和执法贯通起来，实现党内监督和国家监察的有机统一；要精准有效运用监督执纪"四种形态"，明确要求纪检监察机关应当结合被监督对象的职责，加强对行使权力情况的日常监督，通过多种方式了解被监督对象的思想、工作、作风、生活情况，发现苗头性、倾向性问题或者轻微违纪问题，应当及时约谈提醒、批评教育、责令检查、诫勉谈话，提高监督的针对性和实效性。纪检监察机关履行监督职责的方式包括：畅通来信、来访、来电和网络等举报渠道，建设覆盖纪检监察系统的检举举报平台，及时受理检举控告，发挥党员和群众的监督作用；建立健全党员领导干部廉政档案，并动态更新；做好干部选拔任用党风廉政意见回复工作，对反映问题线索认真核查，综合用好巡视巡察等其他监督成果，严把政治关、品行关、作风关、廉洁关；对监督中发现的突出问题，向有关党组织或者单位提出纪律检查建议或者监察建议，通过督促召开专题民主生活会、组织开展专项检查等方式推动整改。

（四）市域司法监督方式

人民法院对行政机关的法律监督是通过依法行使行政审判职权来实现的。根据《中华人民共和国行政诉讼法》的规定，公民、法人或者其他组织认为行政机关和行政机关工作人员的行政行为侵犯其合法权益，有权依照本法向人民法院提起诉讼。人民法院应当保障公民、法人和其他组织的起诉权利，对应当受理的行政案件依法受理，公正、及时审理行政案件，解决行政争议，保护公民、法人和其他组织的合法权益，监督行政机关依法行使职权。

在检察机关对行政机关的法律监督主要是通过依法履行对行政诉讼活动的法律监督职能来实现。根据2021年4月最高人民检察院第十三届检察委员会第六十五次会议通过的《人民检察院行政诉讼监督规则》，人民检察院依法独立行使检察权，通过办理行政诉讼监督案件，监督人民法院依法审判和执行，促进行政机关依法行使职权，维护司法公正和司法权威，维护国家利益和社会公共利益，保护公民、法人和其他组织的合法权益，推动行政争议实质性化解，保障国家法律的统一正确实施。人民检察院通过提出抗诉、检察建议等方式，对行政诉讼实行法律监督。

检察机关对行政机关实行法律监督的另一种方式是提起行政公益诉讼。2017年修订的《中华人民共和国行政诉讼法》确立了行政公益诉讼制度，并将行政公益诉讼起诉权赋予检察机关，"人民检察院在履行职责中发现生态环境和资源保护、食品药品安全、国有财产保护、国有土地使用权出让等领域负有监督管理职责的行政机关违法行使职权或者不作为，致使国家利益或者社会公共利益受到侵害的，应当向行政机关提出检察建议，督促其依法履行职责。行政机关不依法履行职责的，人民检察院依法向人民法院提起诉讼"。

三　市域民主监督的方式

按照现有的相关规定，市域民主监督的主要方式是提出意见、批评和建议。

就政协实施民主监督的方式而言，2015年2月中共中央印发的《关于加强社会主义协商民主建设的意见》指出，政协要"通过协商会议、建议案、视察、提案、反映社情民意信息等形式提出意见和建议，积极履行民主监督职能"。2023年3月修订的《中国人民政治协商会议章程》规定，中国人民政治协商会议全国委员会和地方委员会的主要职能是政治协商、民主监督、参政议政，要把加强思想政治引领、广泛凝聚共识贯穿履职工作之中。其中，"民主监督是对国家宪法、法律和法规的实施，重大方针政策、重大改革举措、重要决策部署的贯彻执行情况，涉及人民群众切身利益的实际问题解决落实情况，国家机关及其工作人员的工作等，通过提出意见、批评、建议的方式进行的协商式监督"。

就民主党派实施民主监督的方式而言，2016年10月修订的《中国共产党党内监督条例》规定"各级党组织应当支持民主党派履行监督职能，重视民主党派和无党派人士提出的意见、批评、建议，完善知情、沟通、反馈、落实等机制"。2020年12月中共中央发布的《中国共产党统一战线工作条例》规定，"中国共产党和各民主党派实行互相监督。中国共产党处于领导和执政地位，自觉接受民主党派的监督。支持民主党派和无党派人士在坚持四项基本原则基础上，在政治协商、调研考察，参与党和国家有关重大方针政策、决策部署执行和实施情况的监督检查，受党委委托就有关重大问题进行专项监督等工作中，通过提出意见、批评、建议等方式，对中国共产党进行民主监督"。

四　市域社会监督的方式

当前，我国市域社会监督可以采用的主要方式有：批评和建议，信访，检举控告，行政复议或诉讼，以及诉诸舆论等。

首先，批评和建议。我国宪法规定，中华人民共和国公民对于任何国家机关和国家工作人员，有提出批评和建议的权利。2019年修订的《中华人民共和国政府信息公开条例》第九条规定，公民、法人和其他组织有权对行政机关的政府信息公开工作进行监督，并提出批评和建议。

其次，信访。《信访工作条例》规定，公民、法人或者其他组织可以采用信息网络、书信、电话、传真、走访等形式，向各级机关、单位反映情况，提出建议、意见或者投诉请求，有关机关、单位应当依规依法处理。信访工作既是党的群众工作的重要组成部分，是党和政府了解民情、集中民智、维护民利、凝聚民心的一项重要工作，也是各级机关、单位及其领导干部、工作人员接受群众监督、改进工作作风的重要途径。各级机关、单位应当畅通信访渠道，做好信访工作，认真处理信访事项，倾听人民群众建议、意见和要求，接受人民群众监督，为人民群众服务。

再次，检举控告。通过邮寄信件、当面反映、电话举报、网络平台等方式向纪检监察机关反映检举控告问题是党员、群众行使监督权利的重要方式。2020年中共中央办公厅印发的《纪检监察机关处理检举控告工作规则》规定，"任何组织和个人对以下行为，有权向纪检监察机关提出检举控告：（一）党组织、党员违反政治纪律、组织纪律、廉洁纪律、群众纪律、工作纪律、生活纪律等党的纪律行为；（二）监察对象不依法履职，违反秉公用权、廉洁从政从业以及道德操守等规定，涉嫌贪污贿赂、滥用职权、玩忽职守、权力寻租、利益输送、徇私舞弊以及浪费国家资财等职务违法、职务犯罪行为；（三）其他依照规定应当由纪检监察机关处理的违纪违法行为"。

又次，行政复议或行政诉讼。公民、法人或者其他组织认为行政机关的行政行为侵犯其合法权益，向行政复议机关提出行政复议申请，既是行政系统实现自我纠错的监督制度，也是解决"民告官"行政争议问题的救济制度，对于防止和纠正违法的或者不当的行政行为，保护公民、法人和其他组织的合法权益，监督和保障行政机关依法行使职权具有重要意义。《中华人民共和国行政复议法》对公民、法人或者其他组织可以申请行政复议的事项作了明确规定，并规定公民、法人或者其他组织对行政复议决定不服的，可以依照《中华人民共和国行政诉讼法》的规定向人民法院提起行政诉讼，但是法律规定行政复议决定为最终裁决的除外。

最后，诉诸舆论。通过新闻媒体和各种宣传工具进行监督也是社会监督的一种重要方式。2005年3月中共中央办公厅发布了《关于进一步加强和改进舆论监督工作的意见》，要求各级党委、政府和有关部门要从全面贯彻"三个代表"重要思想和党的十六大精神的高度，从立党为公、执政为民的高度，从坚持科学发展观和构建社会主义和谐社会的高度，进一步加强和改进新形势下的舆论监督工作。2016年2月，习近平总书记在党的新闻舆论工作座谈会上也强调，"舆论监督和正面宣传是统一的，而不是对立的。新闻媒体要直面我们工作中存在的问题，直面社会丑恶现象和阴暗面，激浊扬清，针砭时弊。对人民群众关心的问题、意见大反映多的问题，要积极关注报道，及时解疑释惑，引导心理预期，推动改进工作"。[1]

---

[1] 中共中央党史和文献研究院编《十八大以来重要文献选编》（下），中央文献出版社，2018，第218页。

第十三章　市域治理现代化

党的十八届三中全会指出，"全面深化改革的总目标是完善和发展中国特色社会主义制度，推进国家治理体系和治理能力现代化"。[①] 市域治理现代化这个概念最早在 2018 年 6 月被提出，市域治理现代化以市域为基本治理单位，以城区为重点、覆盖农村、城乡联动，充分发挥市级层面的主导作用，在市域范围内统筹谋划和实施治理，推动治理体系和治理能力的现代化建设。

2019 年，党的十九届四中全会提出"构建基层社会治理新格局"的战略目标，正式作出"加快推进市域治理现代化"的重大决策。市域治理现代化是国家对推进治理现代化的总体要求在市域范围内的落实，致力于探索具有中国特色、市域特点、时代特征的治理新模式。

国家治理现代化为市域治理现代化提供制度支撑和物质保障，市域治理现代化则是国家治理现代化的基础环节。以市域治理现代化引领国家治理现代化进程，意味着市域并非单纯的行政区划的概念。尽管行政区划在规范社会生产和交往活动中具备合理性，但一定范围内的社会经济生活自发形成和演化出来的空间型构，才是真正实际发挥其作用的基础结构。

市域层面具有较为完备的治理体系，具有解决重大矛盾问题的资源和能力，是将风险隐患化解在萌芽、解决在基层的最直接、最有效力的治理层级，处于推进基层治理现代化的前线位置。市域治理体现为市域的权力主体实现权威、价值和资源分配的过程及互动关系、治理形态等。因此，市域治理现代化包含两大部分，即市域治理体系的现代化和市域治理能力

[①] 中共中央文献研究室编《十八大以来重要文献选编》（上），中央文献出版社，2014，第 512 页。

的现代化。① 前者指制度安排，后者指制度执行能力，实现市域治理现代化，必须将二者协同推进。

第一节 市域治理体系现代化

一 市域治理体系现代化的理论内涵

市域治理体系作为中观层面的制度体系，是实施市域治理的主体性架构，也是影响市域治理能力水平的决定性因素。新时代推进市域治理体系现代化关系着民族的长远发展、党的执政水平以及最广大群众的切身利益。②

市域治理体系现代化，就是要围绕坚持和加强党的全面领导这个主轴，更加科学合理地建构起完善的治理体系，充分激发市域内党政机关、社会组织、企业、民众等各主体的积极性和主动性，做到多元协商共治。市域治理体系现代化是指建构党委领导下的市域政府与社会共建、共治、共享的现代化制度体系，包括一整套相互联系、相互衔接、相互协调的制度安排与体制机制的现代化。党的十八大以来，以习近平同志为核心的党中央就国家治理现代化提出了一系列新理念新思想新战略，蕴含着完善市域治理体系现代化的新要求，主要体现为政治引领、法治保障、德治教化、自治强基与智治支撑。

党的十九大报告从统筹推进"五位一体"总体布局和协调推进"四个全面"战略布局的高度，提出要加强社会治理制度建设，完善党委领导、政府负责、社会协同、公众参与、法治保障的治理体制，提高治理社会化、法治化、智能化、专业化水平，明确提出了政府、社会、公众等主体协同合作治理，为推动市域治理体系现代化指明了方向。

二 市域治理体系现代化的划分

基于以习近平同志为核心的党中央就国家治理现代化提出的新理念新

---

① 陈一新：《新时代市域社会治理理念体系能力现代化》，《社会治理》2018年第8期。
② 毛文璐：《市域社会治理现代化的体系建构与推进路径》，《北京社会科学》2022年第6期。

思想新战略，市域治理体系现代化分为：市域政治体系现代化、市域法治体系现代化、市域德治体系现代化、市域自治体系现代化和市域智治体系现代化。

（一）市域政治体系现代化

市域政治体系由市域政党及政党制度、国家及其政治制度、政治社团及其运行规则等构成，是市域立治有体、施治有序的体制保障。市域政治体系现代化是要按照加强党的全面领导、提高政府治理效能、形成社会治理合力的原则，以地方党政机构改革为契机，加快构建优化协同高效的市域政治体系，切实把党的领导优势和我国社会主义制度优势转化为治理优势。

党的领导是我国市域治理的本质特征和最大优势。推进市域政治体系现代化必须把握政治方向，将贯彻落实习近平新时代中国特色社会主义思想与推进市域政治体系现代化紧密结合。发挥中国共产党的政治优势，加强党对市域治理现代化的领导，发挥市域内各级党组织作用，完善市域治理现代化推进体系。凝聚政治力量，发挥党员干部先锋队作用、人民群众主力军作用、社会各界助推者作用，引导各主体自觉投身市域治理现代化实践。净化市域内政治生态，以优良党风促政风带民风，以优良政治生态引领社会生态。

（二）市域法治体系现代化

市域法治体系现代化是践行市域治理体系现代化的重要环节。市域法治体系现代化是指建立在法治原则和法律规范基础上的体系现代化，需立足中国国情与市域实际、适应改革开放和社会主义现代化建设需要，并集中体现党和人民意志。提高城市治理整体能力，要强化依法治理，善于运用法治思维和法治方式解决城市治理顽疾难题，努力形成城市综合管理法治化新格局。

推进市域法治体系现代化必须坚持依法决策，严守法定程序和权限，保障公众参与，不断提高决策公信力和执行力。注重科学立法，找准立法切口，严守立法"红线"，制定接地气、有特色、真管用的法律法规。坚持严格规范公正文明执法司法，加大市域内重点领域执法力度，健全完善执法司法制约监督体系和执法司法责任体系，让人民群众感受到公平正义就在身边。落实"谁执法谁普法"普法责任制,增强全民法治观念。

(三) 市域德治体系现代化

市域德治体系现代化是依托社会公德、职业道德、家庭美德、个人品德等德行建设,推进市域治理现代化的一种治理体系。"国无德不兴,人无德不立",以理服人、以文服人、以德服人,是中华文化的生命禀赋和生存耐性的体现。治理时空有界,道德力量无穷。道德是无处不在的力量,既治身又治心,既治标又治本。

推进市域德治体系现代化必须以社会主义核心价值观为统领,传承中华优秀传统道德文化精髓,加强道德建设,让市域和谐稳定建立在较高道德水平之上。完善市域居民公约、行业规章、团体章程等各类规则,建立健全一体可信可控的社会信用链系统,专项治理群众反映强烈的违法败德问题。深化市域文明创建活动,形成凡人善举层出不穷、向上向善蔚然成风的良好局面。

(四) 市域自治体系现代化

市域自治体系现代化是指在国家治理现代化体系下,为了更好地实现居民自治和民主治理而优化市域自治体系,进而实现政府治理、社会调节和居民自治良性互动。推进市域自治体系现代化需要健全基层党组织领导的基层群众自治机制,在市域社区治理中实行群众自我管理、自我服务、自我教育、自我监督。构建党领导下多方参与、共同治理、充满活力的市域社区治理体系,提高服务群众的能力水平。

此外,推进市域自治体系现代化必须充分发扬社会主义民主,调动城乡群众、企事业单位、社会组织自主自治的积极性,实现民事民议、民事民办、民事民管。充分发挥多元主体智慧和创新能力,积极探索适合本地区的自治模式和机制。

(五) 市域智治体系现代化

市域智治是市域治理现代化的重要方式,是指通过综合运用现代科技手段,采用信息通信技术,如人工智能、大数据、云计算等,实现市域范围内的全方位治理和公共服务的智能化、信息化和现代化。市域智治体系现代化以党建为引领,推进信息互联互通,在市域内构建以数据为核心、业务为牵引、决策为目标的信息数据资源池,为风险精准"画像",确保准确预测与高效解决的完美搭配。以全科网格为基础，构建起新型治理服务体系，推动市域治理体系从制度化到规范化、从规范化到智能化、从智能化到现代化。

三　市域治理体系现代化的前进方向

（一）坚持政治引领

政治引领既是中国共产党百年奋斗的重要经验，也是中国共产党治国理政的重要特色，更是市域治理的重要方式。探索中国特色的市域治理，必须旗帜鲜明讲政治，切实加强政治引领。如果没有政治引领，中国特色社会主义市域治理就失去了本质属性、丢掉了灵魂。

（1）把握好政治方向。把握好政治方向最根本的是要坚持以习近平新时代中国特色社会主义思想为指导，坚定不移走中国特色社会主义市域治理道路，引导广大党员干部切实增强"四个意识"、坚定"四个自信"、做到"两个维护"，引导广大人民群众和各界人士感悟思想伟力，增强政治向心力，自觉听党话、跟党走，更加主动投身市域治理现代化的生动实践。

（2）完成政治任务，发挥政治优势。完成政治任务，最主要的是贯彻落实党中央关于推进国家治理现代化的重大决策部署，确保党的工作大局和大政方针在市域治理中得到充分体现，确保党中央决策部署到哪里、市域治理就跟进到哪里。发挥政治优势，最关键的是加强党对市域治理现代化的集中统一领导，做实做强市域治理现代化的指挥体系，确保党中央政令畅通、令行禁止，切实把党的政治优势转化为市域治理优势。

（3）构建总揽全局、协调各方的党委领导体制。要健全市委领导市域治理工作体制机制，统筹市域各方力量、资源。要推动市域治理的政治体系融入市域发展全过程，推动风险防控贯穿市域规划、决策、监管各领域各环节，形成问题联治、工作联动、平安联创的格局。①

（4）凝聚政治力量，强化政治担当。凝聚政治力量，最重要的是坚持共建共治共享的市域治理格局，引导全社会更加自觉投身市域治理现代化实践，建设人人有责、人人尽责、人人享有的市域治理共同体，形成多

---

① 陈一新：《新时代市域社会治理理念体系能力现代化》，《社会治理》2018年第8期。

元主体利益共享、风险共担、协同共进的生动局面。强化政治担当，最紧迫的是大胆探索创新可借鉴可推广的治理经验，确保政治引领成为市域治理现代化的有效方式，更好地推动市域治理现代化走深走实。

（5）防控政治风险，净化政治生态。防控政治风险，务必坚决维护国家政治安全，坚决铲除影响政治安全的苗头隐患，坚决防止发生影响政治安全的重大事件。净化政治生态，最基本的是以优良党风促政风带民风，确保市域治理风清气正，促进党风净化、政风优化、民风淳化，实现干部清正、政府清廉、政治清明。

（二）推进法治建设

要深刻认识到法治建设在市域治理中的重要作用，加快构建系统完备、科学规范、集约高效的市域治理法治体系，实现市域法治的制度化、规范化、程序化。

（1）坚持依法决策，维护法治权威。建设公正权威的市域法治实施体系，法治实施体系是推进市域治理法治化的基础要素，要健全落实依法决策机制，做好公众参与、专家论证、风险评估、合法性审查等工作，防止因决策不当引发社会矛盾。通过多种途径开门问策，保障公众充分参与；提高专家论证质量，把专家论证意见作为决策重要依据；把风险评估作为决策前置程序，坚决防止决策引发风险。针对影响城乡和谐稳定的重点人员、重点部位、重点行业，分门别类制定监测预警、基础管控、巡逻防控、应急处置规范，健全立体化、信息化的市域社会治安防控体系，增强防控工作实效。

（2）注重科学立法，丰富市域法治供给。建设科学完备的市域法律规范体系，要合规、合法地运用地方立法权，学习借鉴其他城市的成功经验和本地成熟做法，制定权责明晰、可操作性强的地方性法律法规，为攻克市域治理难题提供有效的依据。要找准立法切口，全力服务市域经济高质量发展、人民群众美好生活需要。注重立法质效，确保务实管用。

（3）严格执法、公正司法，维护社会公平正义。依法打击违法犯罪，对人民群众反映强烈的违法犯罪保持严打高压态势，形成强大震慑；规范公正文明办案，明晰权责、规范程序，积极探索文明执法，落实市场主体轻微违法行为容错纠错机制，保护各类市场主体合法权益；严密制约监督体系，严防执法司法腐败；针对人民群众反映强烈的执法司法问题，深入推进市域执法司法规范化建设；推动程序公开化、裁量标准化、行为规范化，让人民群众在每一个案件中感受到公平正义。

（4）建设规范严密的市域法治监督体系。法治监督体系是约束权力和保障权利的重要制度设计。大力推动"互联网+政务服务"建设向基层拓展，建设一体化的市域服务管理大数据平台，实现权力运行电子记录、全程留痕，提高法治监督的科学化、智能化、精准化水平。打破市县乡村的层级界限，构建上下贯通的法治监督体系，市级监督部门必要时直接受理、处理基层问题线索，努力实现上下贯通。对滥用职权、徇私舞弊、贪赃枉法等问题，要建立健全立体化、全天候的市域法治监督网络，使腐败无处藏身。

（5）建设务实管用的市域法治保障体系。法治保障体系是推进市域治理法治化的支持系统，主要包括公共法律服务体系、法治人才培养体系、法治宣传教育体系。运用大数据技术整合诉讼服务中心、检察服务大厅、法律援助中心、律师事务所、公证处、司法所、人民调解委员会等法律服务资源，构建全市域统一的公共法律服务网络，为城乡居民提供更加便捷优质的法律服务。健全地方法治人才招录机制，加强地方法治工作部门和法学院校人员双向交流，创新职业培训、实战训练机制，着力打造高素质的市域法治工作队伍。要建立健全法官、检察官、执法人员、律师等以案释法制度，落实"谁执法谁普法"普法责任制。

（6）创新宣传教育，提升全民法治素养。把深入学习宣传习近平法治思想作为市域法治建设的头等大事，突出对宪法、民法典、反有组织犯罪法等的宣传。深化全民普法教育，推进法治文化建设，不断提高全民法治意识，让遇事找法、办事循法、解决问题靠法成为人民群众的生活习惯。着力加强基层工作人员、青少年法治教育。创新方式和载体，以案释法，落实普法责任制，让人民群众感受到法治的强大力量。

（7）加强组织领导，为市域法治建设提供坚强保障。党委主要负责人要切实履行好推进法治建设第一责任人职责，各级领导干部要不断提高运用法治思维和法治方式推动市域治理现代化的能力。要发挥法治政府建设在法治国家、法治社会建设中的示范带动作用，建强法治机构，巩固深化政法队伍教育整顿成果，坚持严管与厚爱相结合，为法治队伍依法履职撑腰打气。

（三）重视德治教化

实行德治，就是通过加强道德教化，提高市域内居民的道德修养，让市域和谐稳定建立在较高的道德水平之上。要坚持以社会主义核心价值观为统领，加快构建具有中国特色、彰显时代精神、体现地方文化的市域德治体系，努力打造道德高地。

（1）深刻认识"德治教化"重要作用。德治是国家治理的重要方式，是市域治理现代化中体现传统文化精髓的重要标志。"德治教化"是实现市域"善治"的重要基石，要促进全体人民在共同理想信念、价值理念、道德观念上紧密团结在一起，让市域治理建立在更高的道德水准上。"德治教化"是培育市域治理内生动力的基本途径，要深化道德实践养成教育，弘扬道德模范精神，让全社会崇德向善蔚然成风。"德治教化"是防范市域矛盾风险的重要方式，要综合运用教育、经济、行政和法律等手段，防止道德滑坡，避免出现社会安全风险隐患。

（2）全力营造崇德向善良好社会氛围。根据新的时代要求，把握道德养成规律，创新教育引导手段，发挥德治教化作用，提升全民道德素质和社会文明程度。倡导见义勇为，激励善行义举层出不穷，形成见义勇为、见义众为的良好风尚。用好德育基地，增进群众对遵守道德法律、履行社会责任的价值认同。深化创建活动，让广大群众在点滴善举中涵养文明新风、共护市域平安。加强舆论宣传，形成激浊扬清社会氛围，让广大群众感受到文明精神在弘扬，道德力量在传递。

（3）深入整治失德败德突出问题。坚持标本兼治、综合施策，及时严惩丧德败德行为，向全社会发出道德底线不可触碰的强烈信号。深入整治侵害妇女儿童和老年人合法权益等问题，统筹推进打击与整治，确保打击整治养老诈骗专项行动、打击拐卖妇女儿童犯罪专项行动取得明显成效。深入整治食品药品等重点领域失信败德问题，让败德者付出沉重代价。深入整治网络空间乱象问题，结合常态化扫黑除恶斗争重点整治网上"黄赌毒""坑拐骗"等违法犯罪，推动形成健康有序的网络生态。

（4）充分发挥以法隆德重要功能。法律是成文的道德，道德是内心的法律。充分发挥法治对道德建设的保障和促进作用。在立法立制中彰显道德理念，充分体现道德要求，实现政策法规目标和道德导向有机统一。要在执法司法中彰显道德取向，使执法司法活动既遵从法律标准又符合道德标准，更好守护公平正义，弘扬美德善行。在普法守法中夯实道德根基，营造全社会讲法治、重道德的良好氛围，引领全民法治信仰和道德自觉。

（5）加强社会公德、家庭美德和个人品德等建设。市域内居民的社会公德水平，在很大程度上决定着市域的社会秩序和文明程度。充分发挥媒体在社会公德建设上的影响力，推动健全市域媒体宣传引导机制，弘扬真善美、贬斥假恶丑，让全社会充满正气的力量、正义的光辉。深入挖掘市域优秀传统文化，用独特的市域文化激发自豪感、陶冶道德情操。完善市域公共文化服务体系，善于运用互联网思维和信息技术，加快城市图书馆、博物馆、科技馆、文化馆、美术馆、体育馆、革命历史纪念馆等文化设施建设，提高居民公德修养。

中华民族历来重视家庭、家教、家风，有"天下之本在家"的古训。发挥好家庭的人生"第一课堂"作用，深入推进家德家风教育，培育尊老爱幼、男女平等、夫妻和睦、勤俭持家、邻里团结的家庭美德，以千千万万家庭的好家风支撑起全市域的好风气。

学校是思想品德教育的主阵地，推动市域各级学校的思想品德教育创新，构建起符合当代青少年成长规律特点的德育体系，增强德育的针对性、吸引力。充分发挥市域先进典型的示范引领作用，健全道德模范、时代楷模、最美人物、身边好人推选宣传机制，营造崇德向善、见贤思齐的浓厚氛围。

（6）广泛凝聚以德辅治强大动能。推动各级党委和政府更加重视和提升德治教化能力，努力实现市域"善治"。加强统筹推进，推动市域各级党委和政府更加重视"德治教化"工作，使其有机融入市域治理各领域全过程。

（四）发挥自治力量

从实际出发，加快构建民主开放包容的市域自治体系，有效通达社情民意、平衡各方利益、化解矛盾纠纷。打造人人有责、人人尽责的市域治理共同体，提高市域治理自治水平。

（1）完善群众自治机制。群众自治是社会主义民主的生动实践，本质上就是群众自己的事情群众自己办。总结好群众自治的好经验好做法，加强市域内社区群众自治组织建设，健全以群众自治组织为主体、社会各方广泛参与的新型社区治理体系，把社区建设成为群众自治的基础平台。发挥群众自治组织自我组织、自我管理、自我服务的优势，推动形成群众问题由群众解决的新机制。更加重视社会规则的作用，引导市域内基层组织制定完善乡规民约、行业规章、团体章程等各类规则，构建多层次、多样化的社会规则体系，织密织牢约束社会成员言行举止的规则之网。

（2）完善市域内企事业单位自治机制。企事业单位既是从事生产经营、提供产品服务的市场主体，也是实行民主管理、维护职工权益的基层组织。引导市域内企事业单位完善内部治理结构，健全职工代表大会、工会等民主管理机制，发挥好维护职工权益、化解内部矛盾的作用。推动市域内企事业单位完善内部利益协调、诉求表达、权益保障机制，及时解决职工合理合法诉求。督促市域内企事业单位做好矛盾纠纷排查化解，维护社会大局稳定。

（3）完善市域内社会组织自治机制。按照党中央关于推进社会组织改革的要求，加快实施政社分开，推动社会组织成为制度健全、运行规范、充满活力的自治实体，让社会组织的微治理释放出大能量。创新市域社会组织成长扶持机制，建立健全政府购买服务机制，把适合由社会组织提供的公共服务和解决的事项交给社会组织。支持市域行业协会商会类社会组织发展，充分发挥其指导行业发展、规范成员行为、维护行业声誉的作用，促进城乡各行各业健康有序发展。加快发展市域社会专业服务机构，加强社会心理服务体系建设，做好社会弱势群体关爱帮扶工作，培育自尊自信、理性平和、积极向上的社会心态。

（4）培育全民参与的治理观。增强自治力量，推动发挥基层党组织的引领作用，建立由基层党组织主导、整合资源力量，为群众提供有效服务的新机制。推动发挥群团组织纽带作用，完善党建带群建、群建促社建的制度机制。推动发挥社会组织专业作用，解决群众多元多样需求。推动企事业单位发挥参与作用，履行好内部管理职责和社会责任。推动群众自发性组织发挥正向作用，促进其依法依规参与市域治理。尊重群众主体意愿，推进议事协商程序化，增强自治规范性。组织服务力量，整合服务资源，运用好科技手段，增强自治高效性。深化平战结合，将在职党员干部编入社区网格，加强联络沟通、提升应急处置能力，增强自治协同性。

（五）加强智治应用

按照适度超前、实战实用、共建共享、安全经济的基本思路，推进现代科技与市域治理深度融合，用科技伟力为市域治理引入新范式、创造新工具、构建新模式。

（1）以战略思维谋划好市域智治的"最优蓝图"。认真落实党中央决策部署，确保市域智治体现党和国家的工作要求。深度融入智慧城市格局，将智治纳入总体规划统筹推进。努力满足市域治理需求，因地制宜、规划先行、分步实施、有序推进，以系统思维打造好市域治理智治的"最强大脑"。

（2）加强数据整合与分享。织密采集数据的网络，加强数据综合采集，确保采集规范。建立跨部门、跨领域的数据共享平台，实现政务数据的集中整合和共享，以促进信息共享、资源共享，加强数据的统一管理和优化利用。打造汇聚数据的中心，破除数据壁垒，破解共享难题。将各单位数据联通、向基层延伸，用智治增强市域治理效能，实现业务协同、办案提速、减负放权。

（3）打造市域智治平台，推动政务服务智能化。以服务思维发挥出市域智治的最大效能，用智治提升党委和政府市域治理科学决策能力，推动从依靠经验决策向依靠大数据决策转变。注重服务实战，用智治增强风险预警处置能力。通过建设一体化的政务服务平台，实现政府信息公开、网上办事、电子支付等服务的集成化和便利化，提供便捷、高效的政务服务。借助信息化技术，提升政务服务的智能化水平，推行一网通办，实现多部门多渠道一次提交，提高政务服务的效率和便捷性。注重服务群众，用智治增进群众获得感，以底线思维构筑起市域治理智治的"最牢屏障"。

（4）树牢信息安全观念，以创新思维激发市域智治的最新活力。确保国家数据安全、公共信息安全、个人隐私安全。筑牢技术之墙，加大技术攻关力度，提升技术反制和应急保障能力。把牢制度红线，严格执行《中华人民共和国数据安全法》等法律法规，健全制度体系。守牢廉洁底线，确保智治项目建设成为廉洁工程。创新组织领导方式，各级党委和政府推动形成共建共享、齐抓共管的工作格局。推进能力建设，加强智治能力培训，健全"教、学、练、战"一体化机制，鼓励微创新。加强经验交流，形成"一地创新、全域受益"良好局面。

（六）构建高质量的市域权责体系

形成市域治理的合力，推进市域治理现代化，就是要整合各层级、各部门力量，构建"条条"协同、"块块"合作、"条块"衔接的高质量权责配置体系，提高市域治理的整体效能。

（1）健全横向业务架构的协调机制。明确市域治理工作领导机构，负责市域治理的组织协调、政策制定、资源整合、督促落实等工作，实现对市域治理的统一领导和部署。在行政体系上优化横向部门的职能设置，明确涉及市域治理工作相关部门的权责，理顺承担公共安全保障、利益矛盾化解、社会风险防范、社会治安防控、社会环境营造、城乡社区建设以及公共服务供给等职能的部门间的关系，完善政府职能部门的横向业务架构，实现组织联动、资源联动、服务联供。

（2）健全纵向层级的秩序整合机制。发挥市一级党委的综合统筹作用，建立起高效联动、上下贯通、运转灵活的责任链条和指挥体系，搭建市、县、乡（镇）、村（社区）和网格五级联动平台，做到体制、层级之间的"大小联动"，实现市域治理决策科学、执行有力、反馈及时、监督有效。

（3）健全政府与社会力量的协同机制。摒弃"社会不行，政府万能"的思维，理顺政府与社会的治理边界，将共同体理念贯穿市域治理的全过程，通过激励引导、搭建平台载体的方式吸纳各种社会力量参与到市域治理工作中来，增强多元治理主体的协同联动，增强市域社会的凝聚力和向心力。

第二节　市域治理能力现代化

市域治理能力现代化，强调治理有效，治理结果切实可见。无论是市域治理理念的现代化还是市域治理体系的现代化，最终都将展现为治理能力的现代化，展现为实实在在的有效治理。具体说来，要按照习近平总书记增强"八项本领"、做到"五个过硬"的要求，善于以联动融合、开放共治等理念协调社会关系，善于以法治思维、法治方式调处社会矛盾，善于以经济、行政、道德等多种手段规范社会行为，善于以大数据、人工智能等新技术防控社会风险，不断提高市域治理能力。

党的十八大以来，习近平总书记从党和国家事业发展全局和战略的高度，把"市域治理现代化"纳入改革与法治"双轮驱动"战略部署中。在党的二十大报告中，明确要求"加快推进市域社会治理现代化，提高市域社会治理能力"。这是以习近平同志为核心的党中央在全面建设社会主义现代化国家新征程上作出的重大战略部署，是今后一个时期推进人民城市建设、提升市域治理水平的根本遵循和行动指南。

一　市域治理能力现代化的理论内涵

党的十八届三中全会以来，中国特色社会主义国家治理现代化理论逐渐发展完善。作为一个重要的时代命题，国家治理现代化理论的话语体系丰富鲜明，包括国家治理体系的现代化和治理能力的现代化。[1] 习近平总书记指出，"国家治理体系和治理能力是一个国家制度和制度执行能力的集中体现"。[2] 市域治理作为国家治理的中观层面，是整个国家治理体系宏观和微观的转承点，推进市域治理能力现代化，是以习近平同志为核心的党中央作出的重大决策部署，是推进国家治理体系和治理能力现代化的战略任务，是推进平安中国建设的重要抓手，对于推进中国式现代化意义重大。针对国家治理能力现代化，习近平总书记提出要"不断提高运用

---

[1] 《中共中央关于全面深化改革若干重大问题的决定》，《人民日报》2013年11月16日。
[2] 《习近平谈治国理政》，外文出版社，2014，第91页。

中国特色社会主义制度有效治理国家的能力",[①] 强调的是各级党政干部的科学、民主、依法执行能力。具体而言,市域治理能力现代化,可以概括为统筹谋划能力、群众工作能力、公民参与能力、公共服务能力、创新驱动能力等方面能力的现代化。

二 市域治理能力现代化的划分

市域治理现代化是推进国家治理现代化进程中极为重要的战略步骤,市域治理能力现代化是实现市域治理现代化的重要保证。市域治理能力现代化主要包括统筹谋划能力现代化、群众工作能力现代化、公民参与能力现代化、公共服务能力现代化、创新驱动能力现代化等。

(一) 统筹谋划能力现代化

市域统筹谋划能力主要是指市级党委、政府把控市域发展方向、统筹市域资源分配和协调各方利益关系的能力。"不谋全局者,不足谋一域",市域治理是一项系统工程,事关全局和长远,要以高站位、广视野、大格局科学谋划、精心统筹,不断开创市域治理新局面。科学把握市域治理规律特点,立足市域承上启下的中观定位,吃透中央和省级决策、政策,摸清所辖区域实际情况,统筹经济发展与社会进步,统筹当前工作与长远布局,研究确定本地创新市域治理的总体思路、政策导向、目标任务、方法路径。市域治理现代化需要各部门的协同配合。因此,统筹谋划能力现代化是实现市域治理能力现代化的重要基础。

(二) 群众工作能力现代化

群众路线、群众工作是我们党任何时候都不能丢的传家宝。市域,既是践行群众路线的大舞台,也是提高群众工作能力的好载体。要继承发扬党的优良传统,与时俱进创新群众工作方法,不断提高动员群众、服务群众的能力水平。把济民困、解民忧作为推进市域治理的出发点和落脚点,在人民群众最迫切要求解决的教育、就业、社会保障、医疗、住房等领域,每年办成几件实事、解决几件难事。把识民意、察民情作为作决策的前提,拓展、畅通民意收集渠道,完善党代表、人大代表、政协委员联系

[①] 《习近平谈治国理政》,外文出版社,2014,第104页。

群众制度，落实各级领导干部下基层大接访、与群众交朋友结对子等制度，确保群众诉求被听见。把聚民智、汇民力作为推进市域治理的重要依托，主动适应互联网时代的新特点，走好网上群众路线，打造市域治理网上网下同心圆。

（三）公民参与能力现代化

公民参与能力主要是指公民在市域范围内，通过各种方式参与公共事务和社会决策过程的能力。在这个过程中，公民可以表达自己的意见、需求和利益，并对公共决策产生直接或间接的影响。市域治理的目标之一就是让市域成为真正意义上的日常生活空间，让公民重新连接。在根本上，市域治理的目的就是要培养具有社区意识、公民意识、参与意识的人民，实现邻里守望。[1]

在市域治理中，公民参与的方式可以包括但不限于以下几个方面：公民可以参与社区建设，推进社区基础设施建设，促进社区文化建设，推动形成具有社区特色的治理模式，促进社区自治、社区服务和社区共建；公民可以参与公共服务建设，推动建立完善的教育、医疗、就业等公共服务体系，维护自身基本权益；公民可以参与政策制定和监督，对公共政策的制定和实施进行监督和评估，提出意见和建议，确保政策符合公众利益；公民可以参与公共事务决策，例如参与城市规划、公共设施建设等公共事务的决策过程，表达自己的意见和需求；公民可以参与社会组织，例如加入志愿者组织、慈善机构等，参与公益活动和社会服务项目等。

（四）公共服务能力现代化

公共服务能力是指市域政府和其他公共服务提供者通过提供公共产品和服务来满足居民的需求，提升居民的生活质量，促进市域发展的能力。2019年，党的十九届四中全会审议通过的《中共中央关于坚持和完善中国特色社会主义制度　推进国家治理体系和治理能力现代化若干重大问题的决定》指出，"完善公共服务体系，推进基本公共服务均等化、可及性"。由此可见，推进基本公共服务均等化、可及性在市域治理体系中具

---

[1] 杨开峰等：《中国之治：国家治理体系和治理能力现代化十五讲》，中国人民大学出版社，2020，第165页。

有相当的分量。① 公共服务主要是指向社会公众提供的公共物品,既包括水、电、气、交通、道路、通信等物质性公共物品,也包括教育、医疗、文化娱乐等非物质性公共物品。

公共服务能力包括但不限于以下几个方面:对市域公共服务的整体规划能力,包括对公共服务的供需状况进行科学分析,制定公共服务政策,以及根据市域发展和居民需求的变化及时调整公共服务政策等;整合各类公共服务资源的能力,包括合理配置财政资源、人力资源、技术资源等,以保障公共服务的有效提供;高效的公共服务执行能力,包括公共服务项目的实施、监督和评估等,以确保公共服务的落实和实施效果;宣传和推广公共服务的能力,包括通过各种渠道向城市居民宣传和普及公共服务知识,提高城市居民对公共服务的认知和接受程度;创新和发展公共服务的能力,包括不断探索新的公共服务模式和方法,推动公共服务的创新和发展,以适应市域发展和居民需求的变化。

(五) 创新驱动能力现代化

创新是引领发展的第一动力。抓创新就是抓发展,谋创新就是谋未来。创新市域治理是推进市域治理现代化的一场硬仗,怎么创新、怎么改进是问题的关键。当前,互联网、大数据等现代信息技术快速发展,为加快市域治理现代化插上了腾飞的翅膀。要善于把数字化技术、云端大数据应用到市域治理创新中来,实现精细化、标准化管理。善于运用现代科技手段推动市域治理体系架构、运行机制和工作流程创新是必须掌握的能力。提高运用大数据辅助决策能力,建立人工智能决策辅助平台,推动从依靠直觉与经验决策向依靠大数据决策转变。提高运用现代科技强化治安防控能力,建立社会稳定数据信息系统,推动从被动"堵风险"向主动"查漏洞"转变。提高运用信息技术服务群众能力,着力解决企业和群众反映强烈的办事难、办事慢、办事繁问题。

三 市域治理能力现代化的前进方向

市域治理能力建设是推进市域治理现代化的突破口,如何补齐能力

---

① 杨开峰等:《中国之治:国家治理体系和治理能力现代化十五讲》,中国人民大学出版社,2020,第60页。

"短板",是当前各地推进市域治理能力现代化面临的一个普遍性问题。推进市域治理能力现代化,可以从提升统筹谋划能力、提升群众工作能力、提升公民参与能力、提升公共服务能力、提升创新驱动能力等"五个提升"入手。

(一) 提升统筹谋划能力

一是加强顶层设计。制定市域治理的发展战略和总体规划,明确治理目标、重点任务和时间表,加强各级政府之间的协调配合,形成合力推进市域治理。

二是完善制度建设。建立健全市域治理的各项规章制度,包括社会管理、公共服务、市场监管、环境保护等方面的法规和政策,确保治理工作有法可依、有章可循。

三是建立科学的管理体系,建立健全的决策机制和执行机制,确保各项任务得到有效执行。打通市域体制中仍然存在的不顺之处,既要公正解决在市域治理中,有限的社会资源总量与市域对治理资源大规模需求之间的矛盾,又要努力提升政府的执政效率,做到依法治理、科学治理、高效治理。[①]

四是提升组织协调能力。市域治理涉及多个部门、行业和利益相关者,要加强市域治理组织自身的协调能力建设,建立跨部门、跨行业的工作机制,加强信息共享和部门间、行业间沟通协调,形成合力推进治理工作。

五是提高干部素质和能力。市域治理的执行能力与干部的素质和能力密切相关。需要加强对干部的培训,促进其专业技能提升,注重干部的道德修养和职业操守,在选拔任用中注重对能力和职业操守的综合评价。

六是优化政策落地机制。政策执行是市域治理推进的关键环节,要从政策制定、推动、监督等方面优化政策落地机制。

(二) 提升群众工作能力

1. 以践行党的群众路线为根本遵循

提升群众工作能力,就是要求推进市域治理现代化必须开展细致入

---

① 刘须宽:《国家治理体系和治理能力现代化》,人民日报出版社,2020,第23页。

微、春风化雨、润物无声的群众工作，要坚持从群众中来、到群众中去，真正成为群众的贴心人。群众路线是我们党的生命线，也是市域治理必须遵循的基本工作路线。

党的二十大报告指出，"全党要坚持全心全意为人民服务的根本宗旨，树牢群众观点，贯彻群众路线，尊重人民首创精神，坚持一切为了人民、一切依靠人民，从群众中来、到群众中去，始终保持同人民群众的血肉联系，始终接受人民批评和监督，始终同人民同呼吸、共命运、心连心，不断巩固全国各族人民大团结，加强海内外中华儿女大团结，形成同心共圆中国梦的强大合力"。[1] 在推进市域治理现代化的过程中，要深入群众、深入基层，想人民群众之所想、急人民群众之所急。

2. 以提高群团组织工作能力为重要抓手

一是健全党委统一领导群团工作的制度。坚持党对群团工作的统一领导，推动人民团体增强政治性、先进性、群众性。只有加强党对群团工作的统一领导，才能保证各群团发挥好桥梁和纽带作用。

二是完善群团组织的管理模式。优化机构设置，完善管理模式，创新运行机制，将力量配备、服务资源向基层倾斜，扩大群团组织的工作覆盖面，更好适应基层和群众需要，保证人民群众通过群团组织依法、有序、广泛参与管理国家事务和社会事务、管理经济文化事业。

三是促进党政机构同群团组织功能有机衔接。支持和鼓励群团组织承担适合其承担的公共职能，增强群团组织团结教育、维护权益、服务群众功能，更有效地发挥作用。

(三) 提升公民参与能力

一是推进社区治理规则建设。[2] 提升居民参与度，协商制定合理高效的治理规则，促使规则得到普遍遵守。在民主协商中遵循互惠性规则，提高多方主体积极性，提升社区自主治理的可持续性，确保治理工作有明确的方向和目标。

---

[1] 习近平：《高举中国特色社会主义伟大旗帜　为全面建设社会主义现代化国家而团结奋斗——在中国共产党第二十次全国代表大会上的报告》，人民出版社，2022，第70页。
[2] 杨开峰等：《中国之治：国家治理体系和治理能力现代化十五讲》，中国人民大学出版社，2020，第154页。

二是建立健全基层群众自治的各项制度，包括民主决策、民主管理、民主监督制度等，明确各环节的操作流程和责任主体，为基层群众自治提供制度保障。

三是增强公民意识，加强公民教育，提高公民的参与意识和责任感。通过宣传、讲座、社区活动等方式，增进公民对市域治理的认识和理解，提升公民对公共事务的关注度和参与度。

四是拓展参与渠道，建立健全公民参与的渠道和平台，如听证会、座谈会、网络论坛等，使公民能够方便地参与到市域治理中。同时，要注重保障公民的知情权和表达权，确保公民能够充分表达自己的意见和诉求。

五是创新参与方式，鼓励创新和实践，探索适合本地实际的公民参与方式和方法。可以利用互联网技术、大数据分析等手段，开发新型的公民参与方式和工具，提高公民参与的便利性和有效性。

（四）提升公共服务能力

公共服务关乎民生，连接民心，党中央、国务院对此高度重视。习近平总书记指出，"要从解决群众最关心最直接最现实的利益问题入手，做好普惠性、基础性、兜底性民生建设，全面提高公共服务共建能力和共享水平，满足老百姓多样化的民生需求，织就密实的民生保障网"。[1] 市域政府在基本公共服务的提供上要承担更多的责任，更多地考虑基本公共服务均等化和可及性的实现程度，提升供给能力与服务能力。[2]

一是抓重点出实效。结合《"十四五"公共服务规划》明确的重点任务、重大改革举措等，明确工作重点，着力解决堵点难点问题，结合市域特点，进一步细化落实政策，努力缩短见效时间。

二是在公共服务建设过程中营造平等氛围，给予社会组织平等权利。推进党与社会组织、政府与社会组织、社会组织彼此之间的平等对话，形成共同参与、协商讨论的良好氛围，营造党、政府、社会民众共建的和谐

---

[1] 中共中央文献研究室编《习近平关于社会主义社会建设论述摘编》，中央文献出版社，2017，第12页。

[2] 杨开峰等：《中国之治：国家治理体系和治理能力现代化十五讲》，中国人民大学出版社，2020，第61页。

生态。[1]

三是加强监测督促落实，完善规划实施监测评估机制。积极做好公共服务供给年度监测、中期评估和总结评估工作，定期开展市域公共服务发展情况监测评估，跟踪督促各地区落实重点任务。

四是政府部门要加强对相关人员的服务意识和服务能力培训，提高工作效率和服务质量，提升公共服务资源的总量与品质。建立公共服务热线和投诉渠道，及时回应市民需求。

五是优化公共服务供给。根据市域发展和居民需求，优化公共服务供给，完善教育、医疗、文化、体育等公共服务体系，扩大公共服务覆盖面，提升公共服务供给质量。

六是提升资源配置的效率。市域治理需要各部门、各组织的协同合作，建立联动机制，推动公共服务资源的优化配置和整合，提供更为高效、便捷的公共服务。

(五) 提升创新驱动能力

一是加强和改善市域党的领导。从政治、组织、思想三方面入手，提升干部改革创新的意识与能力。建立健全党委领导、政府负责、民主协商、社会协同、公众参与、法治保障、科技支撑的市域治理体制，为推进市域治理现代化提供有力保障。

二是推进数字化转型，将市域治理的传统业务与信息技术相结合。引入先进的信息技术，如云计算、大数据分析、人工智能等，优化业务流程，提升数据管理和决策支持能力。

三是提升安全和隐私保护能力。加强网络安全和数据隐私保护，建立健全的安全管理措施和机制，确保智慧支撑系统的稳定性和可靠性，防止信息泄露和黑客攻击。

四是提高政府创新能力。政府要树立创新发展理念，鼓励部门创新、项目创新和制度创新。建立政府创新奖励机制，激励政府机构和公职人员参与创新实践。同时，要通过"树典型""立标杆"的工作方法，提升市域干部队伍投身改革创新实践的积极性。

---

[1] 刘须宽：《国家治理体系和治理能力现代化》，人民日报出版社，2020，第35页。

加快推进市域治理现代化，把重大矛盾隐患防范化解在市域。市域半径较优，资源统筹余地较大，可以成为撬动国家治理现代化的战略支点、重大风险的终结地。要在充分运用全国市域治理现代化试点工作成果的基础上，依托现有市域治理机制平台，整合各方资源，形成权责明晰、高效联动、上下贯通的市域风险防控链条，不断提升共防风险、共筑平安的能力水平。

积极构建市域治理现代化体系，是以习近平同志为核心的党中央从推进国家治理体系和能力现代化，坚决维护国家安全和社会稳定的战略高度提出的一项重大任务。要坚持以习近平新时代中国特色社会主义思想为指导，按照党中央的决策部署，完善市域治理体系，提升市域治理能力，以市域治理现代化夯实"中国之治"的基石。

参考文献

《毛泽东文集》(第二卷),人民出版社,1993。

《毛泽东选集》(第四卷),人民出版社,1991。

中共中央党史和文献研究院编《十九大以来重要文献选编》(中),中央文献出版社,2021。

习近平:《论把握新发展阶段、贯彻新发展理念、构建新发展格局》,中央文献出版社,2021。

《习近平谈治国理政》,外文出版社,2014。

中共中央党史和文献研究院编《习近平关于城市工作论述摘编》,中央文献出版社,2023。

中共中央党校党章党规教研室编《十八大以来常用党内法规》,人民出版社,2019。

《中共中央关于深化党和国家机构改革的决定》,人民出版社,2018。

中共中央宣传部编《习近平新时代中国特色社会主义思想三十讲》,学习出版社,2018。

陈进华:《中国城市风险化:空间与治理》,《中国社会科学》2017年第8期。

陈明明:《在革命与现代化之间——关于党治国家的一个观察与讨论》,复旦大学出版社,2015。

陈尧:《发展与秩序:中国共产党治国理政的政策治理与法律治理》,《政治学研究》2023年第1期。

陈尧:《建构民主:全过程人民民主的发展路径——基于公民参与的

视角》,《人民论坛·学术前沿》2022 年第 5 期。

陈振明等:《公共管理学》(第二版),中国人民大学出版社,2017。

戴欢欢、陈荣卓:《联动治理:市域社会治理的逻辑与路径》,《社会科学家》2022 年第 10 期。

戴立兴:《关于"坚持和加强党的全面领导"重要论断的理论思考》,《马克思主义研究》2022 年第 8 期。

刁田丁主编《中国地方国家机构概要》,法律出版社,1989。

杜莉编著《城市财政学》,复旦大学出版社,2006。

封丽霞:《党政联合发文的制度逻辑及其规范化问题》,《法学研究》2021 年第 1 期。

冯云廷主编《城市管理学》,清华大学出版社,2014。

高建:《"中国模式"的争论与思考》,《政治学研究》2011 年第 3 期。

管兵:《维权行动与社区民主意识:以 B 市商品房业主为例》,《学海》2016 年第 5 期。

何增科:《中国政治监督 40 年来的变迁、成绩与问题》,《中国人民大学学报》2018 年第 4 期。

赫曦滢:《智慧政治语境中市域社会治理的逻辑与路径优化》,《政治学研究》2022 年第 3 期。

胡象明:《"四维治理":"中国之治"的创新建构》,《国家治理》2019 年第 46 期。

黄晓春:《党建引领下的当代中国社会治理创新》,《中国社会科学》2021 年第 6 期。

〔美〕简·雅各布斯:《美国大城市的死与生》,金衡山译,译林出版社,2006。

景跃进、陈明明、肖滨主编《当代中国政府与政治》,中国人民大学出版社,2016。

李瑞昌:《政府间网络治理:垂直管理部门与地方政府间关系研究》,复旦大学出版社,2012。

刘观伟主编《以文化人　以人化城:城市文化建设研究》,中国社会科学出版社，2017。

刘广珠等编著《城市管理学》，清华大学出版社，2014。

刘君德、范今朝：《中国市制的历史演变与当代改革》，东南大学出版社，2015。

刘鹏、李海林：《新时代党政关系的新发展：基于"六位一体"的新型党政统合关系》，《政治学研究》2023年第2期。

刘松山：《党领导立法工作需要研究解决的几个重要问题》，《法学》2017年第5期。

刘须宽：《国家治理体系和治理能力现代化》，人民日报出版社，2020。

〔美〕刘易斯·芒福德：《城市发展史——起源、演变与前景》，宋俊岭、宋一然译，上海三联书店，2018。

吕普生：《制度优势转化为减贫效能——中国解决绝对贫困问题的制度逻辑》，《政治学研究》2021年第3期。

马彦琳、刘建平主编《现代城市管理学》（第2版），科学出版社，2005。

彭和平、侯书森编著《城市管理学》，高等教育出版社，2009。

彭翊：《中国城市文化产业发展评价体系研究》，中国人民大学出版社，2011。

彭莹莹、燕继荣：《从治理到国家治理：治理研究的中国化》，《治理研究》2018年第2期。

祁述裕等：《国家文化治理现代化研究》，社会科学文献出版社，2019。

钱学森：《组织管理的技术——系统工程》，《文汇报》1978年9月27日。

秦前红、石泽华：《〈监察法〉派驻条款之合理解释》，《法学》2018年第12期。

渠敬东、周飞舟、应星：《从总体支配到技术治理——基于中国30年改革经验的社会学分析》，《中国社会科学》2009年第6期。

容志、孙蒙：《党建引领社区公共价值生产的机制与路径：基于上海

"红色物业"的实证研究》,《理论与改革》2020年第2期。

盛明科、蔡振华:《中国特色党政关系建构的制度逻辑》,《政治学研究》2021年第4期。

孙柏瑛、祁凡骅编著《公共部门人力资源开发与管理》(第四版),中国人民大学出版社,2016。

唐亚林、陈水生主编《市域社会治理现代化与智慧治理》,复旦大学出版社,2022。

〔美〕Wallace E. Oates 编著《财产税与地方政府财政》,丁成日译,中国税务出版社,2005。

王德起、谭善勇编著《城市管理学》,中国建筑工业出版社,2009。

王佃利、吕俊平:《论城市政府职能的实现——基于市长文稿的文本分析》,《公共行政评论》2011年第1期。

王浦劬、汤彬:《当代中国治理的党政结构与功能机制分析》,《中国社会科学》2019年第9期。

王浦劬:《国家治理、政府治理和社会治理的含义及其相互关系》,《国家行政学院学报》2014年第3期。

吴晓林、邓聪慧、张翔:《重合利益中的工具性:城市基层协商民主的导向研究》,《学海》2016年第2期。

吴新叶、吕培进:《在"规定动作"与"自选动作"之间:基层党建联盟的活力空间》,《学术界》2021年第7期。

伍洪杏:《无缝隙行政问责制:生成逻辑、理论内涵与实施路径》,《中国行政管理》2016年第9期。

向杨:《适度规模与有效领导:地方党委常委会规模的逻辑》,《政治学研究》2022年第1期。

肖滨、费久浩:《专家-决策者非协同行动:一个新的解释框架——以A市政府决策咨询专家的政策参与为例》,《公共管理学报》2020年第3期。

徐勇:《GOVERNANCE:治理的阐释》,《政治学研究》1997年第1期。

许耀桐:《党和国家机构改革:若干重要概念术语解析》,《上海行政学院学报》2018 年第 5 期。

许耀桐：《中国政府机构改革 40 年来的发展》，《行政论坛》2018 年第 6 期。

薛澜、张帆、武沐瑶：《国家治理体系与治理能力研究：回顾与前瞻》，《公共管理学报》2015 年第 3 期。

杨光斌：《中国政府与政治导论》，中国人民大学出版社，2003。

杨宏山编著《城市管理学》（第三版），中国人民大学出版社，2019。

杨华、袁松：《中心工作模式与县域党政体制的运行逻辑——基于江西省 D 县调查》，《公共管理学报》2018 年第 1 期。

杨开峰等：《中国之治：国家治理体系和治理能力现代化十五讲》，中国人民大学出版社，2020。

杨雪冬：《压力型体制：一个概念的简明史》，《社会科学》2012 年第 11 期。

伊士国、尚海龙等：《国家监察体制改革研究》，知识产权出版社，2020。

俞可平：《国家治理的中国特色和普遍趋势》，《公共管理评论》2019 年第 1 期。

郁建兴、吴结兵：《市域社会治理现代化的内涵、重心与路径》，《国家治理》2021 年第 21 期。

曾峻等：《坚持和加强党的全面领导研究》，人民出版社，2019。

战旭英：《目标设置与评估的集中化及其指引价值的缺失与重建》，《中国行政管理》2012 年第 7 期。

张本效主编《城市管理学》，中国农业大学出版社，2017。

张波、刘江涛编著《城市管理学》，北京大学出版社，2007。

张立荣：《中外行政制度比较》（第 2 版），商务印书馆，2013。

张明军：《领导与执政：依法治国需要厘清的两个概念》，《政治学研究》2015 年第 5 期。

张书维、许志国：《行为公共管理学视角下政府决策的互动机制——基于环境型项目的分析》，《中国行政管理》2018 年第 12 期。

张文显：《法治与国家治理现代化》，《中国法学》2014 年第 4 期。

赵聚军、王智睿：《社会整合与"条块"整合：新时代城市社区党建的双重逻辑》，《政治学研究》2020年第4期。

钟晓敏主编《地方财政学》（第二版），中国人民大学出版社，2006。

周瑜、刘春成主编《"文化创意+"产城融合发展》，知识产权出版社，2019。

周振超：《当代中国政府"条块关系"研究》，天津人民出版社，2009。

朱光磊：《当代中国政府过程》（修订版），天津人民出版社，2002。

后 记

《市域治理》是华中师范大学政治学部基层与地方治理系列教材之一，是在政治学部的领导下组织编写的。在编写过程中，得到了徐勇教授和陈军亚教授、袁方成教授、田先红教授、黄振华教授等有关专家学者的指导和支持。同时，广泛听取了高校师生以及实践部门相关同志的意见建议。

本教材由冷向明主持编写，谢胜华、王戈任副主编。冷向明撰写绪论，魏来撰写第一章，王戈撰写第二章，定明捷撰写第三章，谢胜华撰写第四章，余成龙撰写第五章，徐军玲撰写第六章，董明媛撰写第七章，徐芳撰写第八章，李伟撰写第九章，陈刚华撰写第十章，饶常林撰写第十一章，王艳艳撰写第十二章，刘国磊撰写第十三章。

冷向明

2023 年 12 月 20 日

图书在版编目(CIP)数据

市域治理 / 冷向明主编. -- 北京：社会科学文献出版社，2024.12. -- （基层与地方治理系列教材）. ISBN 978-7-5228-4196-0

Ⅰ.F299.22

中国国家版本馆 CIP 数据核字第 2024966RU9 号

基层与地方治理系列教材

市域治理

主　　编 / 冷向明
副 主 编 / 谢胜华　王　戈

出 版 人 / 冀祥德
责任编辑 / 黄金平
文稿编辑 / 尚莉丽
责任印制 / 王京美

出　　版 / 社会科学文献出版社·文化传媒分社（010）59367004
　　　　　 地址：北京市北三环中路甲29号院华龙大厦　邮编：100029
　　　　　 网址：www.ssap.com.cn
发　　行 / 社会科学文献出版社（010）59367028
印　　装 / 三河市龙林印务有限公司

规　　格 / 开　本：787mm×1092mm　1/16
　　　　　 印　张：20.5　字　数：323千字
版　　次 / 2024年12月第1版　2024年12月第1次印刷
书　　号 / ISBN 978-7-5228-4196-0
定　　价 / 118.00元

读者服务电话：4008918866

版权所有 翻印必究